Aide - M℗emoire D' Un Pr℗esident D' Assises...

B. Gustave Dufour

AIDE-MÉMOIRE

D'UN

PRÉSIDENT D'ASSISES,

PAR LE B.on DUFOUR,

CONSEILLER A LA COUR ROYALE DE METZ,

MEMBRE DU CONSEIL GÉNÉRAL DE LA MOSELLE.

A METZ,

CHEZ VERRONNAIS, IMPRIMEUR-LIBRAIRE ET LITHOGRAPHE, RUE DES JARDINS, 14.

A PARIS,

CHEZ VIDECOQ, PÈRE ET FILS, LIBRAIRES, PLACE DU PANTHÉON, 1.

2.e ÉDITION.

1846.

AVANT-PROPOS.

En lisant les arrêts de cassation rendus en matière criminelle, on reconnait que la plupart des fautes commises par les présidents d'assises, sont uniquement le résultat de la préoccupation d'esprit qu'on éprouve à l'audience, et qui fait oublier parfois les choses qu'on sait le mieux.

Pour échapper aux nullités, il me paraît qu'il ne suffit pas d'étudier avec soin le code d'instruction criminelle et le code pénal, et qu'il est encore nécessaire d'avoir un cahier de notes qui vienne au secours de la mémoire.

Un travail de ce genre, tel que je le comprends, n'a pas, je crois, encore été publié. Il existe, à la vérité, d'excellents ouvrages sur le droit criminel, mais ces ouvrages, soit à cause de leur forme, soit à cause de leur étendue, ne peuvent pas être d'un grand secours aux assises; ce qu'il faut en effet aux présidents, à ceux du moins qui n'ont pas une longue expérience, c'est un cahier peu volumineux qui rappelle dans leur ordre les formalités à remplir, et qui signale les fautes à éviter dans le cours des procédures.

Ce travail, que j'ai essayé pour moi-même, je le soumets à l'examen des magistrats. Je n'ai aucun titre pour inspirer la confiance, mais je me rassure en songeant que mon recueil n'a presque rien qui me soit propre: il ne se compose, pour ainsi dire, que de textes de lois et d'arrêts de cassation disposés d'une certaine manière; et, si l'ordonnance de l'œuvre est défectueuse, les matériaux, du moins, ont de la valeur.

Voici le plan que j'ai adopté: j'ai pris, dans le code d'instruction criminelle, les articles qui se rapportent à la cour d'assises, et j'ai cherché à les placer dans l'ordre où les faits s'accomplissent; en regard du texte de ces articles, j'ai annoté la jurisprudence de la cour de cassation. De cette façon, en tournant les feuillets, on peut en quelque sorte suivre pas à pas la procédure, et l'on trouve, dans les arrêts de la cour suprême, les éclaircissements dont la loi peut avoir besoin.

Mon travail s'est partagé assez naturellement en dix chapitres.

Dans le 1.er, j'ai traité de la composition des cours d'assises, de la nomination du président et des honneurs qui lui sont dus, des lieux, époques et rôles des sessions.

Le chapitre 2 comprend la procédure antérieure aux débats.

Dans le chapitre 3, j'ai réuni quelques règles qui s'appliquent dans tout le cours des débats, et dont il faut par conséquent se bien pénétrer à l'avance.

Au chapitre 4, le procès commence par la formation du tableau du jury et le tirage au sort.

Viennent ensuite, dans le chapitre 5, les formalités depuis l'entrée en séance de la cour d'assises jusqu'à l'appel des témoins.

Le chapitre 6 renferme toute l'instruction : l'interrogatoire de l'accusé, l'audition des témoins et ce qui s'y rattache, les dépositions en vertu du pouvoir discrétionnaire, la lecture des pièces écrites, la production de documents nouveaux, etc.

Dans le chapitre 7, se trouvent le réquisitoire, la plaidoirie, le résumé de l'affaire et la position des questions. Ce dernier objet m'a paru mériter quelque développement, et dans le chapitre 8 j'ai indiqué (pages 78 à 95) les formules des questions à poser dans les accusations les plus ordinaires. Je n'ai pas la prétention de donner ces formules comme des modèles; je me suis appliqué surtout à n'omettre aucun des éléments qui doivent entrer dans la composition des questions; j'ai d'ailleurs cherché à faire, pour les articles du code pénal, comme pour les articles du code d'instruction, un commentaire abrégé, composé avec les arrêts de cassation.

Après la position des questions, arrivent l'avertissement aux jurés et les règles relatives à la délibération et à la réponse du jury : c'est la matière du chapitre 9.

La lecture de la déclaration du jury par le greffier commence le chapitre 10, qui se termine par la rédaction du procès-verbal. Dans ce chapitre, j'ai donné des formules pour faciliter la prononciation de l'ordonnance d'acquittement et des arrêts d'absolution et de condamnation; et, à la suite de l'art. 372, on trouvera des modèles de procès-verbaux, car ce n'est pas assez que le président remplisse toutes les formalités, il doit encore s'assurer qu'elles ont été constatées selon le vœu de la loi.

Quelques pages ont été consacrées à la reconnaissance d'identité, à la contumace et au compte-rendu de la session.

Tel est l'ensemble de cet ouvrage; j'en ai fait un résumé (pages 5 à 9) qui met en évidence la série des formalités à remplir. Ce résumé est destiné à être placé, à l'audience, sous les yeux du président; il pourra lui servir de guide dans la marche des débats, sauf, en cas de besoin, à recourir au corps de l'ouvrage, ce qui est rendu facile par les renvois.

J'ai mis tous mes soins dans le choix des arrêts de cassation, et me suis efforcé de donner des notices exactes reproduisant le plus possible les expressions de la cour suprême. Pour la recherche des arrêts, j'ai renvoyé principalement au bulletin criminel qu'on trouve dans tous les parquets. Les blancs qui existent dans l'impression permettront de faire les annotations qu'on jugera convenables.

J'ai l'espoir que ce recueil pourra être de quelqu'utilité aux personnes appelées à prendre part aux travaux de la cour d'assises. Il est d'ailleurs bien entendu qu'on ne doit le considérer que comme un cahier de notes qui attend des corrections, et qu'il faudra tenir sans cesse au courant de la législation et de la jurisprudence.

TABLE DES MATIÈRES.

RÉSUMÉ DE L'OUVRAGE, page 5 à 10.

SOMMAIRE DES CHAPITRES.

CHAPITRE 1.er

CHAPITRE 2.

CHAPITRE 3.

CHAPITRE 4.

CHAPITRE 5.

CHAPITRE 6.

Examen.

CHAPITRE 7.

CHAPITRE 8.

CHAPITRE 9.

CHAPITRE 10.

ARTICLES DU CODE D'INSTRUCTION CITÉS DANS L'OUVRAGE.

Art.	Pages.	Art.	Pages.	Art.	Pages.	Art.	Pages.	Art.	Pages.	Art.	Pages.	Art.	Pages.	Art.	Pages.
44	70	267	32	302	28	321	58	340	76	360	108	379	114	409	108
67	54	268	34	303	id.	322	60	341	96	361	id.	381	42	410	110
78	100	269	id.	304	id.	323	id.	342	98	362	id.	383	id.	412	id.
79	60	id.	68	305	30	324	58	343	id.	363	id.	388	40	465	
241	22	270	32	306	id.	325	62	344	100	364	110	389	id.	à	
242	id.	276	34	307	id.	326	64	345	id.	365	112	390	id.	476	122
243	id.	277	id.	308	id.	327	58	346	id.	366	110	391	42	477	68
251	10	278	id.	309	50	328	id.	347	id.	367	112	392	id.	478	110
252	12	284	16	310	id.	329	66	348	102	368	110	393	id.	504	32
253	14	291	22	311	id.	330	id.	349	id.	369	108	394	46	505	id.
257	18	293	24	312	52	331	id.	350	104	370	id.	395	40	507	id.
258	18	294	id.	313	56	332	46	352	102	371	114	396	44	508	id.
259	20	295	26	314	id.	333	id.	353	36	372	116	397	id.	512	68
260	id.	296	id.	315	id.	334	50	354	56	373	114	398	44	518	121
261	id.	297	id.	316	id.	335	72	355	id.	374	108	399		519	id.
263	16	298	id.	317	62	336	id.	356	id.	375	114	à		520	id.
264	id.	299	28	318	64	337	74	357	106	376	id.	405	48	603	23
265	12	300	id.	319	id.	338	76	358	id.	377	id.	406	38	607	id.
266	46	301	id.	320	66	339	id.	359	id.	378	id.	408	37	611	23

Art. 55 de la charte constitutionnelle, page 54. — Loi du 13 mai 1836, page 100.

ABRÉVIATIONS.

Les arrêts extraits du bulletin criminel sont indiqués seulement par la date et par le numéro.

La lettre D désigne l'ouvrage de M. Dalloz, *Recueil périodique ;* la lettre S, l'ouvrage de M. Sirey, et les lettres J P, le *Journal du Palais.*

Les articles de loi cités sans autre indication, sont ceux du code d'instruction criminelle.

DEVOIRS DU PRÉSIDENT AVANT L'OUVERTURE DE LA SESSION.

	Articles.	Pages.
Une fois au moins dans le cours de chaque session, le président visite les personnes retenues dans la maison de justice;	611.	23.
et il signe et paraphe à toutes les pages le registre du gardien de cette prison	607.	*Id.*
Le président examine avec soin les procédures.		
Il peut, selon les circonstances, ordonner la jonction;	307.	30.
ou la disjonction de plusieurs accusations	308.	*Id.*
Il peut, avant l'ouverture des débats, renvoyer une cause à la session suivante	306.	*Id.*
Si les procédures ne sont pas complètes, le président fait les actes d'instruction qu'il juge utiles	301.	28.
Il donne à la prison les ordres qu'il croit nécessaires, soit pour l'instruction, soit pour le jugement.	613.	23.
Il vérifie si les pièces servant à conviction ont été envoyées au greffe de la cour d'assises	291.	22.
Le président s'assure :		
que l'accusé a reçu, en temps utile, l'arrêt de renvoi et l'acte d'accusation,	242	*Id.*
que l'accusé a été interrogé,	293.	24.
que l'accusé a été pourvu d'un défenseur, 294, page 24, et	295.	26.
que l'accusé a été averti du délai de cinq jours pour le pourvoi contre l'arrêt de renvoi, et qu'il a, de même que le procureur général, laissé écouler ce délai sans se pourvoir, (296 à	300.	*Id.*
que l'accusé, s'il n'est arrivé dans la maison de justice qu'après l'ouverture de la session, a consenti à être jugé,	261.	20.
que l'accusé a conféré avec son défenseur,	302.	28.
que les copies de pièces ont été remises à l'accusé	305.	30.
Le président fait mettre au rôle de la session toutes les affaires en état	260.	20.
Il prépare les questions à soumettre au jury (chap. 7, p. 72, et chap. 8, p. 78).		
Le président aura soin que la liste régulière des jurés soit notifiée à l'accusé la veille de l'audience;	395.	40.
et que la liste régulière des témoins lui soit notifiée au plus tard la veille de l'examen	315.	56.
Il fera bien de s'entendre avec le ministère public relativement à la liste des témoins à citer (circulaire du 26 décembre 1845), et à l'ordre de leur audition.		
Il aura soin de recommander à la gendarmerie d'amener les prisonniers exactement à l'heure, et de les visiter afin qu'ils n'apportent à l'audience ni armes ni couteaux.		
Il donnera des ordres pour qu'il y ait à la cour d'assises une force armée suffisante.		
Le président veillera à ce que la cour d'assises soit composée régulièrement (252 et suivants, p. 12); et à ce qu'aucun des magistrats ne soit empêché (257, p. 18).		
Il vérifiera si les tableaux prescrits par l'art. 342 (p. 98) et par la loi de 1836 (p. 100) sont affichés dans la chambre des jurés.		

QUELQUES RÈGLES RELATIVES A LA DIRECTION DES DÉBATS ET A LA PROCÉDURE.

	Articles.	Pages.
Le président est chargé personnellement de diriger les jurés dans l'exercice de leurs fonctions et de leur exposer l'affaire sur laquelle ils auront à délibérer, même de leur rappeler leur devoir, de présider à toute l'instruction, et de déterminer l'ordre entre ceux qui demandent à parler; il aura la police de l'audience	267.	32.
Le président devra rejeter tout ce qui tendrait à prolonger les débats, sans donner lieu d'espérer plus de certitude dans les résultats	270.	*Id.*
Le président est investi d'un pouvoir discrétionnaire en vertu duquel il pourra prendre sur lui tout ce qu'il croira utile pour découvrir la vérité, et la loi charge son honneur et sa conscience d'employer tous ses efforts pour en favoriser la manifestation	268.	34.
La cour d'assises est appelée à délibérer toutes les fois qu'il y a des conclusions prises, soit par l'accusé, soit par le ministère public; et en général on ne peut pas entendre l'un sans entendre l'autre.	408.	36.
Les arrêts incidents doivent, comme les arrêts définitifs, être motivés et être prononcés en audience publique. — Les arrêts incidents, de même que les conclusions, sont suffisamment constatés par leur insertion au procès-verbal	*Id.*	*Id.*
L'examen et les débats une fois entamés, devront être continués sans interruption et sans aucune espèce de communication au dehors, jusqu'après la déclaration du jury inclusivement; le présid.[t] ne pourra les suspendre que pendant les intervalles nécessaires pour le repos des juges, des jurés, des témoins et des accusés.	353.	*Id.*
Relativement aux circonstances dans lesquelles les débats peuvent être interrompus, et l'affaire renvoyée par décision de la cour à une autre session, voyez l'art. 406 et les notes	406.	38.

POLICE DE L'AUDIENCE. — *Crimes, délits, tumulte, fautes de discipline.*

	Articles.	Pages.
Le président a la police de l'audience	267.	32.
S'il se commet dans l'audience des crimes ou des délits, le président dresse procès-verbal du fait, interroge le prévenu, à qui, s'il y a lieu, il nomme un défenseur; ensuite les témoins déposent; et, après avoir entendu le ministère public et l'accusé, la cour applique, sans désemparer, les peines de la loi. 505 à	508.	*Id.*
Si un assistant fait du tumulte, le président procède conformément à l'art. 504	504.	32.
Si l'accusé fait du tumulte pour empêcher le cours de la justice, la cour procède conformément aux articles 8, 9, 10 et 11 de la loi du 9 septembre 1835.		
Relativement aux fautes de discipline commises par des membres du barreau, voyez art. 311	311.	50.

		Articles.	Pages.
	OUVERTURE DE LA SESSION (voyez procès-verbal, p. 117).		
uverture de la session	Au jour et à l'heure indiqués par l'ordonnance du premier président, la cour d'assises ayant pris publiquement séance, le président déclare la session ouverte	260.	20.
ppel des jurés.	Le greffier fait l'appel des jurés	295.	40.
— Incapacités	La cour tire de la liste de service les jurés qui sont incapables, soit parce qu'ils n'ont pas 30 ans, ne sont pas français, ou ne jouissent pas de leurs droits politiques et civils;	381.	42.
	soit parce qu'ils remplissent les fonctions de ministre, de préfet, de sous-préfet, de juge, de procureur général, de procureur du roi et de leurs substituts, et de ministre d'un culte	384	*Id.*
— Dispenses	La cour dispense du service, s'ils le requièrent : 1.° les conseillers d'état chargés d'une partie d'administration, les commissaires du roi près les administrations ou régies, les septuagénaires;	*Id.*	*Id.*
	2.° les jurés ayant déjà fait dans l'année une fois le service des assises ordinaires et deux fois le service des assises extraordinaires.	391.	*Id.*
— Excuses	Quant aux motifs de toute espèce que des jurés font valoir pour être dispensés du service pendant quelques jours ou pendant toute la session, la cour les apprécie dans sa conscience	398.	44.
— Jurés défaillants	Relativement aux jurés qui ne comparaissent pas, quoique cités régulièrement (art. 389, p. 40), la cour les condamne à l'amende,	396.	*Id.*
	à moins qu'ils ne justifient qu'ils ont été dans l'impossibilité de se rendre au jour indiqué	397.	*Id.*
	OPÉRATIONS PRÉLIMINAIRES AU TIRAGE DU JURY (voyez procès-verbal, p. 117 et 118).		
econnaissance de l'identité de 'accusé.	Si l'accusé est un contumax qui nie son identité, la cour d'assises statue seule sur la question d'identité; et en cas de décision affirmative, on procède sur le fond de l'accusation avec assistance de jurés et dans la forme ordinaire (voyez procès-verbal, p. 121)	518.	121.
djonction de jurés et de magistrats.	Lorsqu'un procès paraîtra de nature à entraîner de longs débats, la cour d'assises, avant le tirage de la liste des jurés, pourra ordonner qu'indépendamment des douze jurés nécessaires pour composer le jury, il en sera tiré au sort un ou deux autres qui assisteront aux débats	394.	46.
	Dans les mêmes circonstances, la cour pourra ordonner qu'il lui sera adjoint un ou deux magistrats.	252.	13.
urés empêchés dans l'affaire	La cour tirera de la liste de service les jurés qui, dans l'affaire, auront été officiers de police judiciaire, témoins, interprètes, experts ou parties	392.	42.
	TIRAGE DU JURY (voyez procès-verbal, p. 118).		
rage du jury	Cette opération peut se faire par le président assisté de la cour en audience publique, ou par le président seul, soit à l'audience, soit à la chambre du conseil	399.	48.
	Ne pas oublier que, si des difficultés s'élèvent dans le cours du tirage du jury, c'est à la cour d'assises à en connaître.	*Id.*	*Id.*
omination d'un interprète et prestation de serment.	Si l'accusé n'entend pas le français, le président nomme d'office un interprète âgé de 21 ans au moins, et lui fait prêter serment de traduire fidèlement les discours à transmettre entre ceux qui parlent des langages différents..... L'accusé et le procureur général peuvent récuser l'interprète en motivant leur récusation. La cour prononce... L'interprète ne peut être pris parmi les témoins, les juges et les jurés.	332.	46.
	Si l'accusé est sourd-muet, voyez l'art. 333.	333.	*Id.*
ppel des jurés.	Le greffier fait l'appel des jurés en leur présence et en présence de l'accusé et du procureur général.	399.	48.
	Relativement aux jurés défaillants et pour les causes d'excuse et de dispense, voyez ci-dessus.		
e tirage ne peut se faire sur une iste moindre de 30 jurés présents. Moyens de compléter ce nombre.	S'il y a moins de 30 jurés présents, le nombre sera complété par les quatre jurés supplémentaires que le président appellera, dans l'ordre de leur inscription, à faire partie des jurés titulaires. — En cas d'insuffisance, le président désignera, en audience publique et par la voie du sort, les jurés qui doivent compléter le nombre de trente	393.	44.
épôt dans une urne des noms des urés.	Le président dépose dans une urne le nom de chaque juré répondant à l'appel (les noms sont inscrits sur des bulletins).	399.	48.
vertissement relatif aux récusaions.	Le président annonce que le nombre de jurés étant de..... l'accusé ou son conseil peuvent récuser *tant* de jurés, et que le procureur général peut en récuser *tant*.	*Id.*	*Id.*
	L'accusé et le procureur général peuvent exercer un nombre égal de récusations; et, si les jurés sont en nombre impair, l'accusé peut exercer une récusation de plus que le procureur général	401.	*Id.*
	S'il y a plusieurs accusés, ils peuvent se concerter pour exercer leurs récusations;	402.	*Id.*
	et s'ils ne se concertent pas, le sort règle entre eux le rang dans lequel ils feront leurs récusations	403.	*Id.*
	Les accusés peuvent se concerter pour exercer une partie des récusations, sauf à exercer le surplus suivant le rang réglé par le sort	404.	*Id.*
rage des noms hors de l'urne	Le président tire de l'urne les noms des jurés, et, à mesure qu'ils en sortent, il les proclame à haute voix	399.	*Id.*
écusations	L'accusé premièrement, ou son conseil, et le procureur général, récusent tels jurés qu'ils jugent à propos, à mesure que leurs noms sortent de l'urne	*Id.*	*Id.*
	L'accusé, son conseil, ni le procureur général, ne peuvent exposer leurs motifs de récusation	*Id.*	*Id.*
	Les récusations s'arrêtent lorsqu'il ne reste dans l'urne que douze noms de jurés (ou plus) s'il y en a eu d'adjoints.	400.	*Id.*
oclamation des noms des jurés le jugement.	Aussitôt qu'il est sorti de l'urne douze noms de jurés non récusés (ou plus en cas d'adjonction), le président déclare que le jury est formé, et qu'il se compose de MM	399.	*Id.*
	Et il avertit les jurés non tombés au sort de l'heure à laquelle ils doivent se représenter.	266.	46.
	Immédiatement après la formation du jury, l'examen de l'accusé commence	405.	48.

TABLEAU ABRÉGÉ D'UNE AUDIENCE (voyez procès-verbal, p. 118).

		Articles.	Pages.
Ouverture de l'audience..	La cour d'assises prend séance publiquement...	309.	50.
	Le greffier fait l'appel des jurés (titulaires et adjoints) qui se placent dans l'ordre désigné par le sort sur des siéges séparés du public, des parties et des témoins, en face de celui destiné à l'accusé.....	*Id.*	*Id.*
Comparution de l'accusé.	L'accusé comparait libre et seulement accompagné de gardes pour l'empêcher de s'évader........	310.	*Id.*
	S'il y a plusieurs accusés, le président les place dans l'ordre des débats.....	334.	*Id.*
Questions à l'accusé..........	Le président dit : « Accusé, quels sont vos nom, prénoms, âge, profession, demeure et lieu de « naissance? ».	310.	*Id.*
Avertissement au défenseur.....	Le président dit : « Défenseur, vous ne pouvez rien dire contre votre conscience ou contre le respect « dû aux lois, et vous devez vous exprimer avec décence et modération; » ou : « Défenseur, je vous « rappelle les dispositions de l'art. 311 du code d'instruction criminelle. »	311.	*Id.*
Serment des jurés......... ...	Le président dit : « Messieurs les jurés, veuillez vous lever... Vous jurez et promettez, devant Dieu « et devant les hommes, d'examiner avec l'attention la plus scrupuleuse les charges qui seront portées « contre...; de ne trahir ni les intérêts de l'accusé, ni ceux de la société qui l'accuse; de ne commu- « niquer avec personne jusqu'après votre déclaration; de n'écouter ni la haine, ou la méchanceté, ni la « crainte ou l'affection; de vous décider d'après les charges et les moyens de défense, suivant votre « conscience et votre intime conviction, avec l'impartialité et la fermeté qui conviennent à un homme « probe et libre. »		
	Le président appelle individuellement chacun des jurés qui répond en levant la main : « Je le « jure, » à peine de nullité......	312.	52.
Intervention de la partie civile...	Les plaignants peuvent se porter parties civiles, en tout état de cause, jusqu'à la clôture des débats; la cour apprécie s'il y a lieu d'admettre leur intervention. — Les parties civiles ne sont obligées ni de constituer avoué, ni de déposer la somme présumée nécessaire pour les frais.	67. *Id.*	54. *Id.*
Huis-clos...............	Si la publicité de l'affaire est dangereuse pour l'ordre et pour les mœurs, la cour, par un arrêt motivé, ordonne que les débats auront lieu à huis-clos, conformément à l'art. 55 de la charte constitutionnelle.	»	*Id.*
	Dans le ressort de la cour royale de Metz, il est d'usage de ne prononcer le huis-clos qu'après la lecture de l'arrêt de renvoi.		
	Nota. Ne pas oublier de prononcer publiquement les arrêts incidents qui peuvent être rendus dans le cours des débats d'une affaire jugée à huis-clos......		*Id.*
Lecture de l'arrêt de renvoi et de l'acte d'accusation.	Le président dit : « Accusé, soyez attentif à ce que vous allez entendre. — Greffier, donnez lecture « de l'arrêt de renvoi et de l'acte d'accusation...	313.	56.
Résumé de l'acte d'accusation. .	Après cette lecture, le président rappelle à l'accusé ce qui est contenu dans l'acte d'accusation, et lui dit : « Voilà de quoi vous êtes accusé; vous allez entendre les charges qui seront produites contre « vous. »...	314.	*Id.*
Exposition de l'accusation	Le procureur général expose, s'il y a lieu, le sujet de l'accusation ..	315.	*Id.*
Appel des témoins............	Le président dit au greffier de faire l'appel des témoins...	*Id.*	*Id.*
	Le greffier lit à haute voix la liste des témoins produits par le procureur général, par la partie civile et par l'accusé ...	*Id.*	*Id.*
	L'accusé et le procureur général peuvent s'opposer à l'audition des témoins dont les noms, profession et résidence n'auront pas été clairement notifiés vingt-quatre heures au moins avant l'examen de ces témoins... La cour statuera de suite sur cette opposition....	*Id.*	*Id.*
	Pour les autres motifs d'opposition à l'audition des témoins, voyez p. 8, *témoins à entendre.*		
	Lorsqu'un témoin fait défaut sans un motif légitime, la cour le condamne à l'amende portée en l'article 80;...	355.	*Id.*
	et si le témoin n'est pas indispensable, la cour ordonne qu'il sera passé outre	*Id.*	*Id.*
	Dans le cas où la présence du témoins est nécessaire, la cour renvoie l'affaire à la prochaine session;	354.	*Id.*
	et, s'il y a lieu, elle condamne le témoin à l'amende, met à sa charge tous les frais exposés pour l'affaire, et ordonne que le témoin sera amené à l'audience par la force publique	355.	*Id.*
	Le témoin peut former opposition à ces condamnations.	356.	*Id.*
Retraite des témoins dans leur chambre.	Après l'appel des témoins, le président dit à l'huissier de les conduire dans la chambre qui leur est destinée ; et s'il en est besoin, ce magistrat prend des précautions pour les empêcher de conférer entre eux de l'affaire...	316.	*Id.*
	Les témoins ne doivent sortir de leur chambre que pour déposer. ..	*Id.*	*Id.*
	Avant de procéder à l'instruction de l'affaire, le président s'assure que les jurés ont ce qu'il faut pour prendre des notes.. ..	328.	58.
nterrogatoire de l'accusé.	Le président dit à l'accusé de se lever, et il l'interroge...	327.	*Id.*
	Il peut lui demander tous les éclaircissements qu'il croit nécessaires à la manifestation de la vérité.— Les juges, le procureur général et les jurés peuvent questionner l'accusé en demandant la parole au président. — La partie civile ne peut faire de questions à l'accusé que par l'organe du président ..	319.	64.
	Il ne doit pas être fait mention au procès-verbal des réponses de l'accusé.....	372.	*Id.*
	Le président fait représenter à l'accusé et aux jurés les pièces de conviction......	329.	66.
	Si l'accusé a été momentanément éloigné de l'audience pendant l'interrogatoire d'un co-accusé ou pendant l'audition d'un témoin, le président, avant de reprendre la suite des débats généraux, doit lui rendre compte de ce qui a été fait en son absence et de ce qui en est résulté....	327.	*Id.*

SUITE DU TABLEAU ABRÉGÉ D'UNE AUDIENCE.

		Articles	Pages
Témoins à entendre.	On doit entendre les témoins produits par le procureur général, par la partie civile et par l'accusé.	324.	58.
	L'accusé et le procureur général peuvent s'opposer à l'audition des témoins non dénoncés vingt-quatre heures avant l'examen, 315, page 56; à l'audition des parents au degré prohibé, 322, p. 60; à l'audition des dénonciateurs salariés (et des parties civiles), 322, p. 60. — Le jury doit être prévenu par le président de la qualité des dénonciateurs non salariés, 323, p. 60. — On doit entendre sans serment les enfants âgés de moins de 15 ans, 79, p. 60; et les condamnés privés du droit de témoignage, 28, 34 et 42 du code pénal, p. 60. — Si un témoin fait défaut, ou refuse, soit de prêter serment, soit de déposer, la cour le condamne à l'amende, 355*, p. 56, et procède en outre, dans le premier cas, conformément aux articles 354 et 355, p. 56.		
Ordre de l'audition.	Les témoins doivent être entendus séparément, dans l'ordre établi par le procureur général;.	317.	62
	en finissant par les témoins à décharge.	321.	58
Interprète, nomination et serment.	Si le témoin ne parle pas français, ou est sourd-muet, le président nomme un interprète à qui il fait jurer de traduire fidèlement les discours à transmettre entre personnes qui parlent des langages différents. 332 et	333.	46.
Serment du témoin et déclaration de ses noms, profession, etc.	Le président dit: « Témoin (levez la main droite)... Vous jurez de parler sans haine et sans crainte, « de dire toute la vérité, rien que la vérité,... dites: je le jure... (baissez la main). « Quels sont vos nom, prénoms, âge, profession, domicile ou résidence? « Connaissiez-vous l'accusé avant le fait mentionné dans l'acte d'accusation? « Êtes-vous parent ou allié, soit de l'accusé, soit de la partie civile, et à quel degré? « Êtes-vous attaché au service de l'un ou de l'autre? — Dites ce que vous savez	317.	62.
Déposition et ce qui s'y rattache .	Le témoin dépose oralement.	*Id.*	*Id.*
	Le témoin ne peut être interrompu.	319.	64.
	Les témoins ne peuvent s'interpeller entre eux.	325.	62.
	Le président fait représenter au témoin et à l'accusé les pièces de conviction	319.	64.
	Après la déposition, le président demande à l'accusé s'il veut répondre à ce qui vient d'être déclaré contre lui; — L'accusé ou son conseil peuvent dire, tant contre le témoin que contre son témoignage, tout ce qui peut être utile à la défense. — L'accusé ou son conseil peuvent le questionner par l'organe du président. — Le président peut demander au témoin et à l'accusé tous les éclaircissements qu'il croit nécessaires à la manifestation de la vérité. — Les juges, le procureur général et les jurés peuvent questionner le témoin et l'accusé, en demandant la parole au président. — La partie civile ne peut faire de questions au témoin (et à l'accusé), que par l'organe du président.	*Id.*	*Id.*
	L'accusé et le procureur général peuvent demander, qu'après leur déposition, certains témoins se retirent de l'auditoire, et qu'un ou plusieurs d'entre eux soient introduits et entendus de nouveau, soit séparément, soit en présence les uns des autres. — Le président pourra aussi l'ordonner d'office.	326.	*Id.*
	S'il y a lieu, le président fait tenir note par le greffier des variations entre la déposition d'un témoin et ses précédentes déclarations.	318.	*Id*
	Sauf le cas ci-dessus, il ne sera pas fait mention au procès-verbal du contenu aux dépositions . . .	372.	*Id*
	Si l'accusé a été momentanément éloigné de l'audience pendant l'audition d'un témoin, ou pendant l'interrogatoire d'un co-accusé, le président, avant de reprendre la suite des débats généraux, doit lui rendre compte de ce qui a été fait en son absence, et de ce qui en est résulté.	327.	58
	Chaque témoin, après sa déposition, restera dans l'auditoire, à moins que le président n'en ait ordonné autrement.	320.	66
Fausse déposition.	Si, d'après les débats, une déposition paraît fausse, le président, après avoir averti le témoin du danger auquel il s'expose, ordonne, s'il y a lieu, son arrestation, et fait consigner sa déclaration sur le procès-verbal	330.	*Id*
	L'affaire en discussion peut être renvoyée, par arrêt de la cour, à la session suivante.	331.	*Id*
Audition de témoins en vertu du pouvoir discrétionnaire.	Le président peut, dans le cours des débats, faire entendre toute personne en vertu de l'art. 269. Il prévient ces témoins qu'ils ne sont entendus qu'à titre de renseignements; qu'en conséquence ils ne prêtent pas serment, mais qu'ils n'en doivent pas moins dire toute la vérité.	269.	68
Pièces à lire si l'on juge un contumax repris.	Lorsqu'on juge un contumax repris, le président fait lire les dépositions écrites des témoins non produits aux débats et les réponses écrites des autres accusés du même délit	477.	*Id.*
Nécessité de lire les dépositions de certains fonctionnaires absents.	Il fait lire également les dépositions écrites des princes et des fonctionnaires dispensés de comparaître, aux termes du décret du 4 mai 1812 et des articles 510 et suivants du code d'instruction.	512.	*Id.*
Dépositions et autres documents faisant partie de la procédure.	Le président peut (art. 268) ordonner la lecture des dépositions et autres documents faisant partie du dossier, p. 70. — Pour l'usage qu'en peuvent faire l'accusé et le procureur général, voyez p. 70.	»	70
Pièces nouvellement produites. . . .	Le président peut, en vertu de l'art. 269, faire apporter toutes nouvelles pièces qui lui paraîtraient pouvoir donner un jour utile sur l'affaire, p. 70. — Pour l'usage que l'accusé et le procureur général peuvent faire de pièces étrangères au dossier, voyez les notes de la p. 70.	»	*Id*
Plan. — Descente de lieux. — Expertise. — Serment des experts.	Un plan, une descente de lieux, une expertise, peuvent être ordonnés, p. 71. — Si l'expert doit prêter serment, le président lui dit: « Vous jurez de faire votre rapport et de donner votre avis « en votre honneur et conscience. » Art. 44, p. 71.	»	71
Plaidoiries.	Après l'instruction, le président donne successivement la parole à la partie civile, au procureur général et à l'accusé. La réplique est permise; l'accusé ou son conseil ont le droit de parler les derniers.	335.	7[illegible]
Clôture des débats.	Les plaidoieries terminées, le président demande à l'accusé s'il a quelque chose à ajouter pour défense; et il déclare ensuite que les débats sont terminés.	*Id.*	*Id*
Fin du huis-clos.	Si le huis-clos a été prononcé, le président fait rouvrir les portes. Art. 55 de la charte.	»	54

	SUITE ET FIN DU TABLEAU ABRÉGÉ D'UNE AUDIENCE.	Articles	Pages
ésumé osition des questions	Le président résume l'affaire ; il fait remarquer aux jurés les principales preuves pour et contre l'accusé ; il leur rappelle les devoirs qu'ils ont à remplir, et il donne lecture des questions à résoudre...	336.	72.
	Questions résultant de l'acte d'accusation (337, p. 74) ; des débats (338, p. 76) ; question d'excuse (339, p. 76) ; de discernement (340, p. 76) ; formules de questions, page 78 à 95.		
vertissement aux jurés	Après avoir lu les questions, le président, conformément aux articles 341 et 347, donne aux jurés les avertissements suivants : « Messieurs les jurés, votre vote doit avoir lieu au scrutin secret. — Vos décisions contre l'accusé « doivent se former à la majorité, et votre déclaration doit constater l'existence de la majorité sans « que le nombre de voix puisse être exprimé ; cependant si l'accusé n'est déclaré coupable du fait « principal qu'à la simple majorité, c'est-à-dire à la majorité de sept voix, vous devez en faire « mention dans votre réponse. Enfin si vous pensez, à la majorité, qu'il existe, en faveur d'un ou de « plusieurs accusés reconnus coupables, des circonstances atténuantes, vous devez le déclarer en ces « termes : à la majorité, il y a des circonstances atténuantes en faveur de tel accusé. »	341.	96.
Remise au chef du jury des questions et des pièces du procès.	Le président fait remettre au chef du jury les questions signées par lui et les pièces du procès autres que les dépositions écrites, et il invite les jurés à se retirer dans leur chambre pour y délibérer	*Id.*	*Id.*
Sortie de l'accusé	Le président ordonne aux gendarmes d'emmener l'accusé hors de l'auditoire	*Id.*	*Id.*
Retraite des jurés	Les jurés se rendent dans leur chambre. — Désignation, s'il y a lieu, d'un nouveau chef du jury	342.	98.
	Le président donne au chef de la gendarmerie l'ordre par écrit de garder les issues de la chambre des jurés ; personne ne peut y pénétrer sans la permission écrite du président. — Les jurés ne peuvent sortir de leur chambre qu'après avoir formé leur déclaration. — Peine contre les contrevenants	343.	*Id.*
	Instruction dont le chef du jury donne lecture dans la chambre des délibérations	342.	*Id.*
	Mode de la délibération et du vote des jurés, art. 344, 345, 346, 347, et loi du 13 mai 1836, p. 100.		
Rentrée des jurés	Après leur délibération, les jurés rentrent à l'audience ; la cour remonte sur le siége ; le président dit : « Messieurs les jurés, veuillez faire connaître le résultat de votre délibération. »	348.	102.
Lecture du verdict par le chef du jury.	Le chef du jury, debout, la main droite sur le cœur, dit : « Sur mon honneur et ma conscience, devant Dieu et devant les hommes, la déclaration du jury est. »	*Id.*	*Id.*
	La déclaration du jury n'est soumise à aucun recours ; cependant si elle est irrégulière, obscure ou incomplète, la cour, après avoir ouï le procureur général et le défenseur, ordonne, par arrêt motivé, que les jurés se retireront dans leur chambre pour délibérer de nouveau. — S'il y avait lieu de rectifier les questions, il faudrait faire rentrer l'accusé pour l'entendre	350.	104.
Trois signatures à apposer à la réponse.	La déclaration signée par le chef du jury est remise au président en présence des jurés ; le président la signe et la fait signer par le greffier	349.	102.
	Lorsqu'il y a déclaration de culpabilité, l'affaire peut être renvoyée à une autre session, si les juges sont unanimement convaincus que les jurés se sont trompés au fond, ou si, l'accusé n'étant déclaré coupable que par sept voix, la majorité des juges est d'avis de surseoir au jugement	352.	*Id.*
Rentrée de l'accusé. — Lecture du verdict par le greffier	Le président fait ramener l'accusé, et le greffier lit en sa présence la déclaration du jury	357.	106.
Verdict de non-culpabilité. Acquittement.	Si l'accusé est déclaré non coupable, le président prononce qu'il est acquitté de l'accusation, et ordonne qu'il soit mis en liberté, s'il n'est retenu pour autre cause. (V. ordon.ce d'acquittement, p. 109).	358.	106.
	Si, pendant les débats, l'accusé a été inculpé d'un autre fait pour lequel le ministère public a fait des réserves, le président, après avoir prononcé l'acquittement, ordonne que le prévenu sera poursuivi à raison du nouveau fait, etc.	361.	108.
	La cour statue ensuite sur les dommages-intérêts (358, p. 106), sur la restitution au propriétaire des objets saisis comme pièces de conviction (366, p. 110), sur les frais (368 et 478, p. 110) ; v. formule d'arrêt, p. 109	»	
Verdict de culpabilité	Si l'accusé est déclaré coupable, le procureur général fait ses réquisitions pour l'application de la peine, la partie civile conclut.	362.	*Id.*
	Le président demande à l'accusé s'il a quelque chose à dire pour sa défense	363.	*Id.*
	Les juges délibèrent et opinent à voix basse. — Ils peuvent, pour cet effet, se retirer dans la chambre du conseil.	369.	*Id.*
	L'arrêt est prononcé à haute voix par le président, en présence du public et de l'accusé ; avant de le prononcer, le président lit le texte de la loi sur laquelle il est fondé	*Id.*	*Id.*
Arrêt d'absolution	Si le fait dont l'accusé est déclaré coupable n'est pas défendu par la loi, la cour prononce l'absolution (v. formule d'arrêt, p. 111), et si, pendant les débats, l'accusé a été inculpé d'un autre fait pour lequel il a été fait des réserves, la cour ordonne que le prévenu sera poursuivi à raison du nouveau fait, etc.	364. 361.	110. 108.
	La cour statue ensuite sur les dommages-intérêts (366, p. 110), sur la restitution au propriétaire des objets saisis (366, p. 110), et sur les frais (368 et 478, p. 110)	»	110.
rrêt de condamnation	Si le fait dont l'accusé est déclaré coupable est défendu, la cour prononce la peine (v. formule d'arrêt, p. 115). — En cas de conviction de plusieurs crimes ou délits, la peine la plus forte sera seule prononcée.	365. *Id.*	112. *Id.*
	Si l'accusé a été déclaré excusable, la cour prononce conformément au code pénal	367.	*Id.*
	La cour statue ensuite sur les dommages-intérêts (366, p. 110), sur la restitution au propriétaire des objets saisis (366, p. 110), sur les frais (368, p. 110)	»	114.
	Si, pendant les débats, l'accusé est inculpé d'autres crimes méritant une peine plus forte, ou s'il a des complices en état d'arrestation, la cour ordonne qu'il soit poursuivi à raison de ces nouveaux faits.	379.	*Id.*
vertissement relatif au pourvoi. xhortation à l'accusé.	Dans le cas de condamnation, le président avertit l'accusé qu'il a trois jours francs pour se pourvoir en cassation contre le présent arrêt, et lui donne les avis qu'il juge utiles	371.	*Id.*

CHAPITRE 1.er

Cours d'assises.—Leur compétence, 251 (p. 10).—Leur composition, au chef-lieu, 252, 265 (p. 12); dans les autres départements, 253 (p. 14), 284 (p 16). — Honneurs dus au président des assises, 253, notes (p. 15).—Remplacement du président, 263 (p. 16). — Remplacement des assesseurs, 264 (p. 16). — Magistrats empêchés, 257 (p. 18). — Lieux ou se tiennent les assises, 258 (p. 18). — Époques des sessions; sessions extraordinaires, 259 (p. 20). — Indication de l'ouverture des assises et affaires a porter au rôle, 260 (p. 20). — Disposition relative aux accusés arrivés après l'ouverture des assises, 261 (p. 20).

251. Il sera tenu des assises dans chaque département pour juger les individus que la cour royale y aura renvoyés.

251. Les cours d'assises n'étant pas une juridiction permanente, ne sont légalement constituées et n'ont de pouvoir que sous les conditions prescrites par la loi pour leur composition, leur durée et l'époque de leur ouverture. 23 février 1837, n.° 57.

Les cours d'assises sont investies par la loi de la plénitude de la juridiction en matière criminelle, correctionnelle et de simple police, d'où il suit que lorsqu'elles ont été saisies par un arrêt de mise en accusation, elles ne peuvent, par aucun motif, se déclarer incompétentes. 2 octobre 1828, n.° 293.

Il résulte de la combinaison des articles 231, 251, 299, 358, 364 et 365 du code d'instruction criminelle, que les arrêts des mises en accusation saisissent irrévocablement les cours d'assises de la connaissance et du jugement des affaires sur lesquelles ils sont intervenus, lorsqu'ils n'ont été attaqués, dans le délai de la loi, ni par le prévenu, ni par le ministère public. D'où suit que, lorsqu'un tel arrêt se trouve avoir acquis l'autorité de la chose souverainement jugée, il n'appartient pas à la cour d'assises devant laquelle l'accusé a été renvoyé, d'examiner sur quels faits, ni sur quelles personnes a porté le renvoi; elle ne peut admettre ni entendre aucun débat sur la compétence, puisque sa juridiction est générale et absolue; ses fonctions se bornent dès-lors à instruire sur les faits de l'accusation, et quand ils ont été déterminés par la déclaration du jury, à prononcer soit l'acquittement ou l'absolution de l'accusé, soit sa condamnation aux peines dont il est passible. 5 avril 1832, n.° 126. — 15 avril 1837, n.° 115.

Lorsqu'un individu accusé de suppression d'état a été renvoyé devant les assises, avant que la question d'état ait été jugée, conformément au vœu de l'article 327 du code civil, la cour ne peut pas se déclarer incompétente, et doit se borner à prononcer le sursis jusqu'au jugement de la question d'état. 22 juin 1820. J. P.

Les arrêts de renvoi sont indicatifs de juridiction, mais ils ne lient pas les cours d'assises quant à la qualification des faits. 15 avril 1837, n.° 115.

Lorsqu'un individu prévenu d'un délit ordinaire comparaît, par suite de connexité, devant la cour d'assises, on doit observer à son égard les formalités de la procédure par jury. 4 novembre 1813. S. 14, p. 183.

Pour ce qui concerne les dommages-intérêts, voyez les articles 358 et 359, chapitre 10, p. 106.

Compétence des cours d'assises pour juger les délits politiques, voyez les lois des 8 octobre 1830, 8 avril 1831, 10 avril 1831 et 9 septembre 1835.

Si le prévenu d'un délit de presse est traduit directement par une citation du ministère public devant la cour d'assises, cette cour est compétente pour statuer sur les questions préjudicielles qui sont élevées par ce prévenu, telles que la nullité de la saisie, l'irrégularité des poursuites; mais il en est autrement lorsque la cour d'assises est saisie de la connaissance du délit par un arrêt de la chambre des mises en accusation qui a statué sur les questions préjudicielles, et qui dès-lors n'a laissé entière que la question du délit même, objet du renvoi. C'est à la cour de cassation à statuer sur les nullités que peuvent présenter les arrêts des chambres de mise en accusation. Le prévenu peut se pourvoir d'après la notification qui lui est faite; et même en supposant que, non détenu et par conséquent non interrogé en conformité de l'article 296, il pût argumenter du défaut d'avertissement prescrit par ledit article, il résulterait seulement du 297.° que la nullité ne serait pas couverte par son silence, que ses droits seraient conservés et qu'il pourrait les faire valoir après l'arrêt définitif. 4 août 1831, n.° 173.

Compétence des cours d'assises pour juger les crimes et délits commis à leur audience. Voyez les articles 181, 505 et suivants, page 32.

L'art. 181 donne aux cours en général, et conséquemment aux cours d'assises, le droit de juger et punir les délits commis dans l'enceinte et pendant la durée de leurs audiences. Les dispositions combinées des articles 507 et 508 repoussent l'idée que l'intervention des jurés présents à la perpétration flagrante même d'un crime, soit nécessaire pour le constater. La cour, obligée de procéder au jugement de suite et sans désemparer, en vertu de la disposition impérative dudit article 181, doit donc constater seule et punir les délits flagrants qui sont commis à son audience. 27 février 1832, n.° 79.

La charte de 1830 et la loi du 8 octobre de la même année, en ce qui concerne les délits politiques dont elle attribue la connaissance au jury, n'ont nullement modifié la juridiction exceptionnelle et d'ordre public établie par l'article 181. 27 février 1832, n.° 79.

Compétence des cours d'assises pour juger les fautes de discipline commises à leur audience. Voyez article 311, chapitre 5, page 50.

252. Dans les départements où siègent les cours royales, les assises seront tenues par trois des membres de la cour dont l'un sera président.

Les fonctions du ministère public seront remplies, soit par le procureur général, soit par un des avocats généraux, soit par un des substituts du procureur général.

Le greffier de la cour y exercera ses fonctions par lui-même ou par l'un de ses commis assermentés.

265. Le procureur général pourra, même étant présent, déléguer ses fonctions à l'un de ses substituts.

252. D'aprés l'article 16 de la loi du 20 avril 1810, la nomination des présidents d'assises et des conseillers
1.er §. appartient aux premiers présidents des cours royales, et ce même article accorde au ministre de la justice la faculté de les nommer lui-même; mais pour régler l'exercice de ce double droit de nomination, il a été déterminé par l'article 79 du décret du 6 juillet 1810, que le ministre de la justice userait de son droit pour chaque trimestre pendant la durée des assises du trimestre précédent, et que, s'il laissait passer ce délai sans faire la nomination, le premier président la ferait dans la huitaine de la clôture des assises. 12 janvier 1838, n.° 13. — 4 novembre 1839, n.° 323.

Le même membre peut être délégué pour présider, si faire se peut, plusieurs cours d'assises.—Art. 16 de la loi du 20 avril 1810.

L'art. 16 de la loi du 20 avril 1810 donne au premier président le droit de présider les assises. 18 avril 1833, n.° 143.

Pour la publicité à donner aux ordonnances de nomination des présidents, voyez les art. 88 et 89 du décret du 6 juillet 1810.

Le magistrat désigné pour présider les assises ne doit quitter la chambre à laquelle il est attaché qu'au moment où les assises commencent, et il doit y rentrer aussitôt qu'elles sont terminées. — Circulaire ministérielle du 16 février 1823.

Dans les lieux où réside la cour impériale, la chambre civile que préside le premier président se réunira à la cour d'assises pour le débat et le jugement d'une affaire, lorsque notre procureur général, à raison de la gravité des circonstances, en aura fait la réquisition aux chambres assemblées et qu'il sera intervenu arrêt conforme à sa réquisition. Art. 93 du décret du 6 juillet 1810. — La chambre civile doit être représentée par sept juges au moins. 13 juillet 1842. J. P. tom. 2, 1842, p. 613.

Le décret du 6 juillet 1810 n'interdit pas aux cours d'assises de s'adjoindre des magistrats pour suivre les débats et remplacer ceux de leurs membres qui ne pourraient continuer à siéger. Cette mesure est dans l'intérêt de la bonne administration de la justice et de la prompte expédition des procès. Ce droit a été attribué aux tribunaux criminels par la loi du 25 brumaire an 8, article 4, qui, en cette partie, doit être considérée comme ayant posé un principe toujours subsistant. 11 mai 1833, n.° 182.

Le premier président, en adjoignant à la cour d'assises un quatrième assesseur pour remplacer celui des trois membres titulaires qui se trouverait empêché, ne fait qu'assurer le service de la cour d'assises, et user d'un droit qui lui est conféré par la loi. La communication de son ordonnance à l'accusé n'est exigée par aucune loi, et serait superflue, l'accusé n'ayant pas la faculté de s'opposer à cette mesure. 8 octobre 1840, n.° 299.

Il y a présomption légale que les juges appelés comme suppléants, ont été désignés selon l'ordre du tableau. 12 décembre 1840, n.° 350.

L'adjonction d'un troisième assesseur étant ordonnée avant le tirage du jury, et les accusés n'ayant aucun droit de s'opposer à cette mesure, il n'y a pas nécessité de les entendre. 30 juin 1838, n.° 187.

Lorsqu'une cour s'adjoint des juges, elle peut les désigner elle-même; il y a présomption légale qu'ils l'ont été selon l'ordre du tableau. 12 janvier 1840. D. 1841, p. 35.

2.e §. Il résulte des articles 253, 271, 273, 276, 319, 328, 330 et 335 que l'officier du ministère public, qui est chargé du service de la cour d'assises, fait nécessairement partie de cette cour, et que celle-ci n'est régulièrement constituée que par son assistance et son concours; d'où il suit que sa présence à tous les actes de l'instruction orale devant les jurés est une condition substantielle de la régularité des débats. 3 janvier 1839, n.° 1.

Les fonctions du ministère public étant indivisibles, les officiers qui le composent peuvent se remplacer dans le cours de la même affaire. 29 mars 1832, n.° 114. — 10 août 1837, n.° 232.

3.e §. Le greffier étant institué pour recueillir les faits qui se passent à la cour d'assises, les constater et en rendre témoignage, sa présence à tous les actes de la procédure qui concerne l'examen et le jugement, est une condition substantielle de leur régularité. Cela résulte de l'article 91 du décret du 30 mars 1808, et de l'article 372 du code d'instruction criminelle. 13 avril 1837, n.° 110.

Il y a nullité, si le procès-verbal ne fait pas connaître les noms des juges qui composaient la cour d'assises. 26 janvier 1832, n.° 27.

Mais si la composition de la cour a été constatée pour la première séance, il suffit, pour les séances suivantes, que le procès-verbal énonce qu'elle était composée des mêmes personnes. 31 mai 1837, n.° 67.

Quand il y a un magistrat adjoint dont le concours n'a pas été nécessaire, le procès-verbal doit constater qu'il n'a pas pris part aux arrêts; mais si l'affaire a duré plusieurs séances, il suffit que cela soit constaté d'une manière générale dans le procès-verbal de la dernière séance. 18 avril 1833, n.° 143.

253. Dans les autres départements, la cour d'assises sera composée : 1.° d'un conseiller à la cour royale délégué à cet effet et qui sera président de la cour d'assises ; 2.° de deux juges pris, soit parmi les conseillers de la cour royale, lorsque celle-ci jugera convenable de les déléguer à cet effet, soit parmi les présidents ou juges du tribunal de 1.re instance du lieu de la tenue des assises ; 3.° du procureur du roi près le tribunal ou de l'un de ses substituts, sans préjudice des dispositions contenues dans les articles 265, 271 et 284 ; 4.° du greffier du tribunal ou de l'un de ses commis assermentés.

253. Lorsque la cour juge à propos de déléguer deux conseillers, ce n'est pas la cour mais bien le premier président qui désigne les magistrats assesseurs, à moins que le ministre de la justice n'ait usé de son droit en les nommant lui-même. 4 octobre 1839. D. 1840, p. 375.

Les juges composant la cour d'assises dans les départements autres que celui où siége la cour royale, doivent être pris parmi les membres du tribunal de première instance, en suivant l'ordre du tableau. Il n'appartient à qui que ce soit de faire, pour assurer ce service, une désignation qui résulte de la loi même. 15 mars 1845. S. 1845, p. 300.

Voyez les notes de l'article 352, p. 13.

HONNEURS AUXQUELS ONT DROIT LES PRÉSIDENTS D'ASSISES.

Décret du 24 Messidor an 12. — *Art.* 1.er Ceux qui, d'aprés les ordres de l'empereur, devront assister à une cérémonie publique, y prendront rang et séance dans l'ordre qui suit : les préfets, les présidents des cours de justice criminelle, les généraux de brigade commandant un département.

Titre 20. *Art.* 3. Lorsqu'une cour criminelle se rendra à une fête ou cérémonie publique, il lui sera donné une garde d'honneur de vingt-cinq hommes commandés par un lieutenant.

1.er juin 1811. — Avis du conseil d'état relatif au rang que doivent prendre dans les cérémonies publiques les membres des cours impériales délégués pour la tenue des assises.

Les cours d'assises n'ayant que des fonctions temporaires ne doivent pas avoir de rang assigné d'une manière permanente et en corps ; les membres des cours impériales qui présideront les cours d'assises, devront prendre rang dans les cérémonies publiques immédiatement après le préfet, comme le faisait le président de la cour criminelle. En cas qu'il y ait d'autres membres de la cour impériale délégués pour la tenue des assises, ils marcheront à la suite du président de la cour d'assises sans que le rang assigné par le décret du 24 messidor an 12 aux généraux de brigades commandant les départements soit changé.

Les présidents et juges des tribunaux de première instance faisant partie des cours d'assises ne doivent avoir dans les cérémonies d'autres rangs que celui qui a été assigné par le décret du 24 messidor an 12 aux présidents et juges des tribunaux de première instance.

Circulaire ministérielle du 2 *septembre* 1823. — Dans les cérémonies publiques, les présidents d'assises ont le pas sur les maréchaux de camp.

Avis du conseil d'état du 13 *octobre* 1812. — Le moment de l'installation du président d'une cour d'assises est celui où le président est arrivé dans la ville où se tiennent les assises, et a été reçu d'après les formes déterminées par les lois et décrets, et notamment par le décret du 27 février 1811.

Le président de la cour d'assises, hors de la ville où elles se tiennent, n'a plus de prérogative à réclamer. Le décret du 27 février 1811, qui règle les honneurs qui lui sont dus, les renferme dans la commune où se tiennent les assises.

Lorsque les assises se tiennent dans la ville où siége la cour impériale, les membres de la cour d'assises n'ont d'autre rang que celui qu'ils occupent dans la cour impériale même.

Décret du 27 février 1811 *sur le logement et les honneurs dus aux présidents des cours d'assises.*

Art. 1.er Dans toute commune où se tiendront les assises, le magistrat qui viendra les présider sera logé soit à l'Hôtel-de-Ville, soit au Palais de Justice s'il s'y trouve des appartements commodes et meublés ; dans le cas contraire, dans une maison particulière et meublée qui aura été d'avance désignée par le maire. — Voyez aussi article 96 du décret du 6 juillet 1810.

Art. 2. Pour éviter toute charge qui retomberait souvent sur le même individu, le maire sera tenu de désigner successivement les principales maisons de la commune qui offrent la possibilité de disposer d'un appartement décent et commode, sans que le propriétaire ou principal locataire de ladite maison soit obligé de l'abandonner.

Art. 3. Une brigade de gendarmerie se portera, cent pas au-delà des portes de la ville, au-devant du président de la cour d'assises et l'escortera jusqu'à son domicile ; une brigade de gendarmerie l'escortera de même au départ.

Art. 4. Le maire et ses adjoints le recevront au haut de l'escalier de la maison qui lui est destinée et l'y installeront ; il y sera reçu, dans l'intérieur de son appartement, par le tribunal en corps.

Art. 5. Il aura pendant tout le temps de sa résidence, à sa porte, une sentinelle fournie, soit par la compagnie de réserve, soit par la garde nationale. — Voyez aussi art. 95 du décret du 6 juillet 1810.

Art. 6. Les corps militaires qui se trouveront dans la ville enverront visiter, en leur nom, le président de la cour d'assises par un officier supérieur et un officier de chaque grade. Tous les officiers supérieurs et autres de gendarmerie lui rendront visite.

Art. 7. Le président de la cour d'assises fera la visite au préfet qui la lui rendra dans les 24 heures.

Circulaire ministérielle du 2 *septembre* 1823. — Les maréchaux de camp commandant les dépôts et subdivisions militaires doivent faire visite au président d'assises.

Une circulaire ministérielle du 11 août 1827, invite les présidents d'assises à faire exécuter le décret du 27 février 1811, rendu dans l'intérêt de la dignité de la justice.

Pour l'indemnité accordée au président d'assises, voyez l'ordonnance du 17 mai 1831.

284. Le procureur du roi au criminel, dont il est parlé en l'article 253, remplacera près la cour d'assises le procureur général dans les départements autres que celui où siège la cour royale, sans préjudice de la faculté que le procureur général aura toujours de s'y rendre lui-même pour y exercer ses fonctions.

263. Si, depuis la notification faite aux jurés en exécution de l'article 389 du présent code, le président de la cour d'assises se trouve dans l'impossibilité de remplir ses fonctions, il sera remplacé par le plus ancien des autres juges de la cour royale nommés ou délégués pour l'assister ; et s'il n'a pour assesseur aucun juge de la cour royale, par le président du tribunal de première instance.

264. Les juges de la cour royale seront, en cas d'absence ou de tout autre empêchement, remplacés par d'autres juges de la même cour, et, à leur défaut, par des juges de première instance.

Ceux de première instance le seront par les suppléants.

284. D'après l'article 2 de la loi du 25 décembre 1815, les procureurs au criminel ont été remplacés par les procureurs du roi.

Pour les obligations du procureur du roi dans les causes importantes, voyez l'art. 48 du décret du 6 juillet 1810, rapporté page 73.

Si l'officier du ministère public tombe malade au milieu d'une affaire, voyez les notes de l'art. 252, 2.e §, page 13, et les notes de l'article 406, page 39.

L'article 284 donne au procureur général la faculté de se transporter lui-même auprès des cours d'assises du ressort pour exercer ses fonctions: en lui conférant cette prérogative, les articles 45 et 47 de la loi du 20 avril 1810, combinés avec l'article 42 du décret du 6 juillet suivant, lui confèrent en outre le droit de s'y faire représenter par l'un des officiers de son parquet, lorsqu'il juge cette mesure nécessaire. 29 mars 1832, n.° 114.

Il sera préparé, dans les villes où siégent habituellement des cours d'assises, un hôtel convenable pour le logement du procureur général, de l'avocat-général ou du substitut qu'il aurait délégué. — Article 96 du décret du 6 juillet 1810. — Dans des lieux autres que ceux où siége la cour royale, le procureur général aura à sa porte une garde d'honneur lorsqu'il jugera convenable de faire le service des assises. — Art. 95 du décret du 6 juillet 1810.

263. Les dispositions de l'article 263 ne sont qu'indicatives et non restrictives; et il résulte de la combinaison de cet article avec les articles 253 et 264 du même code, qu'en cas d'empêchement légitime le président des assises doit être remplacé par le président du tribunal, celui-ci par le vice-président ou le juge le plus ancien, et ainsi de suite. 23 avril 1833, n.° 156.

Lorsque le président se trouve dans l'impossibilité de remplir ses fonctions, il doit être remplacé conformément à l'art. 263; il n'est autorisé par aucune disposition de loi à désigner lui-même le magistrat qu'il faut appeler à sa place. 9 janvier 1845. S. 1845, p. 299.

Dans le cas où le président se trouve dans l'impossibilité de remplir ses fonctions dans une des affaires portées au rôle de la session, il y a lieu de procéder pour son remplacement, conformément à l'art. 263, quand bien même l'incapacité du président tiendrait à une cause antérieure à la notificatiou de la liste des jurés. 12 mai 1842, n.° 116.

L'art. 263 (lequel d'ailleurs n'est pas prescrit à peine de nullité) n'est applicable qu'au cas où le premier président de la cour royale n'a pas nommé un président en remplacement, par suite du pouvoir à lui confié par l'art. 16 de la loi du 20 avril 1810, et par les articles 79 et suivants du décret du 6 juillet même année. 30 juillet 1840, n.° 219.

En cas d'empêchement, le président des assises est valablement remplacé par un conseiller qui n'est pas le plus ancien de ceux qui l'assistent, si les conseillers plus anciens que lui se trouvent, pour cause de santé, dans l'impossibilité de diriger les débats. 31 mai 1827, n.° 132.

Aucune loi n'interdit à un conseiller plus ancien d'abandonner la présidence à un magistrat moins ancien que lui. 31 décembre 1829. J. P.

Lorsque le président des assises s'abstient de siéger, il y a présomption légale qu'il est légitimement empêché. 31 décembre 1829. J. P.

Si le président des assises tombe malade au milieu d'une affaire, voyez les notes de l'art. 406, p. 39.

264. L'art. 82 du décret du 6 juillet 1810, qui porte que la nomination des assesseurs sera faite par le premier président, ne s'applique qu'à la première désignation et non au remplacement de ceux qui, après leur désignation, peuvent se trouver empêchés. 14 mai 1840, n.° 132.

Lorsqu'un conseiller est empêché, son remplacement peut être ordonné par la cour d'assises. 2 mars 1843, n.° 50.

Lorsqu'on a appelé pour compléter la cour d'assises des magistrats qui ne sont pas les plus anciens, il y a présomption légale que les juges qui les précédaient sur le tableau, étaient légitimement empêchés. 29 mars 1832, n.° 114.

Lorsqu'un juge suppléant a été appelé en remplacement, il y a présomption légale que les juges titulaires étaient légitimement empêchés. 11 novembre 1841. — D. 1842, p. 107.

Un avocat ne peut être appelé à siéger à la cour d'assises pour la compléter qu'autant que l'on a constaté l'empêchement de tous les conseillers et des juges et juges suppléants du tribunal. 24 avril 1834, n.° 118.

En cas d'empêchement des juges, un avoué peut être appelé conformément à la loi pour compléter la cour d'assises. 10 novembre 1832. n.° 444. — Lorsqu'un avoué est appelé en remplacement d'un juge titulaire empêché, il doit être constaté que cet avoué a été appelé à défaut de juges suppléants et d'avocats, et qu'il est le plus ancien des avoués présents à l'audience au moment où la cause est appelée. (Décret du 30 mars 1808, art. 49.) 12 janvier 1842. D. 1842, p. 76.

Si l'un des assesseurs tombe malade au milieu d'une affaire, voyez les notes de l'art. 406, p. 39.

257. Les membres de la cour royale qui auront voté sur la mise en accusation, ne pourront, dans la même affaire, ni présider les assises, ni assister le président, à peine de nullité.

Il en sera de même à l'égard du juge d'instruction.

258. Les assises se tiendront ordinairement dans le chef-lieu de chaque département.

La cour royale pourra néanmoins désigner un tribunal autre que celui du chef-lieu.

257. Le magistrat qui a voté dans un arrêt de plus ample informé peut faire partie de la cour d'assises. Les prohibitions sont de droit étroit. 11 juillet 1816. S. 1816, p. 320.

Il n'y a pas nullité en ce que le président des assises aurait, à ce titre, concouru à l'arrêt de contumace rendu précédemment contre le demandeur. 7 janvier 1841. D. 1841, p. 371.

Le magistrat qui a voté sur la mise en accusation peut concourir aux arrêts qui statuent sur les excuses des jurés, et à ceux relatifs à leur remplacement. Ces arrêts ont pour objet d'assurer le service général de la session. En les prononçant, les cours d'assises n'ont pas en vue telle ou telle affaire de la session, et ces opérations diffèrent essentiellement de la formation du jury du jugement. 17 octobre 1833, n.° 445.—26 mai 1842. D. 1842, p. 384. —Le contraire avait été jugé le 2 février 1832, n.° 35. Ces opérations, dit cet arrêt, ont des influences sur toute l'assise, et il y a une corrélation nécessaire entre la formation de la liste des trente jurés et les affaires qui sont jugées dans la même session.

Les expressions de l'article 257 sont générales et absolues, et il n'est fait aucune distinction entre le juge d'instruction titulaire et celui des juges qui en aurait provisoirement rempli les fonctions. 30 octobre 1832, n.° 430. — 3 juillet 1834, n.° 203.

On ne peut assimiler au juge d'instruction le magistrat de la cour d'assises qui, depuis l'arrêt de renvoi, a procédé, par délégation du président, à une instruction supplémentaire. 12 juillet 1833, n.° 268.

Aucune loi n'interdit aux juges qui ont concouru à la décision de la chambre du conseil la faculté d'être membres de la cour d'assises. 26 janvier 1832, n.° 28.

C'est une maxime constante que les fonctions du ministère public sont incompatibles avec celle de juge. Il y a donc nullité, si, parmi les juges de la cour d'assises, se trouve un magistrat qui a connu de l'affaire comme officier du ministère public. 13 septembre 1827, n.° 237.

La parenté de deux magistrats pourrait les empêcher de siéger ensemble, suivant l'avis du Conseil d'état du 23 avril 1807 qui est ainsi conçu : le Conseil pense que dans le cas où des parents ou alliés au degré de cousin germain inclusivement opinent dans la même cause, l'ancienne règle que leurs voix ne comptent que pour une, s'ils sont de même avis, doit être observée.

Il n'appartient à aucun citoyen ni à la Cour de contrôler la nomination royale d'un magistrat reçu dans le corps où il a été appelé ; qui, en cette qualité, y a prêté serment et y a exercé ses fonctions. Ce magistrat a en sa faveur la présomption légale qui dispense de toute preuve. 26 août 1831, n.° 193.

Aux termes de l'article 429, il y a nullité si un magistrat de la cour d'assises qui juge une affaire après renvoi de la cour de cassation, a fait partie de la cour d'assises dont l'arrêt a été cassé. 6 mai 1824, n.° 63.

Le magistrat qui a concouru à un arrêt de condamnation cassé ultérieurement, peut, dans la cour d'assises saisie par renvoi, prendre part au jugement des excuses des jurés. La cour, avant de statuer sur ces questions d'excuse, ne prend aucune connaissance des affaires qui doivent être jugées pendant la session, et ces opérations sont tout à fait distinctes de la formation du jury de jugement. 12 mai 1842, n.° 116.

Les articles 378 et suivants du code de procédure civile relatifs à la récusation des juges, sont applicables en matière criminelle. 3 août 1835, n.° 382. — 13 avril 1837, n.° 110.

La récusation doit être déposée au greffe et non articulée à l'audience en présence du magistrat récusé. 30 août 1838, n.° 259.

En matière criminelle, le ministère public ne peut être récusé. 28 janvier 1830, n.° 27 (art. 381 du code de procédure civile).

258. Les cours d'assises se tiendront habituellement dans le lieu où siégent actuellement les cours criminelles. — Loi du 20 avril 1810, art. 17.

Lorsque la cour d'assises devra tenir sa séance dans un lieu autre que celui où elle siége habituellement, l'époque de l'ouverture et le lieu seront déterminés par arrêt rendu, toutes les chambres assemblées et le procureur général entendu. — Article 21 de la loi du 20 avril 1810. — Voyez aussi article 90 du décret du 6 juillet 1810.

Pour la publicité à donner à l'arrêt ci-dessus, voyez article 22 de la loi du 20 avril 1810.

Le tribunal ne peut être désigné qu'entre ceux du même département. Il n'appartient qu'à la cour de cassation de renvoyer d'une cour d'assises à une autre, pour cause de sûreté publique ou de suspicion légitime. 22 juillet 1830, n.° 187.

S'il y a lieu à renvoi pour cause de sûreté publique ou de suspicion légitime, voyez les articles 542 et suivants du code d'instruction criminelle.

259. La tenue des assises aura lieu tous les trois mois; elles pourront se tenir plus souvent si le besoin l'exige.

260. Le jour où les assises doivent s'ouvrir sera fixé par le président de la cour d'assises.

Les assises ne seront closes qu'après que toutes les affaires criminelles, qui étaient en état lors de leur ouverture, y auront été portées.

261. Les accusés, qui ne seront arrivés dans la maison de justice qu'après l'ouverture des assises, ne pourront y être jugés que lorsque le procureur général l'aura requis, lorsque les accusés y auront consenti, et lorsque le président l'aura ordonné.

En ce cas, le procureur général et les accusés seront considérés comme ayant renoncé à la faculté de se pourvoir en nullité contre l'arrêt portant renvoi à la cour d'assises

259. Dans la huitaine de l'installation de la cour impériale, les époques de la tenue des assises dans tout le ressort pendant le premier trimestre seront fixées par arrêt rendu, les chambres assemblées, sur les conclusions du procureur général. — Art. 83 du décret du 6 juillet 1810.

Les assises se tiendront dans chaque département de manière à n'avoir lieu, dans le ressort de la même cour, que les unes après les autres et de mois en mois, à moins qu'il y ait plus de trois départements dans le ressort, ou que le besoin du service n'exige qu'il en soit tenu plus souvent. — Art. 19 de la loi du 10 avril 1810.

Dans le cas prévu par l'article 259 d'une tenue extraordinaire d'assises, le président de la dernière assise est nommé de droit pour présider l'assise extraordinaire. En cas de décès ou d'empêchement légitime, le président de l'assise sera remplacé à l'instant où la nécessité de la tenue de l'assise extraordinaire sera connue. Le remplacement sera fait par le premier président. L'ordonnance de remplacement contiendra l'époque fixe de l'ouverture de cette assise. — Art. 81 du décret du 6 juillet 1810. — Voyez l'article 82 pour ce qui concerne les assesseurs.

En matière de délits de presse, si, au moment où le ministère public exerce son action, la session de la cour d'assises est terminée, et s'il ne doit pas s'en ouvrir d'autre à une époque rapprochée, il sera formé une cour d'assises extraordinaire par ordonnance motivée du premier président. Cette ordonnance prescrira le tirage au sort des jurés conformément à l'art. 388 du code d'instruction criminelle, et elle désignera le conseiller qui doit présider. Dans les chefs-lieux des départements où ne siégent pas les cours royales, le président du tribunal de première instance sera de droit président de la cour d'assises, si le ministre de la justice ou le premier président n'en ont pas désigné un autre. — Art. 27 de la loi du 9 septembre 1835.

260. Le premier président de la cour royale désignera le jour où devra s'ouvrir la séance de la cour d'assises quand elle se tiendra dans le lieu où elle siége habituellement. — Art. 20 de la loi du 20 avril 1810.

Les assises ne doivent pas durer au-delà de quinze jours.—Circulaire ministérielle du 14 janvier 1819.

Elles ne doivent pas être tenues les dimanches ou jours de fête, sauf les cas prévus par l'article 359 du code d'instruction criminelle. — Circulaire ministérielle du 31 juillet 1827.

Aucune loi ne déclare nulles les procédures criminelles faites les jours de fête et les dimanches. 12 juillet 1832, n.° 253.

Les débats d'une affaire devant une cour d'assises peuvent, sans irrégularité, s'ouvrir un jour férié. 5 décembre 1839, n.° 372.

La fixation du jour de la formation du tableau du jury de jugement pour chaque affaire est du domaine du pouvoir discrétionnaire du président. La désignation de ce jour, dans l'exploit de notification d'une liste de témoins, ne saurait avoir pour effet de lier ce magistrat auquel il appartient de changer une première fixation qu'il reconnait contraire aux convenances du service. 17 octobre 1837. D. 1840, p. 349.

En matière de délits de presse, voyez, pour la fixation du jour des affaires, l'article 2 de la loi du 8 avril 1831 et l'article 5 de la loi du 9 septembre 1835.

261. Pour la validité du consentement dont parle l'article 261, il est nécessaire que l'accusé connaisse, par une notification préalable, l'arrêt de renvoi qu'il renonce à attaquer, le consentement à être jugé de suite n'étant qu'une conséquence de la renonciation à se pourvoir contre l'arrêt de renvoi. 7 janvier 1836, n.° 6.—Voyez les notes de l'article 296, page 27.

Lorsqu'il ne s'est pas écoulé cinq jours entre l'interrogatoire de l'accusé et l'ouverture des débats, si l'accusé, sur l'interpellation du président pendant le cours des débats, déclare vouloir être jugé immédiatement, et renoncer à se pourvoir en cassation contre l'arrêt de renvoi, cette déclaration autorisée par l'article 261, valide non seulement les débats ultérieurs, mais encore la partie des débats qui avait déjà eu lieu, car les débats ne forment qu'un seul tout indivisible. 25 avril 1839, n.° 137.

Il peut résulter des faits, notamment des citations et notifications des témoins à la requête de l'accusé, de l'exercice qu'il a fait du droit de récusation et de sa participation volontaire à toutes les parties du débat sans réclamation, un consentement suffisant au jugement de la cause et une renonciation au délai à lui accordé par l'article 261, ainsi qu'à l'exercice du droit de recours contre l'arrêt de renvoi. 5 janvier 1838, n.° 5.

Il n'y a pas d'irrégularité à faire juger un accusé dans les assises ouvertes avant son arrivée, lorsqu'il y a consenti, quoique le procureur général n'ait pas fait de réquisitoire, et que le président n'ait pas rendu d'ordonnance. 7 novembre 1811. S. 17, p. 327.

CHAPITRE 2.

241. Dans tous les cas où le prévenu sera renvoyé à la cour d'assises, le procureur général sera tenu de rédiger un acte d'accusation.

242. L'arrêt de renvoi et l'acte d'accusation seront signifiés à l'accusé, et il lui sera laissé copie du tout.

243. Dans les vingt-quatre heures qui suivront cette signification, l'accusé sera transféré de la maison d'arrêt dans la maison de justice établie près la cour où il doit être jugé.

291. Quand l'accusation aura été prononcée, si l'affaire ne doit pas être jugée dans le lieu où siége la cour royale, le procès sera, par les ordres du procureur général, envoyé dans les vingt-quatre heures au greffe du tribunal de première instance du chef-lieu du département, ou au greffe du tribunal qui pourrait avoir été désigné.

Dans tous les cas, les pièces servant à conviction qui seront déposées au greffe du tribunal d'instruction, ou qui auraient été apportées à celui de la cour royale, seront réunies dans le même délai au greffe où doivent être remises les pièces du procès.

241. Des articles 134, 231, 232, 241, 271 et 337, il résulte qu'en cas de renvoi du prévenu aux assises, et après que l'ordonnance de prise de corps décernée en exécution des articles 134, 231 et 232 a donné au fait incriminé sa qualification légale, le procureur général est tenu de rédiger un acte d'accusation contenant 1.° la nature du délit qui en forme la base; 2.° le fait et toutes les circonstances qui peuvent aggraver ou diminuer la peine, et que cet acte doit être terminé par un résumé où ces qualifications se trouvent fidèlement reproduites. Si le procureur général doit poursuivre toute personne mise en accusation suivant les formes prescrites au chapitre 1.er des mises en accusation, il ne peut porter à la cour aucune autre accusation à peine de nullité; et si, devant la cour d'assises, les questions soumises au jury sont puisées dans le résumé de l'acte d'accusation, c'est parce qu'il doit être exactement conforme à l'arrêt de renvoi, qui est le principe et la base de l'accusation. 21 janvier 1836, n.° 22.

Quelle que soit la forme donnée à la rédaction de l'acte d'accusation, elle laisse la défense libre et ne peut fonder un moyen de nullité. 11 mars 1841, n.° 59.

La publication par les journaux de l'acte d'accusation, quelque blâmable qu'elle soit, ne peut constituer un moyen de nullité. 12 décembre 1840, n.° 350.

242. La notification de l'arrêt de renvoi et de l'acte d'accusation est indispensable à l'exercice du droit de légitime défense. L'acte d'accusation, qui est le corollaire nécessaire de l'arrêt de renvoi, doit, tout comme cet arrêt (art. 296 et 297, p. 26), être notifié à l'accusé au plus tard cinq jours avant l'ouverture des débats, à moins que l'accusé, conformément à l'art. 261 (p. 20), n'ait renoncé à se pourvoir contre l'arrêt de renvoi. (Jugé dans l'espèce qu'il y avait nullité, parce que la signification de l'acte d'accusation avait eu lieu quatre jours seulement avant l'ouverture des débats.) 31 juillet 1845. D. 1845, p. 354. — On avait jugé antérieurement, le 22 mars 1844. D. 1844, p. 236, que cette notification avait pu, sans nullité, être faite deux jours seulement avant la mise en jugement. — Le 7 février 1834, n.° 46, on était allé jusqu'à décider que l'irrégularité résultant du défaut de notification de l'acte d'accusation ne pouvait avoir pour effet de vicier la procédure, qu'autant que l'accusé avait demandé le renvoi de sa cause à une autre session, et que ce renvoi ne lui avait pas été accordé.

Après l'arrestation d'un contumace, il n'est pas nécessaire de notifier de nouveau l'arrêt et l'acte d'accusation, lorsque la notification a été faite régulièrement au dernier domicile connu de l'accusé. 15 avril 1841. D. 1841, p. 365.

En cas de jonction de plusieurs procédures dirigées contre plusieurs individus, il n'est pas prescrit de notifier à chaque accusé les actes d'accusation et les arrêts de renvoi dont ses co-accusés ont été l'objet. 7 février 1834, n.° 46.

Lorsqu'un individu est, après cassation, renvoyé devant une autre cour d'assises, le procureur général n'est pas tenu de rédiger et de notifier un acte d'accusation restreint aux seuls chefs de prévention qui restent à juger. 13 décembre 1839, n.° 380.

243. La translation s'opère par les ordres du procureur général, conformément aux articles 4 et 5 du décret du 18 juin 1811.

Il y aura, près de chaque cour d'assises, une maison de justice pour y retenir ceux contre lesquels il aura été rendu une ordonnance de prise de corps. — Article 603.

Les gardiens des maisons de justice seront tenus d'avoir un registre. Ce registre sera signé et paraphé à toutes les pages, par le président de la cour d'assises, ou en son absence par le président du tribunal de première instance. — Art. 607.

Une fois au moins dans le cours de chaque session de la cour d'assises, le président de cette cour est tenu de visiter les personnes retenues dans la maison de justice. — Art. 611.

Le juge d'instruction et le président des assises pourront donner respectivement tous les ordres qui devront être exécutés dans les maisons d'arrêt et de justice, et qu'ils croiront nécessaires soit pour l'instruction, soit pour le jugement. — Art. 613.

Le président ne peut autoriser un accusé à sortir de prison pour aller sous la garde de la gendarmerie se livrer à des recherches utiles à sa défense. 21 mai 1813. J. P.

291. Les vingt-quatre heures courront du moment de la signification faite à l'accusé de l'arrêt de renvoi devant la cour d'assises. — Art. 292.

Voyez au code les articles 38 et 39 concernant les formalités pour la saisie et le transport des pièces de conviction, et sur les effets d'une transmission irrégulière, un arrêt du 8 février 1838, n.° 38, rapporté à l'art. 329, chapitre 6, p. 67.

293. Vingt-quatre heures au plus tard après la remise des pièces au greffe et l'arrivée de l'accusé dans la maison de justice, celui-ci sera interrogé par le président de la cour d'assises ou par le juge qu'il aura délégué.

294. L'accusé sera interpellé de déclarer le choix qu'il aura fait d'un conseil pour l'aider dans sa défense, sinon le juge lui en désignera un sur-le-champ, à peine de nullité de tout ce qui suivra.

Cette désignation sera comme non avenue, et la nullité ne sera pas prononcée, si l'accusé choisit un conseil.

293. L'interrogatoire est une formalité substantielle dont l'accomplissement est indispensable à la manifestation de la vérité. Son omission entraîne nullité. 2 juillet 1844, n.° 261. — Le vœu de la loi est suffisamment rempli, lorsque le président ayant demandé à l'accusé s'il persistait dans sa première déclaration, celui-ci a répondu affirmativement. 3 octobre 1844, n.° 335.

Le délai de 24 heures n'est pas prescrit à peine de nullité. L'article 293 a seulement pour but de régulariser et d'accélérer la marche de la justice. 21 septembre 1837, n.° 285. — On ne peut d'ailleurs interroger qu'après que les notifications prescrites par l'article 242 ont eu lieu, 10 octobre 1839. Bulletin de 1840, n.° 245.

Aucune loi ne prescrit de renouveler l'interrogatoire lorsque le jugement de l'accusé est remis à une autre session. L'interrogatoire une fois subi d'une manière régulière reste irrévocablement acquis à la procédure. 28 avril 1838, n.° 116.

Le président n'est pas obligé de renouveler l'interrogatoire lorsqu'une information supplémentaire a eu lieu. 15 avril 1837, n.° 120.

Pour les assises hors du chef-lieu, lorsque le président n'a pas délégué, conformément à l'article 293, c'est le président du tribunal ou un juge délégué par lui qui procède à l'interrogatoire. — Art. 91 du décret du 6 juillet 1810.

En l'absence du président du tribunal, le vice-président peut interroger sans délégation. 13 septembre 1827, n.° 238.

Le juge délégué peut n'être pas membre de la cour d'assises; la délégation est la seule condition imposée par la loi. 21 décembre 1832. J. P.

L'article 293 n'est pas prescrit à peine de nullité, et la mention au procès-verbal que le juge agissait en vertu de la délégation, suffit pour établir cette délégation. 26 juin 1817, n.° 53.

Le président, après l'interrogatoire des accusés, peut, en vertu des articles 268 et 613, ordonner leur séparation dans la maison de justice, pour les empêcher de communiquer. 11 mars 1841, n.° 59.

L'impression à l'avance des procès-verbaux des interrogatoires des accusés par le président et des avertissements qui doivent leur être donnés, n'est prohibée par aucune loi. 19 septembre 1839 D. 1840, p. 372.

294. La nullité prononcée par l'article 294 est écartée si, aux débats, l'accusé est assisté d'un défenseur de son choix. 12 février 1818, n.° 38.

Il faut nommer un conseil, lors même qu'après renvoi de cassation, l'accusé ne comparaît devant la cour d'assises que pour l'application de la peine. 22 avril 1813, n.° 80.

Lorsque deux personnes sont accusées du même crime et que leurs défenses sont communes, le vœu de la loi est suffisamment rempli en nommant à chacune d'elles le même défenseur. 28 mai 1818, n.° 71.

Lorsqu'aux débats l'accusé est assisté d'un défenseur autre que celui désigné d'office, il est présumé l'avoir choisi. 31 décembre 1829. D. 1830, p. 41.

Lorsque l'accusé a été défendu par un avocat autre que celui qu'il avait choisi, cette substitution souvent obligée ne saurait donner ouverture à cassation. 9 août 1840. D. 1840, p. 410.

L'accusé qui, sans réclamation de sa part, a été assisté aux débats d'un défenseur autre que celui qu'il avait choisi, ne peut se plaindre qu'une atteinte ait été portée au droit de la défense. 22 janvier 1841, n.° 19.

Lorsque l'accusé, conformément au vœu de l'art. 294, a été pourvu d'un défenseur, si l'affaire est renvoyée à une autre session, il n'est pas nécessaire de désigner de nouveau un conseil, 6 novembre 1840. S. 1844, p. 523.

L'absence de défenseur n'est pas une cause de nullité si l'accusé a refusé le défenseur désigné d'office, ou si le défenseur a refusé de défendre. 3 octobre 1822. S. 1822, p. 394.

L'absence du conseil de l'accusé pendant tout ou partie du débat, ne peut opérer une nullité qu'autant que cette absence serait du fait ou du ministère public ou de la cour. Admettre le contraire serait supposer que la loi a voulu laisser aux conseils des accusés la faculté de faire annuler tous les arrêts de condamnation par leur absence volontaire. 18 juin 1830, n.° 177.

Si le défenseur est cité comme témoin, il faut, pendant le tirage du jury, et jusqu'après la déposition, que l'accusé soit assisté par un autre conseil; s'il en était autrement, l'accusé serait privé de défenseur, et cela sans son fait et sans celui de son conseil. 4 janvier 1821, n.° 2. — 30 avril 1835, n.° 161.

L'avocat nommé d'office pour la défense d'un accusé ne peut refuser son ministère sans faire approuver ses motifs d'excuse ou d'empêchement par la cour d'assises, qui prononce, en cas de résistance, l'une des peines portées par l'article 18 de l'ordonnance du 23 novembre 1822 — Art 41 de l'ordonnance du 23 novembre 1822.

Les articles 294 et 507 qui prescrivent la nomination d'un défenseur d'office ne sont applicables qu'aux accusés de crimes et non aux prévenus de délits. 27 février 1832, n.° 79. (Dans l'espèce, il s'agit de délits commis à l'audience).

295. Le conseil de l'accusé ne pourra être choisi par lui ou désigné par le juge que parmi les avocats ou avoués de la cour royale ou de son ressort, à moins que l'accusé n'obtienne du président de la cour d'assises la permission de prendre pour conseil un de ses parents ou amis.

296. Le juge avertira de plus l'accusé que, dans le cas où il se croirait fondé à former une demande en nullité, il doit faire sa déclaration dans les cinq jours suivants, et qu'après l'expiration de ce délai il n'y sera plus recevable.

L'exécution du présent article et des deux précédents sera constatée par un procès-verbal que signeront l'accusé, le juge et le greffier ; si l'accusé ne sait ou ne veut pas signer, le procès-verbal en fera mention.

297. Si l'accusé n'a point été averti, conformément au précédent article, la nullité ne sera pas couverte par son silence, ses droits seront conservés, sauf à les faire valoir après l'arrêt définitif.

298. Le procureur général est tenu de faire sa déclaration dans le même délai, à compter de l'interrogatoire, et sous la même peine de déchéance portée en l'article 296.

295. Tout avocat inscrit au tableau pourra plaider devant toutes les cours royales et tous les tribunaux du royaume, sans avoir besoin d'aucune autorisation, sauf les dispositions de l'article 295 du code d'instruction criminelle. — Art. 4 de la loi du 27 août 1830.

NOTA. L'art. 10 du décret du 14 décembre 1810, et l'ordonnance du 20 novembre 1822, art 39 et 40, avaient restreint la faculté accordée par l'art. 295, en interdisant aux avocats de plaider hors de leur département.

296 et 297. Puisque le président, d'après l'article 296, doit avertir l'accusé de former, dans les cinq jours, contre l'arrêt de renvoi, une demande en nullité, s'il croit avoir à en former, cela implique nécessairement l'idée que cet arrêt lui est déjà connu par la notification qui doit lui en avoir été préalablement faite, d'après l'art. 242. 7 janvier 1836, n.° 6.

Le délai de cinq jours doit être laissé à l'accusé soit pour délibérer sur la formation d'une demande en nullité contre l'arrêt de renvoi, soit pour proposer sa défense, puisqu'aux termes de l'article 302, ce n'est qu'à partir du premier jour de ce délai qu'il peut communiquer avec son conseil et que ce conseil peut prendre communication des pièces, d'où suit que l'intégralité de ce délai est substantielle à l'exercice du droit de légitime défense. 7 janvier 1836, n.° 6.

Le délai de cinq jours ne peut courir que du jour où la notification a été faite, lorsque cette notification a suivi l'interrogatoire et l'avertissement du président, au lieu de les précéder. 7 janvier 1836, n.° 6. — 1.er février 1839. D. 1839, p. 377. — 13 octobre 1843, n.° 265.

Le délai de cinq jours accordé à l'accusé pour se pourvoir en cassation, à partir de son interrogatoire, ne peut être abrégé qu'avec son consentement formel donné en connaissance de cause. Il faut que l'interrogatoire contienne non-seulement l'avertissement à l'accusé du droit qu'il a de se pourvoir en cassation contre l'arrêt de renvoi, mais encore la preuve que l'accusé a renoncé à user de cette faculté, et qu'il a consenti à être jugé avant l'expiration des délais que la loi lui accordait pour l'exercer. 30 juillet 1836, n.° 251.

Le consentement de l'accusé à être jugé avant l'expiration des délais serait nul et non avenu comme donné sans connaissance de cause, si l'accusé n'avait pas connu, par une notification préalable, l'arrêt de renvoi qu'il renonce à attaquer. Les débats et tout ce qui s'en est suivi devraient être annulés, comme ouverts prématurément. 7 janvier 1836, n.° 6. — 11 février 1841. D. 1841, p. 394. — Voyez les notes de l'article 261, p. 21.

La déclaration de pourvoi doit être faite dans les cinq jours qui suivent l'interrogatoire. Jugé dans l'espèce que l'interrogatoire étant du 13, le pourvoi fait le 19 avait eu lieu le sixième jour, et par conséquent hors du délai de la loi. 12 juin 1828. J. P.

L'accusé qui a été averti conformément à l'art. 296, et qui ne s'est pas pourvu dans le délai de la loi contre l'arrêt de renvoi, n'est plus recevable à se prévaloir plus tard de l'irrégularité des actes de l'instruction antérieurs à l'arrêt de renvoi. 6 août 1840. D. 1840, p. 432. — 17 septembre 1840. D. 1840, p. 445.

Lorsqu'un accusé qui a reçu l'avertissement est, par suite d'un arrêt de cassation, renvoyé devant une autre cour d'assises, il n'est pas nécessaire que, lors de son interrogatoire, le président renouvelle l'avertissement de l'article 296. 20 mars 1835. D. 1835, p. 252. (Dans l'espèce il n'y avait pas eu cassation de l'arrêt de renvoi.)

298. L'article 298 ne confère qu'au procureur général le droit d'attaquer par la voie de cassation les arrêts des mises en accusation. Le procureur du roi serait non recevable dans son pourvoi. 25 mai 1832, n.° 189.

Le ministère public qui a produit contre l'accusé la liste des témoins qui devaient être entendus aux débats, et qui ne s'est pas opposé à ce que l'accusé fût jugé avant l'expiration du délai prescrit par l'article 296, est censé avoir renoncé à la faculté qu'il avait de se pourvoir contre l'arrêt de renvoi. 16 avril 1830. J. P.

299. La déclaration de l'accusé et celle du procureur général doivent énoncer l'objet de la demande en nullité

Cette demande ne peut être formée que contre l'arrêt de renvoi à la cour d'assises, et dans les trois cas suivants:

1.° Si le fait n'est pas qualifié crime par la loi;

2.° Si le ministère public n'a pas été entendu;

3.° Si l'arrêt n'a pas été rendu par le nombre de juges fixé par la loi.

300. La déclaration doit être faite au greffe.

Aussitôt qu'elle aura été reçue par le greffier, l'expédition de l'arrêt sera transmise par le procureur général près la cour royale, au procureur général près la cour de cassation, laquelle sera tenue de prononcer, toutes affaires cessantes.

301. Nonobstant cette demande en nullité, l'instruction sera continuée jusqu'aux débats exclusivement.

303. S'il y a de nouveaux témoins à entendre et qu'ils résident hors du lieu où se tient la cour d'assises, le président ou le juge qui le remplace pourra commettre, pour recevoir leurs dépositions, le juge d'instruction de l'arrondissement où ils résident, ou même d'un autre arrondissement; celui-ci après les avoir reçues, les enverra closes et cachetées au greffier qui doit exercer ses fonctions à la cour d'assises.

304. Les témoins qui n'auront pas comparu sur la citation du président ou du juge commis par lui, et qui n'auront pas justifié qu'ils en étaient légitimement empêchés, ou qui refuseront de faire leurs dépositions seront jugés par la cour d'assises et punis conformément à l'article 80.

302. Le conseil pourra communiquer avec l'accusé après son interrogatoire.

Il pourra aussi prendre communication de toutes les pièces, sans déplacement et sans retarder l'instruction.

Le n.° 1 de l'article 299 n'est pas limitatif; cet article doit s'interpréter par les attributions ordinaires de la cour de cassation, et le recours en cassation est ouvert au ministère public contre les décisions de la chambre des mises en accusation, quand il y a chose jugée en droit contrairement à la loi. (Dans l'espèce, la chambre d'accusation reconnaissant en fait une circonstance aggravante, l'avait écartée en droit par une décision formelle.) 11 juin 1841. J. P. Tome 2, 1841, p. 419. — 20 janvier 1843, n.° 6.

Le jugement de la validité d'un pourvoi en nullité soit en la forme, soit au fond, n'appartient pas à la cour d'assises; il est dans les attributions de la cour de cassation. Lors donc qu'il y a pourvoi, la cour d'assises doit surseoir à procéder jusqu'après la décision de la cour de cassation. 5 juin 1841, n.° 171. (Dans l'espèce l'accusé s'était pourvu deux jours après l'expiration du délai de l'article 296.)

Le principe général qu'un pourvoi formé contre un arrêt d'accusation, soit qu'il se fonde sur l'un des moyens énoncés en l'art. 299, soit qu'il se rattache à une question d'incompétence, doit avoir pour effet de suspendre le jugement du fond, s'applique en matière de délit de presse, à moins qu'il n'y ait eu poursuite par voie de citation directe, conformément à l'art. 26 de la loi du 9 septembre 1835. 20 septembre 1844. D. 1844, p. 415.

Le délai accordé au procureur général pour se pourvoir contre les arrêts des chambres d'accusation n'est que de trois jours francs, à compter du jour que l'arrêt a été rendu, suivant le délai général déterminé par l'article 373, toutes les fois que ces arrêts sont attaqués par d'autres moyens que ceux qui sont énumérés dans l'article 299. 30 juin 1827, n.° 170. — Dans les mêmes circonstances, le délai accordé à l'accusé pour se pourvoir n'est également que de trois jours, mais ce délai ne court que de la signification de l'arrêt faite en conformité de l'article 242. 25 juillet 1812. S. 1816. page 456.

Aucun article du code ne donne à la partie civile le droit de se pourvoir contre les arrêts des chambres d'accusation, lorsque ces arrêts ne sont pas attaqués par le ministère public. 22 juillet 1831, n.° 165.

L'article 301, en autorisant en termes généraux la continuation de l'instruction, l'autorise par toutes les voies de droit. 22 avril 1836, n.° 127.

Il résulte de l'article 303 combiné avec les articles 293 et 304 que, si après l'arrêt de mise en accusation, il y a de nouveaux témoins à entendre ou quelques actes d'instruction à faire, ces témoins devront être entendus et ces actes faits soit par le président de la cour d'assises lui-même, soit par les magistrats, officiers de police judiciaire ou officiers de santé par lui régulièrement commis, le président des assises ayant reçu de la loi, après l'arrêt de mise en accusation et avant l'ouverture des assises, une délégation formelle pour compléter l'instruction des affaires qui doivent y être portées. 27 août 1840, n.° 239.

Le Président peut confier à l'un des assesseurs le soin de recueillir des déclarations et de faire lever un plan des lieux. 24 janvier 1839. J. P. Tome 1.er, 1839, p. 563.

Si l'article 303 parle de nouveaux témoins, il n'est pas conçu en termes prohibitifs à l'égard des témoins déjà entendus. Le pouvoir d'entendre de nouveaux témoins emporte nécessairement avec lui le pouvoir d'appeler aussi ceux qui ont déjà été entendus, soit pour obtenir d'eux l'indication de nouveaux témoins qu'il pourrait être utile d'entendre, soit pour contrôler les déclarations de ceux-ci. 22 avril 1836, n.° 127.

Voyez le décret du 4 mai 1812, et au code les art. 510 à 517, relativement au mode d'audition de certains fonctionnaires, lorsqu'ils refusent de comparaître comme témoins : ces personnes doivent, dans ce cas, prêter le serment de l'article 317.— Consultez 29 septembre 1842, n.° 252.

Le président peut ordonner les actes d'instruction qu'il croit nécessaires pour la découverte de la vérité. 3 novembre 1836, n.° 358. — Voyez au code l'article 464 pour la faculté accordée aux présidents d'assises, dans la poursuite de certains faux.

Le président peut, avant comme après l'ouverture des débats, faire joindre au dossier les pièces qu'il juge utiles à la manifestation de la vérité, l'accusé pouvant d'ailleurs prendre connaissance de ces pièces et les discuter. 20 mai 1837. D. 1838, p. 429.

S'il est fait une instruction supplémentaire, il faut donner à l'accusé communication et copie de cette instruction supplémentaire comme des pièces de la première instruction. Si le droit de défense se trouvait gêné parce que des circonstances nouvelles auraient été révélées, l'accusé pourrait demander une prorogation de délai en vertu de l'article 306. 22 avril 1836, n.° 127.

Le paragraphe 3 de l'état n.° 1 de l'ordonnance du 14 décembre 1825, donne aux présidents d'assises le droit de correspondre en franchise par lettres sous bandes dans l'étendue du département où se tiendront les assises avec certains magistrats et fonctionnaires.

Il est laissé à la prudence du procureur général et du président de la cour d'assises d'environner les communications de l'accusé et du défenseur de toutes les mesures de sûreté que les circonstances peuvent rendre nécessaires. Ce droit résulte de l'article 613. 3 octobre 1822. S. 22, p. 404.

Un arrêt du 12 juillet 1810, S. 1817, 2.e partie, p. 313, a été jusqu'à décider que la loi n'ayant rien prescrit sur le mode de communication, on peut ordonner que l'accusé ne communiquera avec son défenseur qu'en présence du geolier.

Aucune disposition du code d'instruction criminelle ne prescrit de donner communication entière du dossier à l'accusé qui refuse l'assistance d'un avocat. 4 septembre 1840, n.° 251.

305. Les conseils des accusés pourront prendre ou faire prendre à leurs frais, copie de telles pièces du procès qu'ils jugeront utiles à leur défense.

Il ne sera délivré gratuitement aux accusés, en quelque nombre qu'ils puissent être, et dans tous les cas, qu'une seule copie des procès-verbaux constatant le délit, et des déclarations écrites des témoins.

Les présidents, les juges et le procureur général sont tenus de veiller à l'exécution du présent article.

306. Si le procureur général ou l'accusé ont des motifs pour demander que l'affaire ne soit pas jugée à la première assemblée du jury, ils présenteront au président de la cour d'assises une requête en prorogation de délai.

Le président décidera si cette prorogation doit être accordée; il pourra aussi d'office provoquer le délai.

307, Lorsqu'il aura été formé à raison du même délit plusieurs actes d'accusation contre différents accusés, le procureur général pourra en requérir la jonction et le président pourra l'ordonner même d'office.

308. Lorsque l'acte d'accusation contiendra plusieurs délits non connexes, le procureur général pourra requérir que les accusés ne soient mis en jugement quant à présent, que sur l'un ou quelques-uns de ces délits, et le président pourra l'ordonner même d'office.

305. Il y aurait ouverture à cassation si l'on refusait aux accusés copie à leurs frais des pièces de la procédure qu'ils jugent utiles à leur défense. 14 janvier 1830. S. 1830, p. 146.

Dans le cas de renvoi des accusés, soit devant un autre juge d'instruction, soit à une autre cour d'assises, il ne pourra leur être délivré, aux frais du trésor, de nouvelles copies des pièces dont ils auraient déjà reçu copie en exécution de l'article 305. — Art. 55 du décret du 18 juin 1811.

La cour d'assises en refusant une nouvelle copie gratuite de pièces à l'accusé renvoyé après cassation devant une autre cour d'assises se conforme à ce qui est prescrit par l'article 305 du code d'instruction criminelle et par l'article 55 du décret du 18 juin 1811. 28 juin 1832. J. P.

Mais si, de deux accusés, l'un seulement était renvoyé après cassation devant une autre cour d'assises, il faudrait lui délivrer une nouvelle copie gratuite. Il est évident qu'il ne s'agit, dans le 2.e § de l'article 305 que des accusés soumis aux mêmes débats et jugés ensemble. 15 juin 1827, n.° 145.

Les procès-verbaux et les déclarations des témoins constituant une première procédure, sur laquelle est intervenue une ordonnance de non lieu, s'identifient avec la seconde procédure sur charges nouvelles et doivent être communiqués à l'accusé. 24 mai 1832, n.° 185.

L'omission de la délivrance prescrite par le 2.e § de l'art. 305, n'entraîne pas de plein droit la nullité, mais il en est autrement du refus d'y procéder lorsqu'elle est demandée; c'est porter atteinte au droit de la défense. 15 juin 1827, n.° 145.—8 oct. 1840, n.° 300.—S'il y a eu omission de la délivrance, les accusés peuvent demander, avant ou pendant les débats, copie des pièces qui ne leur ont pas été remises, 27 avril 1827, n.° 133; et, aux débats, le renvoi à une autre session. 13 janvier 1827, n.° 4.

Les débats peuvent être suspendus pour donner à la défense le temps de prendre connaissance d'une pièce non communiquée. 4 août 1843, n.° 192.

Les copies de pièces ne doivent pas être signifiées. C'est au greffier à en faire la remise aux accusés sur leur reçu. — Circulaire du 30 décembre 1812.

306. Lorsqu'une affaire est commencée, le pouvoir du président cesse, et c'est à la Cour à prononcer le renvoi à une autre session en vertu de l'article 406. 10 janvier 1824, n.° 5. — Voyez l'article 406, p. 38.

Le président peut accorder une prorogation de délai, quoique le jour pour l'ouverture des débats de l'affaire soit fixé. 16 avril 1818, n.° 52. — (Dans l'espèce, un des accusés était tombé malade.)

307. Les dispositions de l'article 307 ne sont pas limitatives et le président de la cour d'assises peut, suivant sa conscience, ordonner la jonction dans tous les cas où il le croit nécessaire pour la manifestation de la vérité ou pour la bonne administration de la justice. 26 décembre 1835, n.° 475. —(Dans l'espèce, il y avait plusieurs actes d'accusation dirigés contre plusieurs individus à raison de délits différents.)

On peut ordonner la jonction de plusieurs actes d'accusation dirigés contre le même individu à raison de plusieurs délits différents. Aucune loi ne limite le droit de jonction au cas où les crimes et délits sont connexes; et l'article 365, prescrivant l'application d'une peine unique à des faits qui n'ont entr'eux aucun rapport de connexité, donne par conséquent au droit de jonction, pour le jugement définitif, plus de latitude que l'article 227. 28 avril 1838, n.° 116.

L'art. 307, qui donne au président le droit de joindre des affaires, ne distingue pas entre le moment où les assises sont ouvertes et celui où elles ne le seraient pas encore. 20 décembre 1836. D. 1836, p. 481.

La jonction peut être ordonnée par le magistrat qui, d'après l'article 263, remplace le président des assises. 29 novembre 1834, n.° 384.

Aucune loi ne prescrit de notifier aux accusés l'ordonnance de jonction. 26 décembre 1835, n.° 475.

L'article 307, rédigé d'une manière démonstrative, n'est pas prescrit à peine de nullité; et la cour d'assises peut, comme le président, avant l'ouverture des débats, sur le réquisitoire du ministère public, ordonner, même hors le cas de connexité, la jonction de plusieurs actes d'accusation dressés contre le même individu dans plusieurs procédures diverses qui sont toutes en état, et dont la cour se trouve simultanément saisie. 18 mars 1841, n.° 70.

L'arrêt de jonction rendu avant le tirage du jury ne doit pas nécessairement être prononcé en audience publique. 24 septembre 1825, n.° 192.

308. L'article 308 s'applique à plus forte raison au cas de délits non connexes contenus dans des actes d'accusation distincts et séparés. 5 mars 1835. D. 1836, p. 332.

La loi n'interdit pas aux cours d'assises de disjoindre une affaire d'une autre, après l'opération du tirage au sort du jury. 6 février 1834. D. 1834, p. 256. —(Dans l'espèce, les témoins d'une des affaires faisaient défaut.)

L'article 308 ne donne qu'au procureur général la faculté de requérir la disjonction des délits non connexes. 24 janvier 1828, n.° 20. Voyez toutefois un arrêt du 22 septembre 1826, n.° 189.

Consultez ci-dessus à l'article 307 plusieurs arrêts dont les principes sont applicables à l'article 308.

CHAPITRE 3.

Règles diverses — Direction des débats, 267, 270 (p. 32). — Police de l'audience, 267 (p. 32). — Tumulte, délits, crimes commis a l'audience, 504, 505, 507, 508 (p. 32). — Pouvoir discrétionnaire du président, 268, 269 (p. 34). — Circonstances dans lesquelles la cour d'assises doit statuer, arrêts incidents, 408 (p. 36), 276, 277, 278 (p. 34). — Suspension des débats, 353 (p. 36). — Renvoi de l'affaire a une autre session, 406 (p. 38).

267. Le président sera chargé personnellement de diriger les jurés dans l'exercice de leurs fonctions, de leur exposer l'affaire sur laquelle ils auront à délibérer, même de leur rappeler leur devoir, de présider à toute l'instruction et de déterminer l'ordre entre ceux qui demanderont à parler.

Il aura la police de l'audience.

270. Le président devra rejeter tout ce qui tendrait à prolonger les débats, sans donner lieu d'espérer plus de certitude dans les résultats.

504. Lorsqu'à l'audience un ou plusieurs assistants donneront des signes publics, soit d'approbation, soit d'improbation, ou exciteront du tumulte de quelque manière que ce soit, le président ou le juge les fera expulser; s'ils résistent à ses ordres ou s'ils rentrent, le président ou le juge ordonnera de les arrêter et conduire dans la maison d'arrêt. Il sera fait mention de cet ordre dans le procès-verbal; et sur l'exhibition qui en sera faite au gardien de la maison d'arrêt, les perturbateurs y seront reçus et retenus pendant vingt-quatre heures.

505. Lorsque le tumulte aura été accompagné d'injures ou voies de fait, donnant lieu à l'application ultérieure de peines correctionnelles ou de police, ces peines pourront être, séance tenante et immédiatement après que les faits auront été constatés, prononcées, savoir: celles de simple police sans appel, de quelque tribunal ou juge qu'elles émanent; et celles de police correctionelle à la charge de l'appel, si la condamnation a été portée par un tribunal sujet à l'appel ou par un juge seul.

507. A l'égard des voies de fait qui auraient dégénéré en crime ou de tous autres crimes flagrants et commis à l'audience de la cour de cassation, d'une cour royale ou d'une cour d'assises, la cour procédera au jugement de suite et sans désemparer.

Elle entendra les témoins, le délinquant et le conseil qu'il aura choisi ou qui lui aura été désigné par le président; et après avoir constaté les faits et ouï le procureur général ou son substitut, le tout publiquement, elle appliquera la peine par un arrêt qui sera motivé.

508. Dans le cas de l'article précédent, si les juges présents à l'audience sont au nombre de cinq ou de six, il faudra quatre voix pour opérer la condamnation.

S'ils sont au nombre de sept, il faudra cinq voix pour condamner. Au nombre de huit et au-delà, l'arrêt de condamnation sera prononcé aux trois quarts des voix, de manière toutefois que dans le calcul de ces trois quarts, les fractions, s'il s'en trouve, soient appliquées en faveur de l'absolution.

267, 270 et 504. *Extrait de l'instruction du 29 septembre 1791.* — Le président est personnellement chargé de diriger les jurés dans l'exercice des fonctions qui leur sont assignées par la loi, de leur exposer l'affaire et de leur remettre sous les yeux les devoirs qu'ils ont à remplir. Quelle probité, quelle sagacité, quelle expérience du cœur humain ne sont pas requises en celui que la loi investit d'une si grande confiance! il devra lui-même se pénétrer profondément du sentiment de ses devoirs et de la nature de l'institution sublime dont il est le principal moteur.

Plusieurs arrêts relatifs à la direction des débats, seront cités en marge des articles auxquels ils se rapportent.

Police de l'audience. — Le président à qui l'article 267 donne la police de l'audience, peut, en cas de tumulte dans l'auditoire, faire évacuer une partie de la salle et au besoin en faire fermer les portes. Ce n'est pas là une privation arbitraire de la publicité. 30 mai 1839, n.° 168.

Le président peut distribuer des billets pour entrer de préférence à l'audience d'une cause criminelle. Ce n'est pas violer la loi de la publicité. 6 février 1812. S. 1812, p. 108.

Dans une circulaire de 1844, le ministre de la justice s'est plaint qu'on admettait dans l'enceinte réservée des personnes étrangères aux habitudes judiciaires, avides d'émotions, cherchant avant tout à satisfaire leur curiosité, et dont la présence pouvait nuire à la direction des débats. L'enceinte, dit la circulaire, est spécialement destinée aux magistrats, aux jurés et aux membres du barreau; on peut y admettre exceptionnellement les personnes auxquelles les fonctions qu'elles exercent et leur position doivent assurer une place à part.

505 et 507. Relativement à la compétence des cours d'assises pour juger les délits et les crimes commis à l'audience, voyez les notes de la page 11, et pour le cas où il y a lieu de nommer un défenseur au prévenu, voyez article 294, p. 24. Pour ce qui concerne les faits reprochés à des membres du barreau, voyez les notes de l'art. 311, p. 51.

S'il se commet un délit correctionnel dans l'enceinte et pendant la durée de l'audience, le président dressera procès-verbal du fait, entendra le prévenu et les témoins; et le tribunal appliquera, sans désemparer, les peines prononcées par la loi. Cette disposition aura son exécution pour les délits correctionnels commis dans l'enceinte et pendant la durée des audiences de nos cours et même des audiences du tribunal civil, sans préjudice de l'appel de droit des jugements rendus dans ces cas par les tribunaux civils ou correctionnels. — Art 181 du code d'instruction criminelle.

Tout prévenu ou toute personne présente à l'audience d'une cour d'assises qui causerait du tumulte pour empêcher le cours de la justice sera, audience tenante, déclaré coupable de rébellion et puni d'un emprisonnement qui n'excédera pas deux ans, sans préjudice des peines portées au code pénal contre les outrages et violences envers le magistrat. — Art. 11 de la loi du 9 septembre 1835.

C'est l'article 222 du code pénal qui prévoit et punit les outrages par paroles que les magistrats de l'ordre administratif ou judiciaire auront reçus dans l'exercice de leurs fonctions, et spécialement l'outrage qui a lieu à l'audience d'une cour ou d'un tribunal. 27 février 1832, n.° 79. — Les outrages envers un magistrat sont punissables quoique non proférés en sa présence, lorsque d'ailleurs ils ont eu lieu dans l'exercice ou à l'occasion de l'exercice des fonctions. 8 octobre 1842, n.° 267. — Il n'est pas nécessaire que les paroles offensantes tenues à l'audience par un avocat soient parvenues à l'oreille du juge; il suffit qu'elles aient été prononcées assez haut pour être entendues d'une partie du public. 24 décembre 1836, n.° 397. — Et si plus tard ces paroles viennent à être révélées, le tribunal, s'il n'est pas dessaisi de l'affaire, peut exercer son droit de répression. 24 décembre 1836, n.° 397.

Pour l'outrage fait publiquement d'une manière quelconque à un juré à raison de ses fonctions, ou à un témoin à raison de sa déposition, voyez art. 6 de la loi du 25 mars 1822.

D'après les articles 23 de la loi du 17 mai 1819, et 319 du code d'instruction criminelle, si les paroles de l'accusé contre le témoin prennent le caractère d'un délit, la cour a le droit (art. 181) de prononcer, soit sur la réquisition du ministère public, soit sur celle du témoin outragé, les peines et les dommages-intérêts qui peuvent être encourus; mais à défaut de répression immédiate par la cour d'assises, le tribunal correctionnel ne pourrait en connaître plus tard qu'autant que cette cour, juge naturel de la question de savoir si les discours tenus par l'accusé portaient sur des faits étrangers à la cause, et s'ils n'étaient pas nécessaires dans l'intérêt de la défense, aurait réservé l'action. Si la cour d'assises n'a ni réprimé les discours, ni réservé l'action, il y a présomption que l'accusé n'est pas sorti des bornes de la légitime défense. 23 août 1838, n.° 287.

508. Depuis que le nombre des juges composant la cour d'assises a été réduit à trois, l'article 508 ne peut plus recevoir son application. Il y a cependant un cas où il y aurait encore lieu d'observer cet article, c'est lorsque la chambre civile se réunit à la cour d'assises, conformément à l'art. 93 du décret du 6 juillet 1810, voyez p. 13.

268. Le président est investi d'un pouvoir discrétionnaire en vertu duquel il pourra prendre sur lui tout ce qu'il croira utile pour découvrir la vérité, et la loi charge son honneur et sa conscience d'employer tous ses efforts pour en favoriser la manifestation.

269. Il pourra, dans le cours des débats, appeler, même par mandat d'amener et entendre toutes personnes, ou se faire apporter toutes nouvelles pièces qui lui paraîtraient d'après les nouveaux développements donnés à l'audience, soit par les accusés, soit par les témoins, pouvoir répandre un jour utile sur le fait contesté.

Les témoins ainsi appelés ne prêteront pas serment et leurs déclarations ne seront considérées que comme renseignements.

276. Le ministère public fait, au nom de la loi, toutes les réquisitions qu'il juge utiles; la cour est tenue de lui en donner acte et d'en délibérer.

277. Les réquisitions du procureur général doivent être de lui signées; celles faites dans le cours d'un débat seront retenues par le greffier sur son procès-verbal, et elles seront aussi signées par le procureur général.

Toutes les décisions auxquelles aura donné lieu une réquisition seront signées par le juge qui aura présidé et par le greffier.

278. Lorsque la cour ne déférera pas à la réquisition du procureur général, l'instruction ni le jugement ne seront arrêtés ni suspendus, sauf après l'arrêt, s'il y a lieu, le recours en cassation par le procureur général.

268 et 269. *Extrait de l'instruction du 29 septembre* 1791. — Toutes les questions soumises au jury sont des questions de fait très-importantes, et pour l'individu accusé du fait, et pour la société qui en recherche l'auteur. La vérité de ces faits doit être poursuivie avec bonne foi, avec franchise, avec loyauté, avec un vrai et sincère désir de parvenir à la connaître ; rien de ce qui peut servir à la rendre palpable ne doit être négligé. Tous les moyens d'éclaircissement proposés par les parties ou demandés par les jurés eux-mêmes, s'ils peuvent effectivement jeter un jour utile sur le fait en question, doivent être mis en usage. Aucun ne doit être rejeté que ceux qui tendraient inutilement à prolonger le débat, sans donner lieu d'espérer plus de certitude dans le résultat; et comme toutes les demandes des parties ou des jurés doivent s'adresser au président du tribunal criminel, il est sensible que le cœur le plus pur et l'esprit le plus droit sont les bases de la confiance de la loi, quand elle se repose sur ce président du soin de rendre, d'après les circonstances, une multitude de décisions sur lesquelles on ne peut lui tracer d'avance aucune règle.

Le pouvoir donné au président par les articles 268 et 269 s'exerce sans contrôle ni partage ; il n'a d'autres limites que l'honneur et la conscience de ce magistrat ; le ministère public et l'accusé n'ont à cet égard aucun droit de réquisition : et dans les décisions qu'il prend, en vertu de ce pouvoir, le président n'a aucun compte à rendre à qui que ce soit. 16 janvier 1836, n.° 19. (Jugé dans l'espèce que le président peut, sans donner de motifs, refuser de faire entendre un témoin en vertu du pouvoir discrétionnaire.)

Le président, après avoir rendu une ordonnance en vertu du pouvoir discrétionnaire, peut la rapporter : il n'a d'autres règles que sa conscience, et il peut modifier ses décisions d'après les différentes circonstances qui peuvent lui paraître exiger des mesures différentes. 17 août 1821, n.° 155.

Dans une affaire jugée à huis-clos, les ordonnances que rend le président pour l'exercice de son pouvoir discrétionnaire pendant le cours des débats, en font partie et peuvent dès-lors être prononcées sans que l'audience devienne publique. 2 février 1839. J. P. Tome 1. 1840, p. 184.

Le président est seul juge dans les limites de son pouvoir discrétionnaire. 15 avril 1830. J. P.

Le pouvoir discrétionnaire est de droit public. Il n'est pas permis au président d'y renoncer, soit expressément, soit tacitement. 22 septembre 1831, n.° 231.

Le pouvoir discrétionnaire attribué au président est incommunicable ; s'il peut être provoqué, il doit rester libre dans son exercice. 27 avril 1827, n.° 134.

Les pouvoirs conférés au président des assises par les articles 268 et 269 sont distincts et séparés de ceux attribués aux cours d'assises elles-mêmes ; ils sont incommunicables puisque la loi en charge exclusivement l'honneur et la conscience de ce magistrat. Si des réquisitions sont faites au sujet de l'exercice de ce pouvoir, la cour d'assises, en statuant sur ces réquisitions, ne peut le limiter et doit au contraire en maintenir le libre exercice dans la main du magistrat auquel la loi l'a expressément confié, sans pouvoir se l'attribuer à elle-même. 14 février 1835, n.° 59.

S'il est pris des conclusions sur un point dont la solution appartient au président, la cour d'assises, en déclarant que la contestation rentre dans l'exercice du pouvoir discrétionnaire et qu'elle doit s'en référer à l'autorité que la loi a conférée au président en l'investissant de ce pouvoir, se conforme aux règles de compétence. 17 août 1821, n.° 155.

Il y aurait nullité si la cour d'assises ordonnait un acte qui rentrât dans les attributions du président ; ce serait une usurpation sur le pouvoir discrétionnaire. 24 décembre 1835, n.° 469. (Dans l'espèce, la cour avait ordonné la lecture d'une déposition écrite.)

Il n'y a pas nullité, si, après que le président a rendu une ordonnance en vertu du pouvoir discrétionnaire, la cour, sur l'invitation de ce magistrat, rend un arrêt en tant que de besoin pour prescrire la même mesure. (Dans l'espèce, il s'agit d'une descente de lieux.) 30 septembre 1845. D. 1845, p. 106.

On trouvera à leur place, c'est-à-dire en marge des articles auxquels elles ont trait, de nombreuses décisions relatives au pouvoir discrétionnaire. Voyez notamment, aux pages 70 et 71 : audition de témoins en vertu de l'article 269, lecture de dépositions et d'autres documents écrits de la procédure, production de pièces nouvelles, expertise, plan et descente de lieux.

276. Voyez ci-après les notes de l'article 408, p. 37.

277. Cet article, en ce qui concerne les réquisitions, n'est pas prescrit à peine de nullité ; elles sont suffisamment authentiquées par les signatures du président et du greffier sur le procès-verbal des séances. 28 juin 1832, n.° 235. — 12 décembre 1840, n.° 350.

278. Les arrêts incidents rendus pendant le cours des débats sont régis, non par l'article 370 qui s'applique seulement aux arrêts définitifs, mais par l'article 277. 31 mars 1831, n.° 67. — Voyez ci-après les notes de l'article 408, p. 37.

Voyez ci-après l'article 408, p. 36.

408. Il y aura lieu à cassation.............................. lorsqu'il aura été omis ou refusé de prononcer soit sur une ou plusieurs demandes de l'accusé, soit sur une ou plusieurs réquisitions du ministère public, tendant à user d'une faculté ou d'un droit accordé par la loi, bien que la peine de nullité ne fût pas textuellement attachée à l'absence de la formalité dont l'exécution aura été demandée ou requise.

353. L'examen et les débats, une fois entamés, devront être continués sans interruption et sans aucune espèce de communication au dehors, jusqu'après la déclaration du jury inclusivement. Le président ne pourra les suspendre que pendant les intervalles nécessaires pour le repos des juges, des jurés, des témoins et des accusés.

408. Pour qu'une cour soit dans la nécessité de prononcer, il ne suffit pas que le ministère public ou l'accusé aient fait de simples observations, il faut qu'il y ait eu de leur part une réquisition expresse. 11 décembre 1812. J. P.

La décision de la cour d'assises pour prononcer le passé outre aux débats, n'est nécessaire qu'au cas où cette mesure a formé l'objet d'un contentieux porté devant elle; hors de là le droit de l'ordonner rentre dans les attributions du président. 24 août 1827. J. P.

Il ne peut être statué par une cour d'assises sur un point contentieux qui a donné lieu à des conclusions prises par l'accusé ou par le ministère public, sans que l'autre partie soit entendue ou interpelée de s'expliquer. La nullité résultant de l'inobservation de cette règle est substantielle. 11 janvier 1839, n.° 18. (Dans l'espèce, c'est le ministère public qui n'avait pas été entendu ; on est moins sévère pour ce qui concerne les conclusions de l'accusé, voyez l'arrêt ci-dessous.)

Lorsqu'il y a des réquisitions du ministère public (tendant dans l'espèce à l'arrestation d'un témoin), il est loisible à l'accusé et à son défenseur de prendre la parole sur cet incident, mais l'article 335 n'oblige pas le président à adresser aux accusés une interpellation à cet égard. Il suffit qu'aucun obstacle n'ait été apporté au droit de la défense. 22 janvier 1841, n.° 19.

Le défenseur a le droit de porter la parole à l'audience dans toutes les questions qui intéressent l'accusé ; s'il en était autrement, la sage prévoyance du législateur qui veut qu'il soit donné un conseil à l'accusé serait illusoire ; refuser d'entendre le défenseur dans un incident, après que le ministère public a été entendu, c'est priver le défenseur et par suite l'accusé d'un droit accordé par la loi, et c'est violer en même temps l'article 335, qui porte dans un de ses paragraphes : l'accusé ou son conseil auront toujours la parole les derniers. 28 janvier 1830, n.° 25.

Aux termes de l'art. 335, l'accusé ou son conseil ont le droit de parler les derniers. Cette règle fondamentale domine tous les débats et s'applique à tous les incidents qui peuvent intéresser la défense ou la justification de l'accusé, lorsque ces incidents doivent être terminés par une ordonnance du président de la cour d'assises ou par un arrêt. 5 mai 1826, n.° 89.

Lorsqu'il y a opposition à l'exercice du pouvoir discrétionnaire, soit de la part de l'accusé ou du défenseur, soit de la part du ministère public, la cour d'assises ne peut s'empêcher de délibérer sur ces conclusions, à la condition que le résultat de sa délibération ne constituera pas un empiétement sur le pouvoir discrétionnaire. 22 décembre 1842, n.° 335. — Voyez les notes des articles 268 et 269, p. 35.

Les arrêts incidents doivent, à peine de nullité, être prononcés en audience publique, d'après la règle posée dans l'article 7 de la loi du 20 avril 1810. L'exception établie par l'article 55 de la charte est restreinte aux débats seulement, et les arrêts incidents ne sauraient être considérés comme en faisant partie. 18 octobre 1832, n.° 422.— Ainsi l'arrêt qui juge que des témoins ne seront pas entendus avec serment, doit être rendu en audience publique. 18 octobre 1832, n.° 422. — Idem de l'arrêt qui décide que malgré l'absence d'un témoin, il sera passé outre aux débats. 19 mars 1840, n.° 83. — Voyez les notes de l'article 55 de la charte, p. 55.

Les arrêts incidents doivent, à peine de nullité, être motivés. — (Art. 7 de la loi du 20 avril 1810 et art. 17 de la même loi, § 2.) 3 février 1821, n.° 18. — 10 avril 1841, n.° 94.

Les arrêts incidents, lorsqu'ils ont été rendus publiquement, sont suffisamment constatés par leur insertion au procès-verbal de la séance, lequel procès-verbal est signé par le président et par le greffier. Aucune disposition de la loi n'oblige, sous peine de nullité, d'en dresser un acte séparé. (Dans l'espèce, on soutenait que l'arrêt incident aurait dû être signé, conformément à l'art. 7 de la loi du 20 avril 1810.) 14 janvier 1841, n.° 9.

353. L'art. 353 doit être entendu dans ce sens que les juges et les jurés peuvent, pendant les débats, aller dîner et coucher chez eux ou à l'auberge, et que les intervalles de suspension peuvent comprendre plusieurs heures. 16 janvier 1812 et 15 octobre 1812. S. 17, 2.e partie, p. 317.

La loi laisse au président de la cour le pouvoir discrétionnaire de fixer le délai de suspension des débats nécessaire au repos des juges, des jurés, des témoins et de l'accusé. C'est à la conscience du président de ne pas prolonger ce délai au-delà de la nécessité. 1.er avril 1830. S. 30, p. 319.

Pour fixer le moment et la durée des intervalles, le président peut consulter le vœu des jurés et l'intérêt de la manifestation de la vérité. 4 novembre 1836, n.° 363. — Le président peut, sans vaquer à une autre affaire, suspendre l'audience pour attendre l'arrivée d'un témoin appelé en vertu du pouvoir discrétionnaire. 27 juin 1833. D. 33, p. 378. — 21 septembre 1839. D. 1840, p. 372.

Jugé que le président a pu, sans violer l'article 353, suspendre les débats pendant trente-six heures pour avoir le temps de faire chercher un témoin. 5 avril 1832. D. 1832, p. 345.

En cas de suspension des débats, il n'est pas nécessaire que la cause de cette suspension soit énoncée au procès-verbal. 12 janvier 1843, n.° 3.

406. Si, par quelqu'évènement, l'examen des accusés sur les délits ou sur quelques-uns des délits compris dans l'acte ou dans les actes d'accusation est renvoyé à la session suivante, il sera fait une nouvelle liste; il sera procédé à de nouvelles récusations et à la formation d'un nouveau tableau de douze jurés, d'après les règles prescrites ci-dessus, à peine de nullité.

Le président excède ses pouvoirs, si, les débats commencés, il renvoie l'affaire à une autre session : c'est à la cour de prononcer. 10 janvier 1824, n.° 5.

Les articles 330 et 331 ne sont pas restrictifs, et les juges ont le droit d'ordonner ce renvoi en vertu de l'article 406, lorsqu'il leur paraît fondé sur des motifs qui ont pour objet la manifestation de la vérité, et qui ne sont pas en opposition avec un texte de loi. 28 avril 1831, n.° 96. 11 novembre 1830, n.° 247.

L'article 406 investit les cours d'assises d'un pouvoir souverain et discrétionnaire, qui laisse entièrement à leur arbitre et à leur discernement les causes et les motifs du renvoi d'un procès à la prochaine session, décision qui échappe par conséquent à l'examen de la cour de cassation. 3 mai 1839, n.° 144.

Pour ordonner ce renvoi, il suffit, d'après l'article 406, qu'il soit survenu un événement qui ait paru assez grave à la cour d'assises pour motiver ce renvoi. 11 juillet 1839, n.° 224.

La cour peut rapporter l'arrêt de renvoi, si le motif de renvoi a cessé. 11 octobre 1821, n.° 173.

Si, l'affaire étant commencée, l'un des douze jurés vient à se trouver empêché par un événement quelconque de continuer à siéger, la cour d'assises peut, aux termes des articles 405 et 406, renvoyer l'affaire à la session suivante, mais rien ne s'oppose (si l'accusé y consent) à ce que, dans l'intérêt de la prompte expédition des affaires, elle annule le tirage du premier jury de jugement et ce qui s'en est suivi, et à ce qu'elle procède au tirage d'un nouveau jury et recommence l'affaire immédiatement. 22 novembre 1838, n.° 364.

En l'absence de prohibition dans la loi, la cour d'assises, si l'accusé y consent, peut ordonner le renvoi, avec la formation d'un nouveau jury de jugement, à un autre jour de la même session : mais cette mesure exceptionnelle, que justifie l'intérêt de l'accusé et d'une prompte justice, perd ce caractère, lorsqu'elle porte atteinte au droit appartenant à la défense et au ministère public, de s'opposer à ce que la même liste serve à deux tirages successifs. 7 septembre 1839, n.° 335.

Lorsqu'au milieu des débats une affaire est renvoyée à un autre jour de la session, il faut procéder à une nouvelle formation du tableau du jury; cela résulte de la combinaison des articles 353 et 406. 6 août 1835. J. P.

Si l'un des juges tombe malade dans le cours des débats, la cour d'assises, après qu'il a été procédé à son remplacement, peut valablement annuler les débats déjà commencés, et ordonner qu'ils seront recommencés immédiatement en présence des mêmes jurés, malgré l'opposition de l'accusé. 23 janvier 1841, n.° 23. — Les officiers du ministère public dont les fonctions sont indivisibles peuvent se remplacer dans le cours de la même affaire. 10 août 1837, n.° 232.

Lorsque le défenseur est tombé malade, si celui accepté en remplacement par l'accusé a eu le temps suffisant pour prendre communication des pièces, la cour d'assises peut refuser de renvoyer l'affaire à une autre session. 2 juin 1831, n.° 122. — Pour la nomination d'un défenseur, voyez art. 294, page 24.

La cour d'assises peut ordonner le renvoi, si elle croit nécessaire et indispensable la déposition d'un témoin absent et valablement assigné, bien que le premier témoin ait prêté serment et commencé sa déposition (26 novembre 1829. S. 30, p. 113); — Si elle juge que l'accusé n'est pas dans un état mental qui lui permette de soutenir le débat (6 juin 1839, n.° 181); — Si l'accusé a distribué aux jurés des écrits dans lesquels les faits de l'accusation sont présentés et discutés (Cour d'assises de la Seine, 10 juin 1830. S. 30, p. 191). — Des faits de communication de la part d'un juré peuvent être une cause du renvoi de l'affaire à une autre session. 16 juin 1836. J. P. — Voyez les notes de l'article 312, p. 53.

Si un individu accusé de suppression d'état était renvoyé devant les assises avant que la question d'état eût été jugée, voyez aux notes de la page 11, un arrêt du 22 juin 1820. J. P.

L'accusé peut aux débats demander le renvoi attendu le défaut de remise de la copie des pièces (Art. 305, 13 janvier 1827, n.° 4); — Attendu le défaut de notification de l'arrêt et de l'acte d'accusation (Article 242, 7 février 1834, n.° 46); — Attendu le défaut de signification de la liste des témoins (Article 315, 30 septembre 1841, n.° 293).

D'après les articles 531 et 551, la notification faite au ministère public d'un arrêt de *soit communiqué* d'une requête en renvoi pour cause de suspicion légitime, présentée par des accusés à la cour de cassation, emporte de plein droit sursis au jugement du procès et le renvoi à une autre session. 14 juin 1833, n.° 235.

Mais si, antérieurement aux débats, des nullités ont été commises dans la procédure, la cour d'assises ne peut pas, lorsque les débats sont commencés (article 353) renvoyer l'affaire à une autre session, en prononçant sur ces nullités dont l'appréciation est dévolue à la cour de cassation par les articles 407 et 408. (Dans l'espèce, la cour, malgré l'opposition des accusés, avait renvoyé à une autre session à cause d'une nullité signalée pendant le cours des débats dans la signification de la liste des jurés). 28 février 1833, n.° 80.

L'arrêt de renvoi est suffisamment constaté par son insertion au procès-verbal. 2 février 1837. D. 1837, p. 509.

L'arrêt qui rejette la demande en renvoi est un arrêt préparatoire et d'instruction contre lequel le recours n'est ouvert qu'après l'arrêt définitif. 10 février 1832, n.° 52.

CHAPITRE 4.

JURY. — TIRAGE AU SORT DES 40 JURÉS, 388, 390 (p. 40). — CITATION AUX JURÉS, 389. (p. 40). — NOTIFICATION DE LA LISTE DES JURÉS A L'ACCUSÉ, 395 (p. 40). — CONDITIONS INDISPENSABLES POUR ÊTRE JURÉ, 381 (p. 42). — INCAPACITÉ RELATIVE, 392 (p. 42). — INCAPACITÉ ABSOLUE, 383 (p. 42). — FACULTÉ DE SE DISPENSER ACCORDÉE A CERTAINS FONCTIONNAIRES, AUX SEPTUAGÉNAIRES, 383 (p. 42), ET AUX JURÉS AYANT DÉJA FAIT LE SERVICE DANS L'ANNÉE, 391 (p. 42). — CONDAMNATION A L'AMENDE DES JURÉS ABSENTS, 396 (p. 44). — EXOINE, 397, 398 (p. 44). — S'IL Y A MOINS DE 30 JURÉS PRÉSENTS, NÉCESSITÉ DE COMPLÉTER CE NOMBRE, 393 (p. 44). — FACULTÉ D'ADJOINDRE DES JURÉS AUX 12 NÉCESSAIRES POUR FORMER LE JURY DE JUGEMENT, 394 (p. 46). — TIRAGE DU JURY CONFIÉ AU PRÉSIDENT, 266 (p. 46). — NOMINATION D'UN INTERPRÈTE SI L'ACCUSÉ N'ENTEND PAS LE FRANÇAIS, 332, 333 (p. 46). — FORMALITÉS DU TIRAGE, 399 A 405 (p. 48).

388. Dix jours au moins avant l'ouverture des assises, le premier président de la cour royale tirera au sort, sur la liste transmise par le préfet, trente-six noms qui formeront la liste des jurés pour toute la durée de la session.

Il tirera en outre quatre jurés supplémentaire pris parmi les individus mentionnés au 3.ᵉ paragraphe de l'article 393.

Ce tirage sera fait en audience publique de la première chambre de la cour ou de la chambre des vacations.

390. Si, parmi les quarante individus désignés par le sort, il s'en trouve un ou plusieurs qui, depuis la formation de la liste arrêtée en exécution de l'article 387, soient décédés ou aient été légalement privés des capacités exigées pour exercer les fonctions de juré, ou aient accepté un emploi incompatible avec ces fonctions, la cour, après avoir entendu le procureur général, procèdera, séance tenante à leur remplacement.

Ce remplacement aura lieu dans l'ordre déterminé par l'article 388.

389. La liste entière ne sera point envoyée aux citoyens qui la composent; mais le préfet notifiera à chacun d'eux l'extrait de la liste qui constate que son nom y est porté. Cette notification leur sera faite huit jours au moins avant celui où la liste doit servir.

Ce jour sera mentionné dans la notification, laquelle contiendra aussi une sommation de se trouver au jour indiqué, sous les peines portées au présent code.

A défaut de notification à la personne, elle sera faite à son domicile, ainsi qu'à celui du maire ou de l'adjoint. Celui-ci est tenu de lui en donner connaissance.

395. La liste des jurés sera notifiée à chaque accusé la veille du jour déterminé pour la formation du tableau.

Cette notification sera nulle ainsi que tout ce qui aura suivi, si elle est faite plus tôt ou plus tard.

389. C'est la gendarmerie qui fait aux jurés la notification, conformément à la loi du 28 germinal, an 6.

394. En ne faisant pas la notification, on porte atteinte au droit de récusation et de défense, motif pour lequel il y a nullité. 11 octobre 1832, n.° 408.

La prohibition de l'article 372 ne s'étend pas à la liste des jurés; cette liste peut être imprimée. 11 juillet 1839, n.° 224.

C'est la liste originaire des 40 jurés, tirés au sort conformément à l'article 388, qui doit être notifiée à l'accusé, et il n'est nullement prescrit de lui notifier les noms des jurés appelés par la voie du sort pour compléter le nombre de trente. 29 juin 1833, n.° 249. — 19 juillet 1839, n.° 237.

S'il est désirable que les accusés aient une connaissance préalable des changements survenus dans le jury, la loi n'a pu faire une obligation au ministère public de les indiquer; ce mode de signification serait souvent impraticable, puisque ces changements ne sont d'ordinaire constatés qu'immédiatement avant le jugement de chaque affaire, de telle sorte qu'il ne s'écoulerait pas entre la notification et l'examen des accusés l'intervalle de 24 heures, prescrit, à peine de nullité, par l'art. 395. 16 janvier 1835; n.° 21.

Si, par une induction tirée de l'art 395, on a jugé qu'il est permis de ne notifier à l'accusé que les noms de trente jurés (à cause des dispenses accordées aux autres), ce ne peut être que sous la condition que ces trente jurés jouissent des capacités requises pour remplir leurs fonctions : dans le cas où cette condition ne se rencontre pas, il est évident que l'accusé ne reçoit que la signification d'une liste insuffisante pour opérer le tirage au sort, et qu'ainsi le vœu de l'article 394 n'est pas rempli (Dans l'espèce, l'un des jurés était empêché comme expert, ce qui réduisait la liste des jurés à 29). 11 octobre 1827, n.° 257. — 22 juin 1843, n.° 153.

L'omission du nom de l'un des 40 jurés de la liste ordinaire, dans la copie notifiée à l'accusé, emporte nullité. 16 février 1832, n.° 58. (Dans l'espèce le juré omis avait fait partie du jury de jugement.)

L'omission du nom de l'un des 40 jurés sur l'original de la copie notifiée à l'accusé emporte nullité; la copie est présumée conforme à l'original. 16 février 1832, n.° 58. (Dans l'espèce, le juré omis avait fait partie du jury de jugement.)

Peu importe que l'accusé consente à ce que le juré dont le nom a été omis fasse partie du jury. Les accusés ne peuvent pas valablement renoncer à l'observation des formes que la loi a prescrites d'une manière absolue, dans l'intérêt de leur défense. 10 juillet 1823, n.° 94.

Il faut que la liste notifiée présente, sur les individus qui y sont portés, des indications suffisantes pour que l'accusé ne puisse être induit en erreur sur leur identité; autrement le droit de récusation ne pourrait pas être utilement exercé. 27 avril 1837, n.° 132. — 8 février 1840, n.° 51.

Pour qu'il y ait nullité, il faut que les irrégularités reprochées à la liste notifiée soient assez graves pour avoir entravé l'accusé dans l'exercice de son droit de récusation. 10 août 1837. D. 1838, p. 411. — Relativement aux circonstances, dans lesquelles la présence d'un juré mal désigné n'entraîne pas nullité, voyez les arrêts rapportés au commencement de la page 49.

La cour, investie par les articles 397 et 398 du droit d'excuser et de dispenser les jurés, a le droit d'excuser des jurés inexactement indiqués, soit dans l'assignation donnée aux jurés, soit dans la notification de la liste à un accusé. 17 février 1826. D. 1826, p. 173.

La cour d'assises a qualité pour ordonner la rectification des erreurs commises relativement à l'âge et au domicile d'un juré. 25 mai 1837. S. 1838, p. 622. — Mais lorsque le nom d'un juré inexactement désigné sur la liste de service a été rectifié par arrêt de la cour d'assises, il faut faire (et en temps utile) la rectification sur la liste notifiée à l'accusé. 18 novembre 1841, n.° 328.

La liste des jurés doit être notifiée à chaque accusé. 12 mars 1818, n.° 31. Il y a nullité, s'il n'est pas régulièrement établi que l'accusé a reçu personnellement la notification de la liste des jurés, 10 août 1839, n.° 257; — si la liste des jurés a été remise au concierge de la prison, 13 novembre 1818, n.° 137; — si la liste destinée à un accusé a été remise à son co-accusé. 29 juillet 1825, n.° 138. — L'accusé à qui la notification a été faite est sans qualité pour se plaindre du défaut de notification à son co-accusé. 16 mars 1820, n.° 42.

Dire que la liste des jurés a été signifiée aux accusés en parlant à leurs personnes, c'est exprimer suffisamment que la notification a été individuelle. 10 janvier 1833. D. 1834, p. 434.

Si la copie de l'exploit de notification est sans indication de date, il y a nullité; peu importerait la régularité de l'original dudit exploit. 5 mars 1836, n.° 71.

La notification de la liste des jurés est nulle, lorsqu'une rature non approuvée rend incertaine la date de la notification. 21 septembre 1839, n.° 306. — 14 mai 1840, n.° 130.

L'accusé n'est pas admis à se plaindre d'une anticipation de délai dans la notification de la liste du jury. Cette anticipation, loin de lui porter préjudice, lui rend plus facile l'exercice du droit de récusation. 12 janvier 1833, n.° 13.

Il y a nullité si le tableau du jury de jugement a été formé le jour même où la liste a été notifiée à l'accusé; peu importe le consentement qu'y a donné l'accusé. 11 juillet 1822, n.° 96.—2 août 1822, n.° 106.

En matière de presse, quand le prévenu n'est pas détenu, la notification dont la nécessité est indispensable, ne pouvant pas lui être faite en personne, doit dès-lors lui être faite à son domicile, et les délais dans ce cas sont ceux déterminés par l'article 184. 20 juillet 1832, n.° 278.

L'exploit de notification de la liste des jurés n'est pas nul pour n'avoir pas été enregistré en temps utile. 24 juillet 1845, n.° 239.

381. Nul ne peut remplir les fonctions de juré, s'il n'a trente ans accomplis et s'il ne jouit des droits politiques et civils, à peine de nullité.

392. Nul ne peut être juré dans la même affaire où il aura été officier de police judiciaire, témoin, interprète, expert ou partie, à peine de nullité.

383. Les fonctions de juré sont incompatibles avec celles de ministre, de préfet, de sous-préfet, de juge, de procureur général, de procureur du roi et de leurs substituts.

Elles sont également incompatibles avec celles de ministre d'un culte quelconque.

Les conseillers d'état chargés d'une partie d'administration, les commissaires du roi près les administrations ou régies, les septuagénaires, seront dispensés, s'ils le requièrent.

391. La liste des jurés sera comme non avenue après le service pour lequel elle aura été formée.

Hors les cas d'assises extraordinaires, les jurés qui auront satisfait aux réquisitions prescrites par l'article 389 ne pourront être placés plus d'une fois dans la même année sur la liste formée en exécution de l'article 387.

Dans les cas d'assises extraordinaires, ils ne pourront être placés sur cette liste plus de deux fois dans la même année.

Ne seront pas considérés comme ayant satisfait aux dites réquisitions ceux qui auront, avant l'ouverture de la session, fait admettre des excuses dont la cour d'assises aura jugé les causes temporaires.

Leurs noms, et ceux des jurés condamnés à l'amende pour la première ou deuxième fois, seront, immédiatement après la session, adressés au premier président de la cour royale qui les reportera sur la liste en exécution de l'article 387; et s'il ne reste plus de tirage à faire pour la même année, ils seront ajoutés à la liste de l'année suivante.

381. Ne peuvent être jurés ceux qui sont privés de ce droit en vertu des articles 28 et 42 du code pénal.

Les seules conditions imposées aux jurés, à peine de nullité, sont d'être âgés de 30 ans et de jouir des droits politiques et civils. 9 janvier 1829, n.° 6. — Il y a nullité si l'un des jurés était âgé de moins de 30 ans à l'époque où il a rempli ses fonctions. 27 juin 1833, n.° 245. — Celui qui n'entend pas le français peut être juré, 30 octobre 1813. D. T. 4, p. 286; sauf à nommer un interprète.

L'incapacité absolue produite par la qualité d'étranger ne peut jamais être couverte par la possession d'état. 28 octobre 1824, n.° 146.

D'après la constitution du 22 frimaire, les faillis non réhabilités sont incapables d'être jurés. 12 novembre 1841, n.° 322. — Même décision pour celui qui est dans les liens d'un conseil judiciaire. 23 juillet 1825, n.° 135. — Les questions qui s'élèvent relativement à la jouissance légale des droits civils et politiques sont de la compétence des cours d'assises, les cours et les tribunaux étant juges naturels de l'état des personnes. 28 octobre 1824, n.° 146.

Mais les cours d'assises sont incompétentes pour examiner si un juré paie le cens électoral; cette vérification appartient à l'autorité administrative. 2 août 1833, n.° 207. — L'individu porté par le préfet sur la liste des électeurs est de plein droit réputé avoir les qualités requises pour être juré, tant qu'il n'a pas été légalement retranché de cette liste. 26 déc. 1833, n.° 520. — Il résulte du principe de la permanence des listes électorales qu'une fois formées, elles sont valables pour un an, c'est-à-dire, qu'elles confèrent à tous ceux qui y sont inscrits le droit et la qualité d'électeur, ainsi que le droit de faire partie du jury pendant toute l'année pour laquelle lesdites listes ont été formées. 5 octobre 1833, n.° 427. — Peu importe qu'un arrêté du préfet ait ordonné que l'électeur serait rayé de la liste, le juré ne perd ses droits que par l'omission de son nom sur la liste arrêtée le 20 octob. de chaque année. — Voyez 6 oct. 1836, n.° 332. — 26 fév. 1841. D. 1842, p. 16. — Jugé cependant que si un juré produit l'arrêté qui ordonne sa radiation de la liste électorale, la cour d'assises peut légalement procéder à son remplacement. 26 décembre 1833, n.° 520.

392. Un maire ne peut être juré dans une affaire où il a rempli les fonctions d'officier de police judiciaire. 2 mars 1839, n.° 95.

L'article 392 s'applique à celui qui a déposé dans l'instruction, comme à celui qui est appelé à déposer oralement dans les débats. 11 janvier 1838, n.° 10.

Lorsqu'au moment du tirage, un juré fait observer qu'il est cité comme témoin dans l'affaire, s'il ne s'élève à cette occasion aucun débat, le président peut, sans commettre un excès de pouvoir, décider seul que le nom de ce juré sera tiré de l'urne. 12 janvier 1838. D. 1838, p. 440.

La composition du jury de jugement, régulière au moment où il a été formé, ne peut être viciée par la circonstance qu'un des 30 jurés de la liste qui a servi à sa formation, a été entendu dans les débats en vertu du pouvoir discrétionnaire. 10 octobre 1839. Bulletin de 1840, n.° 345.

L'avocat de l'accusé doit être exoiné; il est partie dans le procès. 27 juin 1835, n.° 261.

L'avoué qui a signé une plainte doit être assimilé à la partie. 30 novembre 1837, n.° 416.

Le notaire de l'accusé peut être juré. 21 décembre 1843, n.° 325. — 26 janvier 1844, n.° 25.

Aucune disposition de la loi ne fait une irrégularité de la parenté qui, à quelque degré que ce soit, peut exister soit entre les jurés eux-mêmes, soit entre ceux-ci et les juges ou les témoins, 19 avril 1821, n.° 64, — 15 oct. 1840. D. 1840, p. 444; — Soit entre les jurés et l'accusé. 15 juin 1820, n.° 91.

383. Les incompatibilités sont de droit étroit et ne peuvent être étendues. 28 février 1839, n.° 69.

Par le mot juges on n'entend que les magistrats de l'ordre judiciaire. 24 septembre 1825, n.° 192.

La qualité de juge d'un tribunal de commerce est incompatible avec la qualité de juré. 22 juin 1839, n.° 203.

L'article 383 n'est pas applicable aux juges suppléants dont les fonctions ne sont qu'accidentelles et momentanées. 23 août 1833, n.° 331. — 13 avril 1839, n.° 126. — Même décision pour les suppléants de juge de paix, 10 août 1826. S. 27, p. 113; — Et pour les suppléants à un tribunal de commerce. 13 avril 1839, n.° 126.

Mais on peut exempter un juge suppléant, en vertu de l'article 398, par le motif que sa présence est nécessaire au tribunal auquel il est attaché. 1.er juin 1821, n.° 85.

Un greffier de cour d'assises peut être juré s'il s'est fait remplacer dans la composition de la cour d'assises par un de ses commis assermentés. 28 février 1839, n.° 69.

Peuvent être jurés les pairs de France, 16 juin 1831, n.° 341; — Les membres de la cour des comptes, 10 février 1831, n.° 25; — Les conseillers de préfecture, 24 septembre 1825, n.° 192; — Les militaires en activité de service, 9 mars 1838, n.° 65; — Les commissaires de police, 16 mai 1816. D T. 14, p. 512; — Les prud'hommes, 24 septembre 1825, n.° 192; — Un conseiller honoraire de cour royale, 19 mai 1842, n.° 124.

391. L'exclusion prononcée par l'article 391 établit, en faveur des jurés ayant fait le service, un privilége, une sorte d'exemption toute personnelle, dont ils peuvent à leur choix user ou ne pas user, mais qui ne peut être réclamée que par eux et nullement invoquée par les accusés. 26 février 1834. D. 1835, p. 139.

Les quatre jurés supplémentaires sont compris dans l'exception aussi bien que les trente-six titulaires. 17 janvier 1833. D. 1833, p. 349.

L'art. 391 ne s'applique pas au cas où un juré est appelé en vertu de l'art. 393, c'est-à-dire quand, résidant dans le lieu où siége la cour, il est appelé à remplacer des jurés excusés ou absents. 27 novembre 1834. D. 1835, p. 195.

396. Tout juré qui ne sera pas rendu à son poste sur la citation qui lui aura été notifiée, sera condamné par la cour d'assises à une amende, laquelle sera :

Pour la première fois, de cinq cents francs,

Pour la seconde fois, de mille francs,

Et pour la troisième fois, de quinze cents francs.

Cette dernière fois, il sera de plus déclaré incapable d'exercer à l'avenir les fonctions de juré. L'arrêt sera imprimé et affiché à ses frais.

397. Seront exceptés ceux qui justifieront qu'ils étaient dans l'impossibilité de se rendre au jour indiqué. La cour prononcera sur la validité de l'excuse.

398. Les peines portées en l'article 396 sont applicables à tout juré qui, même s'étant rendu à son poste, se retirerait avant l'expiration de ses fonctions, sans une excuse valable qui sera également jugée par la cour.

395. Au jour indiqué pour le jugement de chaque affaire, s'il y a moins de trente jurés présents, le nombre sera complété par les jurés supplémentaires mentionnés en l'article 388, lesquels seront appelés dans l'ordre de leur inscription sur la liste en vertu dudit article.

En cas d'insuffisance, le président désignera, en audience publique et par la voie du sort, les jurés qui devront compléter le nombre de trente.

Ils seront pris parmi ceux des individus inscrits sur la liste dressée en exécution de l'article 387 qui résideront dans la ville où se tiendront les assises, et subsidiairement parmi les autres habitants de cette ville qui seront compris dans les listes prescrites par l'article 382.

Les dispositions de l'article 391 ne s'appliquent pas aux remplacements opérés en vertu du présent article.

396, 397 et 398. L'appréciation des motifs d'excuse des jurés, lorsqu'il ne s'agit ni des incompatibilités, ni des dispenses énumérées dans l'art. 383, appartient souverainement à la cour d'assises. 31 mars 1836. D. 1836, p. 237. — La cour n'est pas tenue d'entendre l'accusé sur ces empêchements. 7 décembre 1821, n.° 192.

Hors les cas d'incapacité et d'incompatibilité prévus par la loi, la cour ne peut pas, sur le seul réquisitoire du ministère public, tirer de la liste de service des jurés qui n'ont pas demandé à être excusés. Le ministère public a contre eux la voie de la récusation. (Dans l'espèce on avait tiré un juré de la liste parce qu'il était médecin de la femme de l'accusé.) 11 janvier 1844, n.° 9.

La cour ne doit admettre que des excuses graves et bien justifiées. Elle doit rejeter sans examen les certificats de maladie non affirmés devant le juge de paix. Circulaire ministérielle du 27 novembre 1827. S'il y a eu faux certificat de maladie, voyez articles 159, 160 et 236 du code pénal.

La cour peut autoriser à se retirer un juré qui, dans le cours des débats, apprend que sa mère est sur le point de mourir. Le juré ne conserverait pas le calme et la liberté d'esprit nécessaires pour prendre part à une délibération importante. 15 avril 1830. D. 1830, p. 220.

La cour d'assises est investie du droit d'excuser des jurés inexactement indiqués, soit dans l'assignation donnée aux jurés, soit dans la notification de la liste à un accusé. 17 février 1826. D. 1826, p. 173.

Il convient d'excuser les pairs de France et les députés pendant les sessions législatives (avis du conseil d'état du 11 juillet 1811); les membres des conseils généraux pendant la durée de leur réunion (circulaire ministérielle du 12 novembre 1816); les militaires des armées de terre et de mer, les intendants et sous-intendants en activité de service, lorsque la cause du service sera justifiée (circulaire ministérielle du 2 septembre 1811); les gardes du génie (circulaire ministérielle du 18 janvier 1820).

L'arrêt qui statue sur l'excuse d'un juré, ne doit pas, à peine de nullité, faire connaître les motifs qui l'ont fait admettre. Il suffit que cet arrêt exprime que les motifs étaient légitimes, la cour étant seule appelée à statuer sur la validité de l'excuse, d'après les articles 397 et 398. 17 octobre 1833, n.° 445.

Il n'est pas nécessaire que l'arrêt qui statue sur les excuses soit prononcé publiquement. 28 septembre 1837. J. P. Tome 2, 1839, p. 527.

Les excuses présentées après la cloture de la session ne peuvent plus être jugées que par la cour d'assises de l'une des sessions suivantes. 25 mars 1826. S. 1826, p. 458.

Les jurés excusés momentanément peuvent reprendre leurs fonctions sans qu'un arrêt de la cour les y autorise. 7 janvier 1825, n.° 1. Les jurés condamnés à l'amende (8 avril 1830, n.° 96, 7 janvier 1825, n.° 1), et les jurés rayés de la liste (23 septembre 1842, n.° 247) peuvent reprendre leurs fonctions en vertu d'un arrêt qui les rétablit sur la liste du jury.

399. 1.er §. Le tirage du jury de jugement doit se faire sur une liste qui ne peut être moindre de 30 jurés aptes à connaître de l'affaire qui va être jugée. L'incapacité absolue ou relative de l'un des jurés réduirait les droits de récusation attribués à l'accusé et au ministère public. 11 janvier 1838, n.° 10.

Il faut, à peine de nullité, que les jurés supplémentaires soient appelés dans l'ordre de leur inscription. 25 avril 1833, n.° 150. — La présence dans le jury de jugement d'un juré supplémentaire appelé au-delà du nombre de trente, est une cause de nullité. 20 décembre 1841. D. 1842, p. 74.

Nota. Lorsque les jurés titulaires reparaissent, les jurés supplémentaires se retirent suivant l'ordre de leur inscription, en commençant par le dernier appelé.

2.e §. Le procès-verbal doit, à peine de nullité, constater que le tirage au sort des jurés supplémentaires a été fait en audience publique. 21 septembre 1837, n.° 280.

La présence de l'accusé au tirage des jurés pour compléter le nombre de 30 n'est pas exigée à peine de nullité. J. P. 14 juin 1832. (Jugé sous la loi du 2 mai 1827.)

Lorsqu'il y a lieu de procéder au remplacement de jurés manquants, la loi n'exige pas qu'il soit préalablement statué sur la validité des motifs de leur non comparution. 25 octobre 1821, n.° 174.

Il ne peut être joint aux jurés présents que le nombre strictement nécessaire pour compléter celui de trente. Les jurés appelés au-delà de ce nombre sont sans qualité, et leur participation à la déclaration du jury la frappe de nullité. 13 janvier 1820, n.° 5. — 30 décembre 1841, n.° 373.

Le président peut tirer au sort un nombre de jurés supérieur au nombre nécessaire pour compléter celui de trente. Il suffit : 1.° que ceux qui doivent compléter ce nombre soient désignés par le président en audience publique de la cour d'assises et par la voie du sort ; — 2.° qu'en définitive, la liste des jurés ne soit pas supérieure au nombre de trente, et que, pour compléter ce nombre, on suive exactement l'ordre dans lequel les noms sont sortis de l'urne, en sorte que les derniers appelés par le sort ne soient désignés pour compléter la liste des trente, qu'autant que ceux appelés avant eux auraient été empêchés ou n'auraient pas été trouvés à domicile. 19 avril 1838, n.° 102.

Les jurés complémentaires une fois appelés par le tirage au sort doivent continuer leurs fonctions pendant tout le cours de la session des assises, à moins que l'absence des jurés titulaires qu'ils suppléaient ne vienne à cesser. 2 avril 1840, n.° 101.

Lorsque le juré titulaire reparaît, la mission du juré complémentaire qui le suppléait se trouve terminée ; et si un autre juré vient à manquer ou à être empêché, il faut, pour remplacer celui-ci, procéder à un nouveau tirage. 12 novembre 1829, n.° 257.

Lorsque, pour compléter le nombre de trente, il a fallu désigner par le sort plusieurs jurés, s'il arrive que des jurés remplacés reparaissent, il faut écarter les remplaçants qui les suppléaient, en observant l'ordre du tirage au sort de leurs noms, et le rapport de cet ordre avec celui des dispenses accordées, rapport en vertu duquel le nom de chaque juré suppléant répondait à celui d'un juré suppléé. 7 janvier 1825, n.° 1.

393. Le nombre de douze jurés est nécessaire pour former un jury.

Lorsqu'un procès criminel paraîtra de nature à entraîner de longs débats, la cour d'assises pourra ordonner, avant le tirage de la liste des jurés, qu'indépendamment des douze jurés il en sera tiré au sort un ou deux autres qui assisteront aux débats.

Dans le cas où l'un ou deux des douze jurés seraient empêchés de suivre les débats jusqu'à la déclaration définitive du jury, ils seront remplacés par les jurés suppléants.

Le remplacement se fera suivant l'ordre dans lequel les jurés suppléants auront été appelés par le sort.

266. Le président est chargé de convoquer les jurés et de les tirer au sort. Il pourra déléguer ces fonctions à l'un des juges.

332. Dans le cas ou l'accusé, les témoins ou l'un d'eux ne parleraient pas la même langue ou le même idiôme, le président nommera d'office, à peine de nullité, un interprète agé de vingt-un ans au moins, et lui fera, sous la même peine, prêter serment de traduire fidèlement les discours à transmettre entre ceux qui parlent des langages différents.

L'accusé et le procureur général pourront récuser l'interprète en motivant leur récusation. La cour prononcera.

L'interprète ne pourra, à peine de nullité, même du consentement de l'accusé ni du procureur général, être pris parmi les témoins, les juges et les jurés.

333. Si l'accusé est sourd-muet et ne sait pas écrire, le président nommera d'office, pour son interprète, la personne qui aura le plus d'habitude de converser avec lui.

Il en sera de même à l'égard du témoin sourd-muet.

Le surplus des dispositions du précédent article sera exécuté.

Dans le cas où un sourd-muet saurait écrire, le greffier écrira les questions et observations qui lui seront faites; elles seront remises à l'accusé ou au témoin qui donneront par écrit leurs réponses ou déclarations. Il sera fait lecture du tout par le greffier.

392 Lorsque la cour d'assises juge à propos d'ordonner l'adjonction de jurés suppléants et d'un 3.e assesseur, il n'y a pas nécessité d'entendre sur ce point les accusés qui n'ont aucun droit de s'opposer à cette mesure. 30 juin 1838, n.° 187.

L'arrêt d'adjonction peut être prononcé dans la chambre du conseil; il ne faut pas, à peine de nullité, qu'il soit rendu publiquement; la nécessité de l'adjonction d'un juré suppléant pouvant n'être reconnue qu'au moment du tirage au sort qui a lieu dans la chambre du conseil. 10 juin 1830. n.° 164. — 3 septembre 1840, n.° 247.

L'arrêt peut être rendu hors la présence de l'accusé, qui n'a pas la faculté de s'opposer à cette mesure légale. 28 juin 1832, n.° 235. Et hors la présence du défenseur. 21 août 1840, n.° 236.

L'accusé et son défenseur sont encore à temps de présenter leurs réclamations contre l'opportunité de l'adjonction, au moment où ils sont appelés pour le tirage du jury. 19 septembre 1839, n.° 301,

Il suffit que cet arrêt, rendu sur un incident, soit consigné au procès-verbal et signé par le président. 29 mars 1832, n.° 114.

La cour peut, par un nouvel arrêt, rapporter l'arrêt d'adjonction, même après le tirage du jury, sans entendre les accusés ni leurs conseils et en leur absence. 21 août 1840, n.° 236.

L'arrêt qui ordonne l'adjonction d'un 13.e juré est suffisamment motivé, lorsqu'il est dit que le procès est de nature à entraîner de longs débats. 26 juillet 1834. D. 1834, p. 426.

Dans le cas où l'un des jurés se trouve indisposé, c'est à la cour et non au président à ordonner son remplacement par un juré suppléant. C'est là une excuse à apprécier. 10 octobre 1839. B. 1840, n.° 245. Le législateur s'en est rapporté à la conscience des magistrats sur les moyens de constater les empêchements des jurés. 3 septembre 1835. D. 1836, p. 230.

Lorsque les jurés suppléants n'ont pas été appelés à remplacer des titulaires, le procès-verbal doit constater qu'ils n'ont pas pris part à la déclaration du jury. 29 mars 1832, n.° 114.

L'entrée d'un juré suppléant dans la chambre des délibérations, alors que le jury est resté complet, entraîne nullité. 10 juin 1830. J. P.

332 et 333. Si l'accusé ne parle pas français, il est indispensable de lui nommer un interprète lors de la formation du tableau des douze jurés. L'assistance de cet interprète qui est donné à l'accusé pour l'exercice de son droit de récusation, intéresse essentiellement la défense. 17 et 18 août 1832, n.° 307 et 312.

La traduction à l'accusé de l'arrêt et de l'acte d'accusation, lue en vertu de l'article 313 n'est pas prescrite à peine de nullité. 5 février 1836, n.° 42.

Il y a nullité si, l'accusé ayant déclaré ne pas entendre le patois, le président lui a traduit la déposition du témoin. Peu importe qu'après cette traduction l'accusé ait déclaré que la nomination d'un interprète n'était pas nécessaire. 21 février 1812, n.° 39.

Il y a présomption que la déposition d'un témoin a pu être entendue par l'accusé, les jurés et les magistrats, si aucune réclamation ne s'est élevée à cet égard pendant les débats. 23 mai 1839, n.° 162.

Lorsque l'accusé n'a réclamé le secours d'un interprète qu'au moment de la déposition d'un des témoins, il y a présomption qu'il a suffisamment compris tout ce qui a été dit jusque-là. 28 avril 1836. J. P.

Il y a nullité si les dépositions écrites dont on ordonne la lecture ne sont pas traduites par l'interprète aux accusés. 3 mars 1836, n.° 64.

Il n'y a lieu de faire traduire à l'accusé par l'interprète les développements donnés par le ministère public aux moyens de l'accusation et les réponses faites par le défenseur de l'accusé à ces développements qu'autant que l'accusé l'a expressément demandé. 24 juillet 1841. — D. 1841, p. 425. p 73. 109

L'interprète peut, sous la foi du serment prêté en cette qualité, procéder à la traduction d'un passage d'une pièce du procès. 26 mai 1842. J. P. Tome 2, 1842, p. 670.

Le procès-verbal doit, à peine de nullité, constater que l'interprète a prêté le serment prescrit par la loi. 22 septembre 1837, n.° 286.

La formule de l'article 332 n'est pas sacramentelle; il suffit que le serment prêté rende parfaitement le même sens et impose exactement les mêmes obligations. 16 avril 1818, n.° 52.— 4 février 1819, n.° 14.

L'interprète, qui a prêté le serment prescrit par la loi et dont la présence à toutes les séances de la cour a été constatée, est présumé suffisamment avoir rempli ses fonctions, toutes les fois que son intervention a été nécessaire. 26 avril 1838, n.° 111.

Lorsque le procès-verbal constate que l'interprète a fait la traduction de toutes les dépositions et de tous les discours pour en faciliter la parfaite intelligence à tous ceux qui parlaient des langages différents, cette mention faite dans les termes mêmes de l'article 322 satisfait complètement au vœu de cet article. 15 mars 1840, n.° 133.

Une femme qui a vingt-un ans peut être appelée à remplir le ministère d'interprète. 16 avril 1818, n.° 52.

L'un des jurés non désigné par le sort pour le jury de jugement peut être interprète. 21 mai 1812. D. Tome 1, p. 1138.

Pour être interprète, il n'est pas nécessaire d'être français et de jouir des droits civils; un étranger, un domestique peuvent être interprètes. 2 mars 1827. S. 27, p. 435.

La disposition de l'article 333 relative à la nomination d'un interprète pour un sourd-muet est simplement indicative. 27 mars 1834, n.° 102.

L'âge de 21 ans n'est pas exigé pour l'interprète des sourds-muets accusés ou témoins. 22 décembre 1824, n.° 196.

399. Au jour indiqué et pour chaque affaire, l'appel des jurés non excusés et non dispensés sera fait avant l'ouverture de l'audience, en leur présence et en présence de l'accusé et du procureur général.

Le nom de chaque juré répondant à l'appel sera déposé dans une urne.

L'accusé premièrement ou son conseil et le procureur général, récuseront tels jurés qu'ils jugeront à propos à mesure que leurs noms sortiront de l'urne, sauf la limitation exprimée ci-après.

L'accusé, son conseil ni le procureur général ne pourront exposer leurs motifs de récusation.

Le jury de jugement sera formé à l'instant où il sera sorti de l'urne douze noms de jurés non récusés.

400. Les récusations que pourront faire l'accusé et le procureur général, s'arrêteront lorsqu'il ne restera que douze jurés.

401. L'accusé et le procureur général pourront exercer un égal nombre de récusations, et cependant si les jurés sont en nombre impair, les accusés pourront exercer une récusation de plus que le procureur général.

402. S'il y a plusieurs accusés, ils pourront se concerter pour exercer leurs récusations ; ils pourront les exercer séparément.

Dans l'un et l'autre cas, ils ne pourront excéder le nombre de récusations déterminé pour un seul accusé par les articles précédents.

403. Si les accusés ne se concertent pas pour récuser, le sort règlera entr'eux le rang dans lequel ils feront les récusations. Dans ce cas, les jurés récusés par un seul, et dans cet ordre, le seront pour tous jusqu'à ce que le nombre des récusations soit épuisé.

404. Les accusés pourront se concerter pour exercer une partie des récusations, sauf à exercer le surplus suivant le rang fixé par le sort.

405. L'examen de l'accusé commencera immédiatement après la formation du tableau.

SUITE DES NOTES.

Il faut que les récusations soient faites à mesure que les noms sortent de l'urne. Un juré ne peut plus être récusé lorsque le nom du juré suivant a été extrait de l'urne et proclamé par le président. 12 juillet 1833, n.° 268. — 1.er septembre 1836, n.° 289.

L'erreur, par suite de laquelle on a tiré treize jurés au lieu de douze, peut être réparée à l'instant, en ordonnant que le 13.° juré se retirera. 7 janvier 1830. D. 1830, p. 49.

La cour peut ordonner que le tirage sera recommencé lorsqu'une irrégularité a été commise. 19 février 1841, n.° 48.

Si l'on a déposé dans l'urne le nom d'un juré que l'on croyait par erreur avoir répondu à l'appel, bien que ce juré ne soit pas tombé au sort, il faut annuler le jury et recommencer l'opération, la loi voulant que les noms des jurés présents et répondant à l'appel soient seuls déposés dans l'urne. 6 mars 1828, n.° 64.

Lorsqu'après le tirage la cour reconnait l'incapacité légale d'un des jurés tombés au sort, elle n'excède pas ses pouvoirs en ordonnant la formation d'un nouveau jury, puisqu'elle ne peut être tenue de procéder à des débats qui, par suite du fait reconnu, auraient été viciés dans leur principe. 8 septembre 1837. J. P. Tome 2, 1837, p. 586.

Malgré le silence de la loi, il faut, à peine de nullité, qu'il soit dressé un procès-verbal du tirage du jury. 11 juin 1835, n.° 231.

Ce procès-verbal peut n'être pas séparé du procès-verbal de la séance. — 13 août 1835, n.° 318. Ce procès-verbal peut être imprimé, la nullité que prononce l'article 372 devant se restreindre au cas qu'il spécifie. 10 août 1837, n.° 232. — 16 janvier 1840, n.° 16. Il n'est pas nécessaire que le procès-verbal de la formation du jury mentionne les prénoms, âge, profession et domicile des jurés que le sort a désignés pour en faire partie. 1.er février 1839. D. 1839, p. 378.

399 à 405. Avant le tirage, la cour ordonne, s'il y a lieu, l'adjonction d'un 3.e assesseur (notes, p. 13), et l'adjonction de jurés, art. 394, p. 46.

Avant le tirage, la cour d'assises exoine les jurés dont la présence pourrait entacher la procédure de nullité ; voyez pour les causes d'incapacité les articles 381, 383 et 392, page 42, et 395, p. 40.

Le concours d'un juré incapable à la formation du tableau ne saurait annuler les débats, si d'une part la liste sur laquelle figurait ce juré comprenait plus de trente noms, et si d'ailleurs ce juré incapable n'est pas tombé au sort ou a été récusé. 9 septembre 1841. D. 1841, p. 437. — 18 avril 1845, n.° 141. — Le droit de récusation, s'il trouve à s'exercer sur 30 jurés capables, obtient toute la satisfaction que lui garantit la loi. 19 décembre 1839, n.° 384.

Si, au moment de l'appel, des jurés excusés ou condamnés pour absence se présentent, voyez la note dernière de l'art. 398, p. 45 : relativement à l'ordre dans lequel les jurés remplaçants se retirent ; si ce sont des supplémentaires, voyez note dernière du 1.er § de l'art. 393, p. 45 ; si ce sont des complémentaires, la note dernière du 2.e § du même article.

Si le nombre des jurés répondant à l'appel et aptes à connaître de l'affaire est au-dessous de trente, voyez l'art. 393 page 44 et les notes. — Le procès-verbal doit constater, à peine de nullité, que les jurés étaient au nombre exigé par la loi. 13 mai 1841, n.° 138.

Malgré les termes des articles 399 et 405, on peut tirer successivement les jurys qui doivent connaître des affaires de la journée. Cela ménage aux jurés qui ne sont pas tombés au sort, la faculté de vaquer à leurs occupations. 13 avril 1837, n.° 109. — Il suffit, pour l'exécution de l'art. 405, que les débats se soient ouverts dans un temps fort rapproché du moment du tirage du jury, et qu'une fois commencés, ils aient été continués sans interruption et sans renvoi à une autre affaire, jusqu'à ce qu'ils se soient terminés. 8 mars 1838, n.° 59.

L'art. 399 n'exigeant pas que le tirage du jury ait lieu en présence de la cour d'assises, et ce tirage devant avoir lieu avant l'ouverture de l'audience, le président procède régulièrement en formant seul le tableau du jury. 12 septembre 1833, n.° 375.

Si la composition du tableau du jury de jugement donne lieu à des contestations, le président ne peut pas statuer seul. Il résulte des modifications apportées au code d'instruction criminelle (articles 394 et 395), que la cour est appelée à intervenir. 25 juin 1840, n.° 187.

Le tirage doit se faire dans la chambre du conseil, mais il n'y a pas de nullité s'il a lieu en public ; la publicité est une garantie de plus accordée à l'accusé. 13 avril 1837, n.° 109.—8 octob. 1834, n.° 337.

Si l'accusé refuse de comparaître, voyez la loi du 9 septembre 1835.

Si l'accusé ne parle pas le français, il faut lui nommer un interprète. — Voyez art. 332, p. 44.

Il y a nullité si l'appel des jurés n'a pas été fait en présence de l'accusé. 14 septembre 1829, n.° 211.

La présence du conseil au tirage n'est pas prescrite à peine de nullité ; elle est facultative de la part du conseil ; il suffit qu'il n'y ait pas été apporté d'obstacle et que l'accusé ne l'ait pas réclamée. 16 février 1837. D. 1837, p. 488.

Le défenseur des parties civiles peut assister au tirage. 30 mai 1839, n.° 168.

On ne peut substituer un mode quelconque de tirage au sort, à celui qui est prescrit par l'art. 399, sans qu'il en résulte une nullité radicale. Ainsi on ne peut pas, au lieu des noms des jurés, déposer dans l'urne des numéros correspondant à leurs noms. 2 juillet 1839, n.° 144.—14 septembre 1829, n.° 211.

Il ne résulte nullement des articles 399 et suivants que le président doive avertir les accusés du nombre de récusations qu'ils ont à exercer. 4 janvier 1840. D. 1840, p. 398. — Jugé toutefois que lorsqu'après le tirage on s'aperçoit que le président a omis d'avertir l'accusé de son droit de récusation conformément aux articles 399 et suivants, la cour peut annuler l'opération et ordonner que le tirage sera recommencé après que l'accusé aura reçu l'avertissement. 19 février 1841. J. P. Tome 1.er, 1842, p. 270. (Dans l'espèce, l'accusé n'avait pas réclamé contre cette mesure.)

L'art. 402 n'impose pas au président l'obligation de prévenir les accusés qu'ils peuvent se concerter entre eux. 12 juin 1835. D. 1836, p. 392.

Si les accusés ne se concertent pas entre eux, le sort règle le rang dans lequel ils feront les récusations, et la part de récusation pour chacun étant déterminée, les accusés, à mesure du tirage des noms des jurés, sont interpellés successivement dans l'ordre établi, et chacun peut récuser jusqu'à ce que sa part aux récusations soit épuisée (art. 403). Voyez 26 février 1841, n.° 53.

Un accusé ne peut se plaindre qu'il ait été admis à exercer un nombre trop grand de récusations. 22 mars 1845, n.° 107.

Les conseils des accusés étant admis par l'art. 399 à exercer personnellement le droit de récusation, ils peuvent dès-lors, en vertu de l'art. 402, se concerter pour le déléguer à l'un d'eux. 10 janvier 1834. D. 1834, p. 178.

S'il y a des jurés adjoints, le nombre des récusations à faire par l'accusé et par le ministère public est forcément restreint. 29 mars 1832, n.° 114.

La circonstance que l'accusé a cessé de récuser, avant d'avoir épuisé son droit, n'autorise pas le ministère public à excéder le nombre des récusations qui lui sont propres. 24 déc. 1813. D. T. 1.er, p. 1122.

L'art. 400, qui dispose que les récusations s'arrêteront lorsqu'il ne restera que douze noms dans l'urne, suppose que l'accusé et le ministère public ont l'un et l'autre épuisé leur droit. 29 novembre 1811. D. Tome 1.er ; p. 1121.

[Voir ci-contre la suite des notes.]

CHAPITRE 5.

309. Au jour fixé pour l'ouverture des assises, la cour ayant pris séance, douze jurés se placeront dans l'ordre désigné par le sort, sur des siéges séparés du public, des parties et des témoins, en face de celui qui est destiné à l'accusé.

310. L'accusé comparaîtra libre et seulement accompagné de gardes pour l'empêcher de s'évader.

Le président lui demandera son nom, ses prénoms, son âge, sa profession, sa demeure et le lieu de sa naissance.

334. Le président déterminera celui des accusés qui devra être soumis le premier aux débats, en commençant par le principal accusé, s'il y en a un. Il fera ensuite un débat particulier sur chacun des autres accusés.

311. Le président avertira le conseil qu'il ne peut rien dire contre sa conscience ou contre le respect dû aux lois, et qu'il doit s'exprimer avec décence et modération.

309. Le procès-verbal doit, à peine de nullité, indiquer les noms des personnes composant la cour d'assises. 26 janvier 1832, n.° 27. Pour la composition de la cour, voyez pages 12 et suivantes.

Si l'affaire dure plusieurs séances, il suffit que le procès-verbal énonce que la cour était composée comme à la séance précédente. 31 mars 1831. n.° 67.

Il ne résulte pas de nullité de ce que les jurés ne se sont pas placés dans l'ordre fixé par le sort. 27 septembre 1822, n.° 136.

Le procès-verbal doit, à peine de nullité, faire mention de la publicité. La publicité, aux termes de l'article 14, titre 2 de la loi du 24 août 1790, de l'article 7 de la loi du 20 avril 1810, et de l'article 55 de la charte, est une formalité subtantielle. 18 novembre 1830, n.° 250. — Si l'examen d'un procès occupe plusieurs séances; le greffier doit constater la publicité pour chacune d'elles. 18 novembre 1830, n.° 250. — 24 juin 1831, n.° 144. — La publicité de l'audience résulte suffisamment de ces expressions du procès-verbal: l'audience étant publique, l'audience étant publiquement reprise. 27 avril 1838, n.° 115.

310. Si le prévenu refuse de comparaître ou fait du tumulte, voyez la loi du 9 septembre 1835.

Il n'est pas nécessaire de constater que l'accusé a été amené libre. 13 août 1829. D. 1829, p. 334.

Selon les articles 17, 18 et 19 de la loi du 26 mai 1819 maintenus par l'art. 4 de la loi du 8 octobre 1830, le prévenu d'un délit attribué aux cours d'assises peut faire défaut devant elles comme il aurait pu le faire devant un tribunal correctionnel (18 février 1831, n.° 27); il peut faire défaut tant que les débats ne sont pas ouverts, eût-il pris part à la formation du jury, 24 août 1832, n.° 324, et il peut faire défaut quoique présent, 5 décembre 1822, n.° 173. — L'opposition à un arrêt par défaut doit, d'après les articles 3 de la loi du 8 avril 1831, 187 et 203 du code d'instruction criminelle, être formée au plus tard dans le délai prescrit par l'article 187; et ce délai ne peut être augmenté, lors même que le jour de l'échéance aurait été légalement férié. 20 octobre 1832, n.° 427.

334. Lorsque le président n'a pas déterminé lequel des accusés serait soumis le premier aux débats, il y a présomption légale que les accusés ont été soumis aux débats dans l'ordre où ils y étaient présentés par l'acte d'accusation ou par le ministère public. 3 mai 1834. D. 1834, p. 434.

Il est laissé à la sagesse du président d'établir ou de ne pas établir de débats particuliers lorsqu'il y plusieurs accusés. 28 mai 1818, n.° 71. — 4 août 1843, n.° 196.

311. La disposition de l'art. 311 n'est pas prescrite à peine de nullité. 14 sept. 1837. D. 1838, p. 416.

La disposition de l'article 311 a pour but de fixer les limites que ne doit pas dépasser la défense, soit qu'elle ait été confiée à des membres du barreau, soit qu'elle ait été remise à d'autres personnes qui peuvent être autorisées à cet effet, en matière criminelle. 25 janvier 1834, n.° 35.

Les membres du barreau plus spécialement sont tenus par l'article 31 de la loi du 22 ventôse, an 12 (13 mars 1804), de ne rien dire ou publier comme défenseurs ou conseils, de contraire aux lois, aux réglements, aux bonnes mœurs, à la sûreté de l'état et à la paix publique, et de ne jamais s'écarter du respect dû aux tribunaux et aux autorités publiques. L'art. 43 de l'ordonnance du 20 novembre 1822 veut que toute attaque qu'un avocat se permettrait de diriger dans ses plaidoiries contre la religion, contre les principes de la monarchie, la charte, les lois du royaume ou les autorités établies, soit réprimée immédiatement, sur les conclusions du ministère public, par le tribunal saisi de l'affaire, et que ce tribunal prononce l'une des peines prescrites par l'article 18, sans préjudice des poursuites extraordinaires, s'il y a lieu. L'art. 105 du réglement du 30 mars 1808 attribue à chaque chambre des cours et tribunaux la connaissance des fautes de discipline qui auraient été commises ou découvertes à son audience. Il appartient aux tribunaux saisis d'apprécier la nature des fautes qui sont imputées aux membres du barreau, de proportionner les peines disciplinaires à la gravité des infractions; et il n'entre pas dans les attributions de la cour de cassation de se livrer à une nouvelle appréciation de ces faits, lorsque ces tribunaux ont régulièrement et compétemment procédé. 25 janvier 1834, n.° 35.

Les peines de discipline sont l'avertissement, la réprimande, l'interdiction temporaire, la radiation du tableau; l'interdiction temporaire ne peut excéder le terme d'une année. — Art. 18 de l'ordonnance du 20 novembre 1822.

Si le conseil de l'accusé s'écarte du respect dû à la loi, son infraction peut provoquer contre lui, soit une injonction du président qui, en vertu du droit de police d'audience, le rappelle à l'observation de ses devoirs, soit, en cas d'insuffisance, l'application d'une peine disciplinaire. 25 mars 1835. D. 1836, p. 246.

De nombreux arrêts relatifs aux droits et aux devoirs de la défense sont relatés en marge des articles auxquels ils se rapportent. — Si le défenseur tombe malade, voyez notes de l'art. 406, p. 39. — S'il y a lieu de remplacer le défenseur, s'il est témoin, s'il refuse de plaider, etc., voyez notes de l'art. 294, p. 25. — S'il se rend coupable d'outrages envers les magistrats, voyez notes de l'art. 305, p. 33.

312. Le président adressera aux jurés, debout et découverts, le discours suivant :

Vous jurez et promettez, devant Dieu et devant les hommes, d'examiner avec l'attention la plus scrupuleuse les charges qui seront portées contre N...... ; de ne trahir ni les intérêts de l'accusé, ni ceux de la société qui l'accuse ; de ne communiquer avec personne jusqu'après votre déclaration ; de n'écouter ni la haine ou la méchanceté, ni la crainte ou l'affection ; de vous décider d'après les charges et les moyens de défense, suivant votre conscience et votre intime conviction, avec l'impartialité et la fermeté qui conviennent à un homme probe et libre.

Chacun des jurés appelé individuellement par le président, répondra en levant la main : *je le jure,* à peine de nullité.

12. Le fait de la part d'un juré de lire un journal pendant l'audience ne peut être l'objet que d'une §. observation d'ordre de la part du président, et n'est pas de nature à donner ouverture à cassation. 30 juin 1838. D. 1838, p. 297.

Le juré qui se laisse corrompre est passible des articles 181 et suivants du code pénal.

Les jurés suppléants peuvent, pendant les débats, communiquer avec les jurés titulaires. 29 mars 1832. D. 1833, p. 257.

La peine de nullité ne peut être prononcée indistinctement pour toute communication des jurés au-dehors, mais seulement pour celle qui serait relative à l'affaire soumise à leur décision et pourrait par suite exercer sur cette décision une influence illégale. 15 mars 1838, n.° 68.

Lorsqu'un juré de jugement a, dans le cours des débats, échangé quelques paroles avec un autre juré qui ne siégeait pas dans l'affaire, il n'y a pas nullité si rien n'établit que ces paroles fussent relatives au procès. 12 septembre 1833. D. 33, p. 365.

La remise d'une lettre à un juré de jugement pendant le cours des débats n'établit pas suffisamment contre ce juré la présomption d'incapacité résultant d'une communication qui aurait eu pour objet l'affaire soumise à sa décision. 11 novembre 1836. D. 1837, p. 188. — Dans une affaire soumise à la cour de cassation (19 avril 1844, n.° 144), le juré avait fourni des explications, et la lettre avait été jointe à la procédure, afin de bien établir qu'elle n'était pas relative à l'affaire.

La communication pendant les débats entre un juré de service et une personne étrangère à l'affaire ne vicie pas la procédure, si cette communication n'avait aucun rapport avec le procès, et à cet égard le juré peut être cru sur son affirmation. 25 novembre 1837. D. 1838, p. 427.

La communication involontaire n'entraîne pas de nullité ; autrement il pourrait dépendre d'un tiers en faisant, hors de l'audience, à des jurés des communications qu'ils ne peuvent éviter d'entendre et dont ils ont eux-mêmes signalé l'irrégularité, d'arrêter le cours de la justice et de les placer ainsi en dehors du serment qu'ils ont prêté. 3 novembre 1836, n.° 362. — Et le président en empêchant ces jurés de déclarer aux débats les paroles qu'ils ont entendues fortuitement, ne fait que se conformer à la règle qui interdit à un individu d'être à la fois juré et témoin dans la même affaire. 29 novembre 1838, n.° 373.

La cour peut refuser d'interroger les jurés sur des faits de communication qui auraient eu lieu hors de l'audience ; elle ne fait qu'user du droit d'appréciation qui lui appartient. 21 juillet 1843, n.° 188.

Il y a nullité si, dans le cours de l'audition des témoins, l'un d'eux s'est approché des jurés et leur a parlé à voix basse. 20 juin 1833, n.° 239.

Il y a nullité si, pendant le cours des débats, et au dehors de l'audience, un juré communique volontairement de l'affaire avec un des témoins. 19 mai 1842, n.° 123.

Il y a violation du droit de la défense si des jurés se transportent hors de la présence de la cour, de l'accusé et de son conseil, sur les lieux où s'est passé le fait, objet de l'accusation, et y reçoivent de la partie plaignante et des témoins, des renseignements relatifs à ce fait. 16 février 1838, n.° 44.

Des faits de communication de la part des jurés peuvent être une cause du renvoi de l'affaire à une autre session. 16 juin 1836. J. P.

Un fait de communication reproché à l'un des jurés ne peut donner ouverture à cassation lorsqu'il n'est point consigné au procès-verbal et qu'il n'a donné lieu à aucune réclamation pendant les débats. 30 juin 1838, n.° 187. — 12 décembre 1840, n.° 350.

Les faits de communication antérieurs à la formation du jury, ne peuvent être une cause de nullité, l'accusé pouvant exercer son droit de récusation. 12 décembre 1840, n.° 350.

'§. L'appel nominal des jurés pour la prestation de serment peut être fait par le greffier. L'obligation de faire lui-même cet appel n'est pas imposée au président à peine de nullité. 16 juin 1836, n.° 195.

Un juré appartenant au culte israélite satisfait pleinement à la loi en prêtant le serment prescrit par l'art. 312, et il suffit qu'il n'ait pas réclamé contre ce mode de serment, pour qu'il ait été interdit de le soumettre à tout autre. 10 juillet 1828, n.° 206.

Le serment est une formalité substantielle que rien ne peut suppléer. Si dans le cours d'une affaire, on s'aperçoit que cette formalité a été omise, il faut, après qu'elle a été remplie, recommencer les débats à partir de l'article 312, sous peine de nullité ; vainement l'accusé aurait consenti à ce qu'il en fût autrement. 10 décembre 1831, n.° 316.

Il faut, à peine de nullité, que le procès-verbal constate que le président a adressé aux jurés le discours contenu en l'article 312 et que les jurés ont répondu individuellement, en levant la main : *Je le jure*. 8. novembre 1832, n.° 437.

Les jurés suppléants doivent prêter serment comme les autres. 27 juillet 1820, n.° 106.

Lorsque le procès-verbal des débats, après avoir énoncé que les douze jurés de jugement et les deux jurés suppléants ont pris place à l'audience dans l'ordre où le sort les a désignés, constate que le président de la cour d'assises ayant adressé aux jurés debout et découverts, le discours contenant la formule du serment compris en l'article 312, chacun d'eux a répondu en levant la main : *Je le jure !* cette énonciation générale comprend aussi bien les deux jurés suppléants que les douze autres jurés. 29 mars 1832, n.° 114.

67. Les plaignants pourront se porter partie civile en tout état de cause jusqu'à la clôture des débats; mais en aucun cas leur désistement après le jugement ne peut être valable, quoiqu'il ait été dressé dans les 24 heures de leur déclaration qu'ils se portent partie civile.

Art. 55 de la Charte const.elle Les débats sont publics en matière criminelle à moins que cette publicité ne soit dangereuse pour l'ordre et pour les mœurs et dans ce cas le tribunal le déclare par un jugement.

67. Les parties civiles ne peuvent agir au criminel qu'accessoirement à l'action publique. 9 mai 1812, n.° 118.

La partie lésée peut se constituer partie civile, soit devant le juge d'instruction d'après l'art. 63, soit devant la cour d'assises, avant la clôture des débats, d'après l'article 67. 11 novembre 1841, n.° 146.

Le code d'instruction criminelle en accordant par ses articles 63 et 67, ensuite des dispositions des articles 1, 2 et 3 du même code, la faculté de se porter partie civile à ceux qui se prétendraient lésés par un crime ou par un délit, a, par cela même, laissé aux tribunaux saisis de l'action publique la faculté d'apprécier s'il y a lieu d'admettre leur intervention. 19 juillet 1832, n.° 271.

L'arrêt qui statue sur l'admission de la partie civile dans une affaire jugée à huis clos doit être prononcé publiquement. 16 janvier 1844, n.° 19.

S'il n'apparaît pas que la femme plaignante ait été autorisée à se constituer partie civile, la nullité fondée sur le défaut d'autorisation ne peut néanmoins, aux termes de l'article 215 du code civil, être opposée que par la femme, par le mari et par leurs héritiers. 28 septembre 1838, n.° 324.

Aux termes de l'art. 67, les plaignants ne peuvent plus se porter partie civile, après que la clôture des débats a été prononcée par le président. 25 mai 1837, n.° 160. — 20 août 1838, n.° 255.

Après l'audition du ministère public, un témoin peut se déclarer partie civile s'il n'était, lors de son audition comme témoin, que plaignant et partie lésée. 12 janvier 1828, n.° 8.

S'il résulte de l'article 67 que la partie civile doit prendre qualité avant la clôture des débats, afin que l'accusé puisse proposer sa défense contre les moyens que la partie civile fera valoir, il ne s'ensuit pas que la partie civile soit tenue de fixer, par ses conclusions, avant la clôture des débats, la quotité de dommages-intérêts auxquels elle prétend, puisque, aux termes de l'art. 358 du code d'instruction criminelle, le président de la cour d'assises, lorsque l'accusé a été déclaré non coupable par le jury, doit prononcer l'ordonnance d'acquittement avant de permettre à la partie civile de prendre des conclusions dans son intérêt personnel. 28 septembre 1838, n.° 324.

En matière criminelle, la partie civile n'est pas tenue, comme au correctionnel, de déposer la somme présumée nécessaire pour les frais. — Voyez art. 163 du décret du 18 juin 1811.

Aux assises, la partie civile peut conclure par l'organe de son avocat. 28 septembre 1838, n.° 324.

Aucune disposition du code ne défend aux individus compris dans une seule et même poursuite de se porter parties civiles les uns contre les autres. 3 décembre 1836. D. 1837, p. 473.

Art. 55 de la charte const.lle La mesure du huis clos est abandonnée à la prudence des magistrats. 14 septembre 1827, n.° 240.

Toutes les formalités antérieures à la lecture de l'arrêt de renvoi et de l'acte d'accusation doivent avoir lieu en audience publique. 12 décembre 1823. J. P.

Les cours peuvent ordonner le huis clos immédiatement après le serment prêté par les jurés et conséquemment avant qu'il ait été procédé à la lecture de l'arrêt de renvoi et de l'acte d'accusation. Ordonner que l'arrêt de renvoi et l'acte d'accusation qui contiennent les faits importants, les circonstances graves qui servent de base à l'accusation, seront lus publiquement, ce serait contrevenir à l'esprit de la charte qui a voulu évidemment écarter des débats tout ce qui pourrait être dangereux pour l'ordre et pour les mœurs. 17 avril 1834, n.° 112. — 4 septembre 1840, n.° 250.

La cour d'assises peut ordonner le huis clos après la lecture de l'acte d'accusation. 10 mars 1827. J. P. — Le huis clos peut n'être ordonné que pour une partie des débats. 1.er février 1839. J. P. Tome I. 1840, p. 199.

Lorsque la déposition d'un témoin paraît de nature à forcer d'entrer dans des explications dangereuses pour l'ordre et les mœurs, la cour peut ordonner que l'audition de ce témoin aura lieu à huis clos. 19 février 1841, n.° 48.

Avant d'ordonner le huis clos, la cour n'est pas obligée d'entendre les observations de l'accusé. 14 septembre 1827, n.° 240.

L'arrêt qui ordonne le huis clos doit être motivé; il doit contenir, à peine de nullité, la déclaration que la publicité serait dangereuse pour l'ordre et pour les mœurs, sans qu'il soit d'ailleurs nécessaire d'employer les termes mêmes de l'art. 55 de la charte. 9 sept. 1830, n.° 213. — 28 avril 1837, n.° 136.

L'arrêt de huis clos n'est pas soumis aux formes exigées pour les arrêts définitifs. 27 décembre 1817, n.° 122.

Il est suffisamment constaté par son insertion au procès-verbal. 1.er février 1839. J. P. 1840, p. 184.

Les débats et les débats seuls doivent avoir lieu à huis clos. 26 mai 1831. D. 1831, p. 216.

Tous les arrêts par lesquels il est statué sur les incidents qui peuvent s'élever dans le cours d'une affaire doivent être rendus publiquement, voyez notes de l'art. 408, p. 37. — Relativement aux ordonnances du président, voyez notes, p. 35.

Si la cour d'assises reconnaît que, dans un huis clos, elle a rendu sans publicité un arrêt incident, elle a le droit, tant que le débat n'est pas terminé, de réparer cette faute, en annulant par un arrêt rendu publiquement l'arrêt prononcé à huis clos et ce qui s'en est suivi, et en recommençant les débats. 26 janvier 1844, n.° 26.

L'introduction et le maintien dans la salle d'audience de personnes même étrangères au barreau, quand l'un ou l'autre ont été autorisés par le président et n'ont été l'objet d'aucune réclamation de la part de l'accusé ou de son conseil, ne peuvent être réputés préjudiciables à la défense, et ne constituent la violation ni de l'art. 55 de la charte constitutionnelle, ni d'aucun texte de loi. 19 avril 1841, n.° 48.

313. Le président avertira l'accusé d'être attentif à ce qu'il va entendre.

Il ordonnera au greffier de lire l'arrêt de la cour royale portant renvoi à la cour d'assises et l'acte d'accusation. Le greffier fera cette lecture à haute voix.

314. Après cette lecture, le président rappellera à l'accusé ce qui est contenu en l'acte d'accusation et lui dira: voilà de quoi vous êtes accusé, vous allez entendre les charges qui seront produites contre vous.

315. Le procureur général exposera le sujet de l'accusation.

Il présentera ensuite la liste des témoins qui devront être entendus soit à sa requête, soit à la requête de la partie civile, soit à celle de l'accusé.

Cette liste sera lue à haute voix par le greffier. Elle ne pourra contenir que les témoins dont les noms, professions et résidences auront été notifiés, vingt-quatre heures au moins avant l'examen de ces témoins, à l'accusé par le procureur général ou la partie civile, et au procureur général par l'accusé, sans préjudice de la faculté accordée au président par l'art. 269.

L'accusé et le procureur général pourront en conséquence s'opposer à l'audition d'un témoin qui n'aurait pas été indiqué ou qui n'aurait pas été clairement désigné dans l'acte de notification.

La cour statuera de suite sur cette opposition.

354. Lorsqu'un témoin qui aura été cité ne comparaîtra pas, la cour pourra, sur la réquisition du procureur général et avant que les débats soient ouverts par la déposition du premier témoin inscrit sur la liste, renvoyer l'affaire à la prochaine session.

355. Si à raison de la non comparution du témoin, l'affaire est renvoyée à la session suivante, tous les frais de citation, actes, voyages de témoins et autres ayant pour objet de faire juger l'affaire, seront à la charge de ce témoin, et il y sera contraint même par corps, sur la réquisition du procureur général, par l'arrêt qui renverra les débats à la session suivante.

Le même arrêt ordonnera de plus que ce témoin sera amené par la force publique devant la cour pour y être entendu; et néanmoins dans tous les cas, le témoin qui ne comparaîtra pas ou qui refusera soit de prêter serment, soit de faire sa déposition, sera condamné à la peine portée en l'art. 80.

356. La voie de l'opposition sera ouverte contre ces condamnations, dans les dix jours de la signification qui en aura été faite au témoin condamné ou à son domicile, outre un jour par 5 myriamètres, et l'opposition sera reçue s'il prouve qu'il a été légitimement empêché, ou que l'amende contre lui prononcée doit être modérée.

316. Le président ordonnera aux témoins de se retirer dans la chambre qui leur est destinée.

Ils n'en sortiront que pour déposer. Le président prendra des précautions pour, s'il est besoin, empêcher les témoins de conférer entre eux du délit et de l'accusé avant leur déposition.

313. On lit d'abord l'arrêt de cassation, si la cour d'assises est saisie par renvoi. 13 déc. 1839, n.° 380. L'art. 313 n'est pas limitatif et l'on peut faire lire les interrogatoires. 22 juin 1820, n.° 92.

La lecture de l'arrêt et de l'acte d'accusation n'est pas prescrite à peine de nullité. 29 mai 1840, n.° 152.

L'exposé de l'accusation n'est pas prescrit à peine de nullité. 5 février 1836, n.° 42. La loi n'ayant pas fixé la forme de cet exposé, le ministère public peut nommer des témoins et faire connaître substantiellement leurs déclarations. 3 janvier 1833. D. 34, p. 434.

315. La lecture de la liste des témoins peut être faite par un huissier de service. 23 mars 1843, n.° 65.

Pour qu'un témoin soit reçu à déposer, il suffit que son nom ait été notifié vingt-quatre heures avant l'audition. 16 nov. 1844, n.° 376. Jugé antérieurement que la signification doit être faite non pas seulement vingt-quatre heures avant l'audition des témoins, mais vingt-quatre heures avant l'ouverture des débats. 5 novembre 1812. D. T. 12, p. 599; jugé aussi qu'aucune liste supplétive de témoins ne peut être notifiée après l'ouverture des débats. 12 avril 1827, n.° 80.

Lorsque la liste des témoins a été notifiée la veille de l'ouverture des débats, la présomption légale est que cette notification a été faite au moins vingt-quatre heures avant. 27 sept. 1832. D. 1833, p. 344.

Jugé implicitement que, lorsque plusieurs affaires ont été jointes, les noms des témoins de toutes les affaires doivent être notifiés à chacun des accusés. 26 décembre 1835, n.° 475.

La liste des témoins à décharge remise par le défenseur au ministère public ne constitue pas la notification exigée par l'article 315. 16 septembre 1830, n.° 215.

La notification des noms des témoins prescrite par l'article 315 n'est pas nécessaire lorsqu'il s'agit de témoins cités par un accusé contre son co-accusé. 22 avril 1841, n.° 104.

Il suffit que la désignation des témoins soit telle que l'accusé n'ait pu être induit en erreur sur leur individualité. 14 juin 1838, n.° 168. — Les difficultés qui s'élèvent sur l'insuffisance de la désignation des témoins sont appréciées souverainement par la cour d'assises. 23 avril 1835, n.° 149.

L'article 315 ne défend pas, sous peine de nullité, l'audition de témoins qui ne seraient pas portés sur les listes notifiées ou qui n'y seraient pas clairement désignés; seulement il donne à la partie contre laquelle ces témoins sont produits le droit de s'opposer à leur audition. 22 juin 1820, n.° 92, et de demander en conséquence le renvoi de l'affaire à une autre session. 30 septembre 1841, n.° 293.

Un arrêt du 2 avril 1831, n.° 73, paraît décider qu'on ne peut plus s'opposer à l'audition d'un témoin après qu'il a prêté serment, mais il est permis de croire que la cour a entendu dire: après qu'il a commencé sa déposition. Consultez à l'art. 322, p. 61, un arrêt du 15 septembre 1831, n.° 223.

A défaut d'opposition, il doit être passé outre à l'audition des témoins d'après les règles ordinaires prescrites par l'art. 317. 13 mai 1836, n.° 144. — 1.er avril 1837, n.° 99. Des témoins assignés par le ministère public depuis l'ouverture des débats, mais dont les noms ne figuraient pas sur la liste notifiée, peuvent être entendus avec serment si l'accusé ne s'y oppose pas. 24 avril 1840, n.° 118.

Il ne résulte pas de nullité de ce qu'un témoin notifié à l'accusé aurait été remplacé aux débats par un autre témoin. (Dans l'espèce, le témoin dont s'agit avait été entendu sans opposition, et aucune réclamation ne s'était élevée au sujet de l'absence du témoin notifié. 26 août 1841. D. 1841, p. 435.

354 à 356. Pour les délais de la citation, voyez art. 146. Si le témoin défaillant a allégué une excuse fausse, ou produit un faux certificat de maladie, voyez les articles 236, 159 et 160 du code pénal.

Le code (art. 510 à 517) et le décret du 4 mai 1812, désignent les personnes qui, par leur rang ou par leurs fonctions, sont dispensées de comparaître comme témoins et règlent le mode de leur audition. Lorsqu'une de ces personnes refuse de venir déposer, si les parties ne renoncent pas à son audition, la cour doit ordonner que la déposition soit reçue par écrit, conformément aux lois ci-dessus; le témoin doit prêter le serment de l'art. 317. 29 septembre 1842, n.° 250.

En cas d'absence d'un témoin, la cour d'assises peut d'office renvoyer l'affaire à une autre session; 11 novembre 1821, n.° 173: malgré l'opposition du ministère public; 12 janvier 1832, n.° 12. —

La cour d'assises saisie de la demande en renvoi, soit par l'accusé, soit par le ministère public, a le droit d'ordonner ce renvoi ou de retenir la cause, suivant qu'elle juge la présence du témoin absent nécessaire ou non à la manifestation de la vérité. 12 janvier 1832, n.° 12.

Avant de statuer sur les conclusions du ministère public, la cour n'est pas tenue d'interpeller l'accusé, qui présente des observations s'il le juge convenable. 23 juin 1832, n.° 227.

Lorsque la déposition d'un témoin absent est reconnue indispensable, la cour peut ordonner le renvoi de l'affaire à une autre session, quoique le premier témoin ait prêté serment et commencé sa déposition. 26 novembre 1829. S. 1830, p. 113. Voyez notes, art. 406, p. 38, et art. 353, p. 36.

Lorsque des témoins qui n'ont pas répondu à l'appel comparaissent avant la clôture des débats, ils doivent être entendus avec prestation de serment, 30 juin 1837, n.° 195, — 17 septembre 1836, n.° 302; — quoique leur déposition écrite ait été lue en vertu du pouvoir discrétionnaire. 29 mars 1832, n.° 113.

Voyez, à la page 63, plusieurs arrêts relatifs à des témoins refusant de prêter serment ou de déposer.

316. Le témoin qui a assisté à la déposition d'un témoin précédent n'en doit pas moins être entendu avec prestation de serment (19 août 1819, n.° 97); nonobstant l'opposition de l'accusé. 23 avril 1835, n.° 149. — Il ne peut résulter de cette circonstance qu'un moyen de discussion contre la déclaration des témoins, discussion dont le jury apprécie la gravité. 2 avril 1840. D. 1840, p. 405.

Le président peut, en vertu de l'article 316, tenir les témoins enfermés dans leur chambre, pendant la suspension de l'audience. 23 avril 1840, n.° 116. — Pas de nullité parce que des témoins sont sortis de leur chambre pour se rafraîchir. 12 septembre 1835, n.° 357.

CHAPITRE 6.

EXAMEN.—PENDANT L'EXAMEN, FACULTÉ DE PRENDRE DES NOTES, 328 (p. 58). — INTERROGATOIRE DE L'ACCUSÉ; SI UN ACCUSÉ A ÉTÉ ÉLOIGNÉ DE L'AUDITOIRE, NÉCESSITÉ DE LUI RENDRE COMPTE DE CE QUI A ÉTÉ DIT OU FAIT EN SON ABSENCE, 327 (p. 58). — OBLIGATION D'ENTENDRE SUCCESSIVEMENT LES TÉMOINS PRODUITS PAR LE PROCUREUR GÉNÉRAL, PAR LA PARTIE CIVILE ET PAR L'ACCUSÉ, EN FINISSANT PAR LES TÉMOINS A DÉCHARGE, 324, 321 (p. 58). — FACULTÉ DE S'OPPOSER 1.° A L'AUDITION DES TÉMOINS NON NOTIFIÉS DANS LES DÉLAIS OU NOTIFIÉS INEXACTEMENT, 315 (p. 58); 2.° A L'AUDITION DES PARENTS AU DEGRÉ PROHIBÉ ET DES DÉNONCIATEURS SALARIÉS, 322 (p. 60). — AVIS A DONNER AU JURY RELATIVEMENT AUX DÉNONCIATEURS NON SALARIÉS, 323 (p. 60). — OBLIGATION D'ENTENDRE, SANS PRESTATION DE SERMENT, LES CONDAMNÉS PRIVÉS DU DROIT DE TÉMOIGNER, CODE PÉNAL, ART. 28, 34, 42 (p. 60); ET LES ENFANTS AGÉS DE MOINS DE QUINZE ANS, 79 (p. 60). — FORMULE DU SERMENT A PRÊTER PAR LES TÉMOINS QUI, APRÈS AVOIR DIT LEURS NOMS, PRÉNOMS, ETC., DÉPOSENT ORALEMENT, 317 (p. 62); SANS INTERPELLER LES AUTRES TÉMOINS, 325 (p. 62); ET SANS ÊTRE INTERROMPUS, 319 (p. 64). — DROIT POUR L'ACCUSÉ DE DIRE CONTRE LES TÉMOINS CE QUI EST UTILE A LA DÉFENSE; FACULTÉ DE QUESTIONNER LES TÉMOINS, 319 (p. 64); ET APRÈS LEUR DÉPOSITION DE LES ENTENDRE DE NOUVEAU, SOIT EN PRÉSENCE LES UNS DES AUTRES, SOIT SÉPARÉMENT, 326 (p. 64). — FACULTÉ DE FAIRE TENIR NOTE DES DIFFÉRENCES ENTRE LES DÉCLARATIONS ORALES ET CELLES ÉCRITES, 318 (p. 64). — REPRÉSENTATION DES PIÈCES DE CONVICTION AUX TÉMOINS ET AUX ACCUSÉS, 329 (p. 66). — OBLIGATION POUR LES TÉMOINS DE RESTER DANS L'AUDITOIRE, 320 (p. 66). — MESURES A PRENDRE SI, D'APRÈS LES DÉBATS, UNE DÉPOSITION PARAIT FAUSSE, 330, 331 (p. 66). — FACULTÉ D'ENTENDRE DES TÉMOINS EN VERTU DU POUVOIR DISCRÉTIONNAIRE, 269 (p. 68). — CIRCONSTANCES DANS LESQUELLES IL FAUT, A PEINE DE NULLITÉ, DONNER LECTURE AU JURY DES DÉPOSITIONS ÉCRITES DE TÉMOINS NON COMPARANTS, 477, 512 (p. 68). — DÉCISIONS RELATIVES A DIVERS MOYENS D'INSTRUCTION, TELS QUE DÉPOSITIONS ÉCRITES ET AUTRES DOCUMENTS DE LA PROCÉDURE, PIÈCES NOUVELLEMENT PRODUITES, EXPERTISE, PLAN ET DESCENTE DE LIEUX, PAGES 70 ET 71.

328. Pendant l'examen, les jurés, le procureur général et les juges pourront prendre note de ce qui leur paraîtra important, soit dans les dépositions des témoins, soit dans la défense de l'accusé, pourvu que la discussion n'en soit pas interrompue.

327. Le président pourra avant pendant ou après l'audition d'un témoin, faire retirer un ou plusieurs accusés, et les examiner séparément sur quelques circonstances du procès; mais il aura soin de ne reprendre la suite des débats généraux qu'après avoir instruit chaque accusé de ce qui sera fait en son absence, et de ce qui en sera résulté.

324. Les témoins produits par le procureur général ou par l'accusé seront entendus dans le débat, même lorsqu'ils n'auraient pas préalablement déposé par écrit, lorsqu'ils n'auraient reçu aucune assignation, pourvu, dans tous les cas, que ces témoins soient portés sur la liste mentionnée dans l'article 315.

321. Après l'audition des témoins produits par le procureur général et par la partie civile, l'accusé fera entendre ceux dont il aura notifié la liste, soit sur les faits mentionnés dans l'acte d'accusation, soit pour attester qu'il est homme d'honneur, de probité, et d'une conduite irréprochable.

Les citations faites à la requête des accusés seront à leurs frais, ainsi que les salaires des témoins cités, s'ils en requièrent; sauf au procureur général à faire citer à sa requête les témoins qui lui seront indiqués par l'accusé, dans le cas où il jugerait que leur déclaration pût être utile pour la découverte de la vérité.

315. Voyez le texte de cet article à la page 56.

327. Il appartient au président d'apprécier l'ordre dans lequel il doit être procédé aux interrogatoires et aux plaidoyers. 4 septembre 1841. D. 1841, p. 436.

Le président pourra demander à l'accusé tous les éclaircissements qu'il croira nécessaires à la manifestation de la vérité. Les juges, le procureur général et les jurés auront la même faculté en demandant la parole au président. La partie civile ne pourra faire de questions à l'accusé que par l'organe du président. Art. 319, p. 64. — Quant à la représentation à l'accusé des pièces de conviction, voyez art. 329, p. 66.

Il y a nullité lorsque le procès-verbal des débats fait mention des réponses des accusés (art. 372). 2 janvier 1840, n.° 2.

Un juré peut demander que l'un des accusés soit éloigné de l'autre, à cause de l'influence qu'il pourrait exercer. La demande de ce juré tend à l'éclaircissement de la vérité, et ne peut être considérée comme une manifestation de son opinion. 6 février 1840, n.° 46.

L'obligation imposée par cet article au président de la cour d'assises de rendre compte à un accusé, hors la présence duquel un autre accusé ou un témoin auront été examinés, de ce qui se sera fait en son absence, et de ce qui en sera résulté, est, à l'égard de cet accusé, substantielle pour l'exercice de sa légitime défense et pour la publicité du débat; d'où il suit que son inexécution entraîne une nullité radicale. 17 septembre 1829, n.° 221. — 10 mars 1831, n.° 46.

Cet article doit être entendu en ce sens que le président n'est obligé de donner connaissance à l'accusé de ce qui s'est passé pendant son absence qu'après que celui-ci a subi son interrogatoire. S'il en était autrement, la faculté donnée au président par l'article 327 serait inutile et dérisoire.. 18 avril 1833, n.° 143. — 16 juin 1836, n.° 195.

Jugé qu'on avait agi régulièrement dans les deux espèces suivantes: Dans la première (10 janvier 1833. J. P.), le président s'étant aperçu, aussitôt après avoir clos les débats, qu'il avait omis de rendre compte à l'accusé de ce qui s'était fait en son absence, avait rouvert les débats, et après avoir rempli la formalité omise et demandé à l'accusé s'il n'avait rien à ajouter à sa défense, il avait prononcé de nouveau la clôture des débats. — Dans la deuxième espèce (21 janvier 1841, n.° 18), l'omission ayant été reconnue dans le cours des dépositions, la cour avait annulé les débats et ordonné qu'ils seraient recommencés après que la formalité omise aurait été accomplie.

L'art. 327 n'est pas limitatif du nombre d'accusés qu'il autorise le président à faire retirer de l'audience, ni du nombre de témoins qu'il l'autorise à faire entendre en l'absence des accusés. 28 mars 1829, n.° 69.

Le président, s'il est fatigué par la longueur des débats, peut charger l'un des membres de la cour de rendre compte aux accusés de ce qui s'est passé en leur absence. 26 mai 1826. S. 1827, p. 177.

Il est satisfait au vœu de la loi, si le témoin entendu en l'absence des accusés, répète ensuite sa déposition en leur présence. 24 avril 1840. D. 1840, p. 413. — Lorsqu'en l'absence d'un accusé, on a lu l'interrogatoire d'un autre accusé, la lecture de cet interrogatoire faite de nouveau après la rentrée de l'accusé dans l'auditoire, satisfait à ce qui est prescrit par l'article 327. 22 juin 1820, n.° 92.

Le procès-verbal doit constater à peine de nullité que le président a satisfait à l'obligation à lui imposée par la dernière disposition de l'article 327. 2 juillet 1835, n.° 263.

324. Lorsqu'un témoin a été produit par l'une des parties, le président des assises et la cour d'assises elle-même ne peuvent, sans motifs légitimes, le rejeter du procès. 29 septembre 1842, n.° 250.

Un témoin produit par le procureur général et dont le nom n'a pas été porté sur la liste notifiée à l'accusé n'en est pas moins acquis aux débats, et ne peut dès lors être entendu qu'avec prestation de serment, si l'accusé ne s'est pas opposé à son audition. 3 novembre 1836, n.° 358. — Voyez les notes de l'article 315, p. 57.

Il est loisible au ministère public et à l'accusé de renoncer à l'audition d'un témoin dont la déposition leur paraît superflue. 6 novembre 1840. D. 1841, p. 133.

La Cour n'est pas tenue, à peine de nullité d'entendre tous les témoins à charge et à décharge, surtout lorsque l'accusé ne réclame pas leur audition. 18 mars 1826, n.° 51. — Elle peut écarter l'audition de ceux dont elle juge que les dépositions ne sont propres qu'à prolonger les débats sans utilité pour la manifestation de la vérité. 19 avril 1821, n.° 64. Aucune disposition de loi ne prescrit, à peine de nullité, l'audition de tous les témoins. 23 février 1843, n.° 42.

On peut entendre comme témoins: le magistrat qui a participé à l'instruction. 23 janvier 1835, n.° 30. 9 janvier 1840, n.° 11; des individus précédemment accusés et acquittés de l'accusation même sur laquelle ils sont appelés en témoignage; 29 mars 1832, n.° 113; des personnes qui, plus tard, déposeront sur un autre chef d'accusation reproché à l'accusé. 21 septembre 1837, n.° 285. — 15 mai 1840, n.° 133. — On peut entendre des témoins sur des faits relatifs à un procès criminel sur lequel l'accusé a été acquitté précédemment. En agissant ainsi, la cour a évidemment pour but d'éclairer le jury sur la moralité de l'accusé. 28 avril 1838, n.° 116.

321. Il n'est pas nécessaire, à peine de nullité, que les témoins à décharge soient entendus les derniers. 6 mai 1824. D. T. 12, p. 603. — Ils doivent prêter serment comme les témoins à charge; l'article 317 est général dans ses dispositions. 16 janvier 1812, n.° 10.

Les témoins à décharge dont les noms n'ont pas été notifiés, doivent être entendus avec prestation de serment, si le ministère public ne s'oppose pas à leur audition. 7 juin 1839, n.° 182.

Lorsque des témoins à décharge n'ont pas été entendus, il y a, dans le silence du procès-verbal, présomption légale que l'accusé a renoncé à leur audition. 22 janvier 1841, n.° 19.

315. Voyez les notes de cet article à la page 57.

322. Ne pourront être reçues les dépositions :

1.° du père, de la mère, de l'aïeul, de l'aïeule, ou de tout autre ascendant de l'accusé, ou de l'un des accusés présents et soumis au même débat;

2.° des fils, fille, petit-fils, petite-fille, ou de tout autre descendant;

3.° des frères et sœurs ;

4.° des alliés aux mêmes degrés;

5.° des dénonciateurs dont la dénonciation est récompensée pécuniairement par la loi.

Sans néanmoins que l'audition des personnes ci-dessus désignées puisse opérer une nullité, lorsque, soit le procureur général, soit la partie civile, soit les accusés, ne se sont pas opposés à ce qu'elles soient entendues.

323. Les dénonciateurs autres que ceux récompensés pécuniairement par la loi pourront être entendus en témoignage; mais le jury sera averti de leur qualité de dénonciateurs.

Code pénal. 28. La condamnation à la peine des travaux forcés à temps, de la détention, de la réclusion ou du bannissement, emportera la dégradation civique.

La dégradation civique sera encourue du jour où la condamnation sera devenue irrévocable, et, en cas de condamnation par contumace, du jour de l'exécution par effigie.

Code pénal. 34. La dégradation civique consiste .... 3 ° dans l'incapacité de déposer en justice autrement que pour y donner de simples renseignements.

Code pénal. 42. Les tribunaux jugeant correctionnellement pourront, dans certains cas, interdire......... 8.° l'exercice du droit de témoignage en justice, autrement que pour y faire de simples déclarations.

79. Les enfants de l'un et de l'autre sexe, au-dessous de l'âge de 15 ans, pourront être entendus par forme de déclaration et sans prestation de serment.

322. La prohibition de l'art. 322 ne peut être entendue au-delà des degrés de parenté et d'alliance qui y sont déterminés. 13 janvier 1820, n.° 6.

L'art. 322 n'établit pas de distinction entre les enfants légitimes et les enfants naturels. 19 septembre 1832. D. 1833, p. 70. L'époux de la sœur de la femme de l'accusé n'est pas beau-frère de l'accusé. 16 mars 1821, n.° 50. — L'oncle de l'accusé peut être entendu; il n'est pas compris dans les exceptions de l'art. 322. 13 janvier 1820, n.° 6. — Le neveu n'est pas compris dans les prohibitions de l'art. 322. 23 janvier 1835, n.° 30.

Aucune disposition de loi ne fait cesser d'une manière absolue l'alliance par le décès, sans enfants, de la personne qui l'avait produite. 10 octobre 1839. B. de 1840, n.° 245.—10 mai 1843, n.° 100, ni par le décès de l'époux qui la formait et des enfants issus du mariage. 10 septembre 1840, n.° 263.

La partie civile, lorsqu'il n'y a pas d'opposition, peut être entendue en qualité de témoin, tout comme le dénonciateur salarié auquel elle est assimilée. 28 novembre 1844, n.° 383. — Antérieurement, on avait jugé que la partie civile ne peut être entendue en témoignage contre l'accusé; que nul ne peut être dans la même affaire témoin et partie, principe d'ordre public et substantiel à la défense. 28 décembre 1838, n.° 389. — 30 mars 1839, n.° 168. — 23 février 1843, n.° 42. — Voyez relativement à l'intervention de la partie civile, les notes de l'article 67, p. 55.

Devant une cour saisie par renvoi, on peut entendre celui qui, *pendant les débats*, s'était porté partie civile devant la première cour, son intervention ne devant plus être considérée comme subsistante, tout ayant été anéanti par la cassation. 11 novembre 1841. D. 1842, p. 106.

Le plaignant qui ne s'est pas constitué partie civile peut être entendu comme témoin. 15 novembre 1833, n.° 454. — 1.er septembre 1832, n.° 340.

On peut entendre des témoins qui rapportent les dires des personnes que la loi ne permet pas d'entendre à cause de leur parenté. 30 mai 1818, n.° 68.

L'accusé peut s'opposer à l'audition des témoins repoussés par l'article 322 jusqu'au moment où ils vont commencer leurs dépositions. Peu importe que ces témoins aient déjà prêté serment et qu'antérieurement l'accusé ait consenti à leur audition. 15 septembre 1831, n.° 223.

L'arrêt qui, dans une affaire jugée à huis clos, ordonne qu'un témoin ne sera pas entendu, doit être prononcé publiquement. Voyez les notes de l'article 408, p. 37.

323. Le simple plaignant ne peut pas être assimilé au dénonciateur, de la qualité duquel l'art. 223 veut que le jury soit averti. 12 janvier 1828, n.° 8. — 30 avril 1835, n.° 161. — Voyez au code les articles 30 et 31.

L'avertissement que le témoin est un dénonciateur n'est pas prescrit à peine de nullité. 24 décembre 1840, n.° 364. La cour ne fait qu'user de son droit en décidant qu'un témoin ne doit pas être considéré comme dénonciateur. 11 novembre 1830, n.° 247.

28. Code pénal. L'individu condamné à une peine afflictive ou infamante, et qui n'a point été réhabilité, ne peut déposer avec serment (art. 633). 13 janvier 1838, n.° 13.

L'amnistie rétablit un condamné dans l'exercice des droits dont il aurait été privé par l'article 28. 20 juin 1829, n.° 140.

Le témoin qui s'est pourvu contre l'arrêt qui le prive du droit de témoignage, est *integri status* et doit prêter serment. 20 janvier 1844, n.° 22.

Lorsque, sur l'interpellation du président, un témoin déclare qu'il a subi une peine afflictive et infamante, il peut être entendu sans prestation de serment, sans que l'exactitude de cette déclaration ait été vérifiée, lorsque d'ailleurs elle n'a été contestée par personne. 23 octobre 1840, n.° 314.

Si un individu privé du droit de déposer avec serment cèle son incapacité, et vient, sous la foi du serment, porter contre l'accusé ou en sa faveur un témoignage contraire à la vérité, il se rend coupable du crime de faux témoignage. 29 juin 1843, n.° 164.

L'audition avec serment d'un individu condamné à une peine afflictive et infamante n'entraîne pas de nullité, si l'audition a eu lieu sans opposition de la part de l'accusé. 13 octobre 1832, n.° 414.

Si, par erreur, on a entendu, sans prestation de serment, un témoin qu'on croyait dégradé civiquement, il faut lui faire réitérer sa déposition avec serment. 7 octobre 1830. D. 1830, p. 12.

Le témoin repris de justice qui refuse de déposer sous la forme de simple renseignement (dans l'espèce, devant le juge d'instruction), doit être condamné à l'amende de l'art. 80. 13 janvier 1838, n.° 15.

79. Il est de principe que les dispositions de cet article s'appliquent aux témoins appelés devant la cour d'assises, comme à ceux cités devant le juge d'instruction; mais cet article ne prononçant pas la peine de nullité, il en résulte que la prestation de serment de la part d'un enfant âgé de moins de quinze ans ne donnerait aucune ouverture à cassation. 16 juillet 1835, n.° 292.

La loi laisse aux présidents la faculté d'entendre avec ou sans serment les enfants de moins de quinze ans, suivant que ces enfants leur paraissent plus ou moins en état d'apprécier toute l'importance du serment; et dans le cas où ils jugent que les enfants ne doivent pas déposer sous la foi du serment, aucun article du code n'oblige ces magistrats à avertir le jury que la déposition ne doit être reçue qu'à titre de simples renseignements. 15 avril 1841, n.° 97.

L'audition, sans prestation de serment, d'un témoin ayant plus de quinze ans, n'entraîne pas nullité, lorsque la déclaration du témoin qu'il avait quatorze ans et demi n'a été contredite par personne, et que l'accusé ne s'est pas opposé à ce que l'audition eût lieu sans serment. 2 septembre 1842, n.° 229.

317. Les témoins déposeront séparément l'un de l'autre, dans l'ordre établi par le procureur-général. Avant de déposer, ils prêteront, à peine de nullité, le serment de parler sans haine et sans crainte, de dire toute la vérité et rien que la vérité.

Le président leur demandera leurs noms, prénoms, âge, profession, leur domicile ou résidence, s'ils connaissaient l'accusé avant le fait mentionné dans l'acte d'accusation, s'ils sont parents ou alliés soit de l'accusé, soit de la partie civile, et à quel degré; il leur demandera encore s'ils ne sont pas attachés au service de l'un ou de l'autre ; cela fait, les témoins déposeront oralement.

325. Les témoins, par quelque partie qu'ils soient produits, ne pourront jamais s'interpeller entr'eux.

SUITE DES NOTES.

L'art. 325 ne défend pas, à peine de nullité, que les témoins s'interpellent entre eux. 11 avril 1817. Bulletin de 1818, n.° 1.

Le procès-verbal doit, à peine de nullité, faire mention de la prestation de serment. 30 juin 1831, n.° 148. — Lorsque l'audition des témoins a eu lieu pendant plusieurs séances, il est indispensable que le procès-verbal de chaque séance fasse mention de la prestation de serment. 11 décembre 1824 n.° 186.

L'énonciation du procès-verbal constatant que les témoins ont prêté le serment ordonné par l'art. 317, et ont rempli les autres formalités qu'il prescrit, est suffisante. 17 octobre 1832, n.° 421.

17 Voyez au décret du 4 mai 1812, art. 5, le cérémonial à observer à l'égard de certains fonctionnaires,
et lorsqu'ils comparaissent comme témoins.
25. S'il y a lieu de nommer un interprète, voyez les articles 332 et 333, p. 46.

La peine de nullité n'est pas attachée à la disposition ordonnant d'entendre les témoins séparément l'un de l'autre. 16 avril 1818, n.° 52. (Dans l'espèce, il y avait utilité d'entendre deux témoins à la fois.)

L'interversion de l'ordre établi par le procureur général peut être nécessaire pour la manifestation de la vérité, et ne saurait donner ouverture à cassation. 22 juin 1820, n.° 92.—15 septemb. 1843, n.° 245.

Il n'y aurait pas nullité parce que le témoin, avant de prêter serment, aurait déclaré ses nom, prénoms, âge, etc. 26 avril 1838, n.° 111.

Tout témoin acquis au procès, qui n'a pas été écarté du débat par arrêt de la cour d'assises, doit prêter serment. 30 juin 1831, n.° 148. — Voyez les notes des articles 315 et 354, p. 57, et de l'article 324, p. 59.

Aucune disposition de loi n'exige qu'en prêtant le serment prescrit, le témoin lève la main droite. 8 octobre 1840, n.° 299. — Un témoin peut déposer armé. 6 juin 1836, n.° 195.

La formule du serment prescrit par l'art. 317 est sacramentelle, et l'omission d'une partie de cette formule opère une nullité radicale. 11 octobre 1838, n.° 328.

L'erreur, par suite de laquelle un témoin a été affranchi du serment, peut être réparée avant la clôture des débats, en faisant déposer de nouveau le témoin avec prestation de serment. 9 mai 1833, n.° 181.

Les témoins qui ne consentent à prêter serment qu'en obtenant l'autorisation d'un tiers, doivent être écartés des débats comme ne jouissant pas de toute leur liberté. 15 décembre 1832, n.° 501.

La promesse de secret garantie sous serment, hors le cas de l'art. 378 du code pénal, n'est jamais un motif de refuser à la justice les révélations qu'elle demande dans l'intérêt de la société. 8 mai 1828, n.° 193.

Des témoins, qui professent une autre religion que celle de l'état, peuvent demander à être admis au serment selon le rit établi par leur culte, mais s'ils prêtent le serment en la forme ordinaire ; sans réclamation de leur part, il est pleinement satisfait au vœu de l'art. 317. 19 mai 1826, n.° 101.

Un prêtre n'est pas tenu de révéler ce qu'il a appris par la confession. 30 nov. 1810. D. T. 11, p. 18.

L'obligation de l'avocat de ne pas révéler les faits venus à sa connaissance dans l'exercice de sa profession, est d'ordre public. 11 mai 1844, n.° 170.—Même décision à l'égard des avoués. 18 juin 1835, n.° 241.—Mais les avocats (14 septembre 1827. S. 1828, p. 391) et les avoués (18 juin 1835, n.° 241) peuvent être obligés à prêter serment, si la cour restreint leur déposition aux faits qu'ils ont appris autrement que dans l'exercice de leurs fonctions.

La dispense établie par la jurisprudence pour les avocats et les avoués, mesure toute exceptionnelle en faveur du droit sacré de la défense, ne peut être étendue aux notaires que leur profession n'appelle pas à défendre l'accusé. 23 juillet 1830, n.° 195.

L'art. 378 du code pénal ne dispense pas les médecins et les autres personnes qu'il désigne, de déposer des faits à leur connaissance ; l'art. 378 n'a pour objet que de punir les révélations indiscrètes, et non celles jugées utiles dans l'intérêt de la société 23 juillet 1830, n.° 195.

Le médecin ne peut se refuser à déposer, sous prétexte que le fait sur lequel on l'interroge est venu à sa connaissance dans l'exercice de sa profession ; mais il en est autrement quand le fait lui a été confié sous le sceau du secret auquel il est astreint à raison de sa profession. 26 juillet 1845.

Si un témoin refuse, soit de prêter serment, soit de déposer, voyez l'article 355, page 56.

Les interpellations au témoin prescrites par le 2.° alinéa de l'art. 317 ne sont point ordonnées à peine de nullité. 30 mai 1839, n.° 168.

Le but du législateur, en prescrivant de demander aux témoins s'ils sont parents, etc., a été que la Cour et le jury fussent avertis du degré de confiance qu'il convient d'accorder à ces témoins dont la déposition peut n'être pas toujours impartiale, mais son intention n'a pas été de priver la justice de témoignages souvent nésessaires à la manifestation de la vérité. 5 octobre 1833, n.° 427.

Lorsqu'un témoin déclare qu'il est parent des accusés sans pouvoir dire à quel degré, il y a présomption qu'il n'est pas parent au degré prohibé, et il doit prêter serment. 17 octobre 1836, n.° 349.

Avant l'audition d'un témoin, il n'est pas permis de lire sa déclaration écrite ; ce serait prévenir ou diriger la conviction des jurés et des juges, et cette conviction ne doit se former que sur les débats et sur ce qui est verbalement déclaré devant eux. D'un autre côté la déclaration des témoins doit être orale, spontanée, et indépendante de toute l'influence que pourrait exercer, sur l'esprit craintif d'un témoin, la déposition écrite qu'il aurait faite précédemment. S'il peut devenir nécessaire de donner lecture des dépositions écrites, cette lecture ne peut être donnée qu'après l'émission de la déposition orale, et comme moyen de comparaison, ainsi que l'indique l'article 318. 7 avril 1836, n.° 108.

Lorsqu'un témoin s'est aidé, en déposant, d'une note écrite, l'art. 317 n'est pas violé si la cour, après que cette note a été jointe aux pièces, a fait recommencer la déposition. 12 avril 1839, n.° 123.

Les dépositions doivent, à peine de nullité, être libres et spontanées ; et il n'en est pas ainsi lorsqu'un témoin suspect de faux témoignage a rétracté sa déclaration, après avoir, du consentement du président, conféré avec le défenseur. 29 janvier 1841, n.° 31.

Il n'y a pas violation des articles 263, 264 et 267, si le président étant malade, mais ayant toujours conservé la direction des debats, le plus jeune des assesseurs, à cause de l'indisposition du plus ancien, a lu aux témoins la formule du serment et leur a fait des questions 17 décembre 1836. D. 1837, p. 485. — Voyez aussi 12 octobre 1843, n.° 263.

319. Après chaque déposition, le président demandera au témoin si c'est de l'accusé présent qu'il a entendu parler ; il demandera ensuite à l'accusé s'il veut répondre à ce qui vient d'être dit contre lui.

Le témoin ne pourra être interrompu.

L'accusé ou son conseil pourront le questionner par l'organe du président, après sa déposition, et dire tant contre lui que contre son témoignage tout ce qui pourra être utile à la défense de l'accusé.

Le président pourra également demander au témoin et à l'accusé tous les éclaircissements qu'il croira nécessaires à la manifestation de la vérité.

Les juges, le procureur général et les jurés auront la même faculté, en demandant la parole au président. La partie civile ne pourra faire de questions soit aux témoins, soit à l'accusé, que par l'organe du président.

326. L'accusé pourra demander, après qu'ils auront déposé, que ceux qu'il désignera se retirent de l'auditoire, et qu'un ou plusieurs d'entr'eux soient introduits et entendus de nouveau, soit séparément, soit en présence les uns des autres.

Le procureur général aura la même faculté.

Le président pourra aussi l'ordonner d'office.

318. Le président fera tenir note, par le greffier, des additions, changements ou variations qui pourraient exister entre la déposition d'un témoin et ses précédentes déclarations.

Le procureur général et l'accusé pourront requérir le président de faire tenir les notes de ces changements, additions et variations.

319. Le président n'est pas tenu, à peine de nullité, de demander au témoin si c'est de l'accusé présent qu'il a entendu parler. 20 avril 1838, n.° 107.

L'article 270 faisant un devoir de rejeter tout ce qui tendrait à prolonger inutilement les débats, le président remplit une obligation en invitant le témoin à se renfermer dans l'accusation et à écarter les faits qui lui sont étrangers. 18 septembre 1829, n.° 226.

La question de savoir si la déposition d'un témoin sera interrompue, pour donner lecture de pièces émanées de ce témoin, rentre dans l'exercice du pouvoir discrétionnaire. Si donc il y a des conclusions à cet égard, la Cour doit déclarer que c'est au président à statuer. 14 février 1835, n.° 59. — Un témoin peut être autorisé par le président à donner lecture, pendant sa déposition, d'une lettre qui lui a été adressée. 22 janvier 1840, n.° 19.

Il appartient au président d'apprécier l'utilité et la convenance des questions que l'accusé veut adresser aux témoins. 28 novembre 1844, n.° 383. — Ce n'est que sur l'insistance de l'avocat que, le ministère public entendu, il y a nécessité pour la cour de rendre un arrêt. 1.er octobre 1829, n.° 246.

C'est à la cour d'assises qu'il appartient, en cas de difficultés, de juger si la question que veut faire l'accusé est utile ou inutile à sa défense. Le législateur l'a voulu ainsi, afin d'éviter que, sous le prétexte de la défense, l'accusé ne se livrât à des reproches contre les témoins, ou à des investigations de leur conduite qui, n'ayant aucun rapport avec les faits de l'accusation, pourraient dégénérer contre eux en diffamation ou en injure. 22 septembre 1827, n.° 244.

Le président peut se refuser à questionner un témoin sur la moralité d'un autre témoin; et, sur les conclusions de l'accusé, la Cour use de son droit en décidant que la question ne sera pas adressée au témoin, attendu qu'elle n'est pas de nature à faciliter la manifestation de la vérité. 14 avril 1837. D. 1837, p. 512. Ce débat entre des témoins pourrait dégénérer en récriminations réciproques et distraire de l'objet de l'accusation. 5 octobre 1832. D. 1834, p. 385.

L'allégation d'un fait portant atteinte à l'honneur d'un citoyen faite par un témoin dans sa déposition, lorsque cette allégation se rapporte soit aux faits qui ont donné lieu à l'instruction, soit à des circonstances relatives à cette instruction, ne peut motiver une plainte en diffamation, mais une plainte en faux témoignage s'il y échet. 1.er juillet 1825, n.° 125.

Si l'accusé dans ce qu'il dit contre le témoin et contre sa déposition, sort des bornes d'une légitime défense, la cour d'assises a le droit, en vertu de l'article 181, de prononcer, sur la réquisition du ministère public ou sur celle du témoin outragé, les peines et les dommages-intérêts qui peuvent être encourus. 23 août 1838, n.° 287. — Voyez notes de l'art. 505, p. 33.

Le président remplit un devoir en interrompant le défenseur qui se livre à des allégations diffamatoires contre un témoin à charge, sans utilité pour la défense. 28 décembre 1837. D. 1838, p. 429. — Il appartient à la cour d'assises de prononcer les peines de la loi contre les excès d'une défense injurieuse ou diffamatoire qui n'aurait pas été justifiée par la nécessité de combattre les charges résultant des dépositions des témoins. 11 août 1820, n.° 113. — Voyez notes de l'art. 311, p. 51.

De la combinaison des articles 319, 268 et 270, il résulte que c'est au président qu'il appartient d'apprécier si les observations que le défenseur veut présenter aux jurés, après l'audition d'un témoin, sont de nature à être proposées à ce moment même, où doivent être ajournées au moment où la défense de l'accusé sera présentée. 21 octobre 1835, n.° 402.

Les témoins peuvent être interrogés sur des faits non portés à l'acte d'accusation, mais propres à éclairer les jurés sur la moralité de l'accusé. 28 avril 1838, n.° 116. — 15 mai 1840. n.° 133.

Les jurés peuvent adresser aux témoins toutes les questions qu'ils croient utiles à la manifestation de la vérité, lors même que ces questions ne ressortiraient ni des débats, ni de l'instruction écrite. Le défenseur ne serait pas fondé à en conclure, devant la cour de cassation, qu'il y a eu de la part du jury communication contrairement à l'article 312. 22 mars 1839. D. 1839, p. 397.

Aucune disposition de la loi n'interdit au magistrat du ministère public d'adresser pendant les débats des questions aux accusés sur les faits relatifs à l'accusation. 13 mars 1836, n.° 146.

L'énonciation du procès-verbal constatant que le président a rempli, à l'égard des témoins, les dispositions de l'article 319, est suffisante. 17 octobre 1832, n.° 421.

326. Il y a nullité, si, l'accusé ayant requis qu'un témoin se retirât de l'auditoire pendant la déposition d'un autre, rien ne constate que la Cour ait statué ou que le témoin ait rendu tout arrêt inutile, en se retirant volontairement. 1.er juillet 1814. J. P.

318. Les dispositions de l'article 318 ne sont pas prescrites à peine de nullité; elles donnent seulement le droit au procureur général et à l'accusé de requérir le président de faire tenir note de ces changements, additions ou variations. 27 mars 1834, n.° 102. Il n'y a lieu de faire tenir note qu'autant qu'il y a des variations entre les dépositions écrites et les dépositions orales. 11 avril 1817. J. P. — L'article 318 donne nécessairement aux accusés le droit de lire les dépositions écrites, de manière à établir les variations. 19 août 1819, n.° 90. — Si des difficultés s'élèvent relativement à l'exercice du droit conféré par l'art. 318, c'est à la cour d'assises de statuer. 19 août 1819, n.° 90.

Il y aurait nullité, d'après l'art. 372, si le procès-verbal contenait la substance des dépositions de témoins non entendus dans l'instruction écrite. 6 janvier 1838, n.° 8. — 10 avril 1835, n.° 135.

La prohibition de l'article 372 ne met pas obstacle à l'exercice du droit qu'a le ministère public de faire constater au procès-verbal, sans être tenu d'en articuler les motifs, tout fait ou toute déposition qui lui paraît pouvoir servir de base à une action ultérieure. 12 décembre 1840, n.° 350.

329. Dans le cours ou à la suite des dépositions, le président fera représenter à l'accusé toutes les pièces relatives au délit et pouvant servir à conviction; il l'interpellera de répondre personnellement s'il les reconnaît: le président les fera aussi représenter aux témoins, s'il y a lieu.

320. Chaque témoin, après sa déposition, restera dans l'auditoire, si le président n'en a ordonné autrement, jusqu'à ce que les jurés se soient retirés pour donner leur déclaration.

330. Si, d'après les débats, la déposition d'un témoin paraît fausse, le président pourra sur la réquisition, soit du procureur général, soit de la partie civile, soit de l'accusé, et même d'office, faire sur le champ mettre le témoin en état d'arrestation. Le procureur général, et le président ou l'un des juges par lui commis, rempliront à son égrad, le premier les fonctions d'officier de police judiciaire; le second, les fonctions attribuées aux juges d'instruction dans les autres cas.

Les pièces d'instruction seront ensuite transmises à la cour royale, pour y être statué sur la mise en accusation.

331. Dans le cas de l'article précédent, le procureur général, la partie civile ou l'accusé pourront immédiatement requérir, et la cour ordonner, même d'office, le renvoi de l'affaire à la prochaine session.

329. **L'interpellation que le président doit faire à l'accusé de déclarer s'il reconnait les pièces de conviction,** n'est pas une formalité prescrite à peine de nullité. 2 avril 1840, n.° 101.

Il y aurait nullité, si, sur la demande de l'accusé, le président ne lui représentait pas les pièces de conviction. 1.er octobre 1829, n.° 246.

Le procès-verbal peut contenir la substance des réponses de l'accusé à l'interpellation prescrite par l'article 329 sans violer la prohibition de l'article 372. 13 octobre 1843, n.° 265.

La représentation des pièces de conviction aux témoins est, comme l'indique la note *s'il y a lieu,* purement facultative pour le président; mais l'accusé a le droit de conclure à ce que cette représentation soit faite à chaque témoin, et dans ce cas le président est tenu d'obtempérer à la demande de l'accusé. 7 janvier 1842. D. 1842, p. 159.

Si les formalités prescrites par les articles 35, 38, 39 et 89 du code d'instruction criminelle, relativement aux pièces de conviction, n'ont pas été remplies, l'accusé peut s'opposer à leur production dans le débat comme pièces de conviction. 25 mai 1839. D. 1839, p. 403. Mais ces pièces peuvent être placées sous les yeux des jurés qui sont mis en situation d'avoir seulement tel égard que de raison à cette nature de preuves. 8 février 1838, n.° 38.

Aux débats, on peut faire tel usage des pièces de conviction que peuvent le prescrire les nécessités imprévues de l'instruction orale. 17 janvier 1839, n.° 24.

La reconnaissance d'une pièce de conviction par un témoin est une partie essentielle de sa déposition, et ne peut avoir lieu qu'après que ce témoin a prêté serment. 18 mars 1841. D. 1841, p. 208.

Une pièce de conviction relative à un vol qui n'est pas compris dans l'accusation peut être, à titre de renseignement, mise sous les yeux des jurés. 20 juillet 1837. D. 1838, p. 400.

320. La circonstance que des témoins sont sortis, sans la permission du président, ne peut donner ouverture à cassation. 23 avril 1835. D. 1835, p. 294.

Un témoin a pu être autorisé à se retirer avant la clôture des débats, si cette permission ne lui a été accordée qu'après sa déposition orale et du consentement de l'accusé. 7 avril 1827, n.° 79.

330. Le témoin, qui dépose seulement par forme de renseignement, ne peut jamais être poursuivi et puni comme faux témoin. 28 avril 1831, n.° 96.

En droit on ne peut considérer, comme constituant le crime de faux témoignage, la déposition contraire à la vérité faite volontairement par un témoin devant une cour d'assises, s'il a rétracté cette déposition avant la clôture des débats. En effet, les différentes parties d'une déposition forment un tout indivisible qui ne peut être considéré comme complet et recevoir la qualification légale de témoignage, qu'autant qu'il est devenu irrévocable, c'est-à-dire lorsque les débats de l'affaire à laquelle cette déposition se rapporte, ont été définitivement clos; parce qu'en rétractant une déclaration mensongère avant qu'elle ait porté à la société ou à l'accusé un préjudice irréparable, le témoin, par son retour à la vérité, a volontairement arrêté les conséquences funestes que sa déposition fausse aurait pu avoir. Il serait aussi difficile que dangereux d'examiner si cette rétractation a été l'effet de la crainte des peines portées par la loi contre le faux témoignage, ou si elle a été le résultat d'un remords salutaire ou de souvenirs recueillis et coordonnés avec plus de maturité et de réflexion; et il suffit que la rétractation de la fausse déclaration ait été faite en temps utile pour que le crime de faux témoignage n'existe pas. 19 avril 1839, n.° 129. — Le faux témoin n'est plus admis à rétracter sa déclaration, après que l'affaire a été renvoyée à une autre session. 18 mars 1841, n.° 69.

L'article 330 n'accorde qu'au président le droit de statuer sur l'arrestation d'un témoin, soit d'office, soit sur les demandes à lui adressées. 23 avril 1840, n.° 116. — S'il y a des conclusions prises relativement à l'arrestation d'un témoin, la cour doit décider qu'attendu la compétence exclusive du président, elle n'a point à prononcer. 30 mai 1818, n.° 68.

Lorsque le ministère public a requis l'arrestation d'un témoin, le président n'est pas tenu d'interpeller à cet égard l'accusé, à qui il est loisible de prendre la parole sur cet incident. 22 janvier 1840, n.° 19.

Le président peut ordonner qu'un témoin suspect de faux témoignage sera gardé à vue par la gendarmerie jusqu'à la fin des débats. 28 décembre 1838, n.° 391. — 11 avril 1840, n.° 111.

Le président, après avoir ordonné à l'audience la mise en surveillance d'un témoin dans l'enceinte du palais, peut, dans l'intervalle de deux audiences, et pour assurer la surveillance, ordonner le dépôt de ce témoin à la maison d'arrêt. 23 avril 1840, n.° 116.

Le président peut, en vertu du pouvoir discrétionnaire, donner lecture de l'interrogatoire subi depuis son arrestation par le témoin suspecté de faux témoignage. 31 septembre 1841. D. 1842, p. 122.

Lorsqu'un témoin est arrêté comme suspect de faux témoignage, sa déclaration doit être retenue au procès-verbal de la séance, conformément à l'article 372.

Un témoin suspect de faux témoignage ne peut, avant de signer sa déposition, être autorisé par le président à conférer secrètement avec le défenseur. 29 janvier 1841, n.° 31. (Dans l'espèce, le témoin avait rétracté en partie ce qu'il avait dit à la décharge de l'accusé.)

L'accusé est sans motifs pour se plaindre de l'irrégularité de l'acte par lequel le président a révoqué la mise en arrestation d'un témoin. 28 mars 1829.. D. 1829, p. 201.

331. Le renvoi d'une affaire à une autre session fondé sur l'existence d'un faux témoignage est purement facultatif. 10 mai 1839, n.° 153. — Si l'affaire est renvoyée à la session suivante, la priorité appartient à l'accusation de faux témoignage. 20 mai 1813, n.° 107.

269. Le président pourra, dans le cours des débats, appeler, même par mandat d'amener, et entendre toutes personnes, ou se faire apporter toutes nouvelles pièces qui lui paraîtraient, d'après les nouveaux développements donnés à l'audience, soit par les accusés, soit par les témoins, pouvoir répandre un jour utile sur le fait contesté.

Les témoins ainsi appelés ne prêteront point serment, et leurs déclarations ne seront considérées que comme renseignements.

477. (Lorsqu'on juge un contumace repris) si, pour quelque cause que ce soit, des témoins ne peuvent être produits aux débats, leurs dépositions écrites et les réponses écrites des autres accusés du même délit seront lues à l'audience : il en sera de même de toutes les autres pièces qui seront jugées par le président être de nature à répandre la lumière sur le délit et les coupables.

512 Dans l'examen devant le jury, les dépositions (celles des personnes qui se seront dispensées de comparaître comme témoins, voyez décret du 4 mai 1812 et code art. 510 à 517) seront lues publiquement aux jurés et soumises aux débats, sous peine de nullité.

269. Lorsqu'on entend des témoins en vertu du pouvoir discrétionnaire, on agit régulièrement en les prévenant qu'ils ne sont entendus qu'à titre de renseignement, qu'en conséquence ils ne prêtent pas serment, mais qu'ils n'en doivent pas moins dire toute la vérité. 16 juillet 1835, n.° 292.

Le président ne peut, en vertu du pouvoir discrétionnaire, faire entendre des témoins que dans le cours des débats. 27 février 1834, n.° 60. — Il peut faire entendre des témoins jusqu'à la clôture des débats. 1.er février 1839. J. P. 1840. Tome 1.er, p. 200.

Lorsqu'après les plaidoiries, le président fait entendre un témoin en vertu du pouvoir discrétionnaire, il faut, à peine de nullité, que l'accusé ou son conseil soient mis en demeure de s'expliquer sur cette nouvelle déclaration. 9 avril 1835, n.° 134.

L'article 269 autorise le président à faire entendre aux débats toutes personnes. Cette expression est générale, indéfinie, et comprend dès-lors la faculté de faire entendre même tous ceux qui d'après l'article 322 ne peuvent être admis comme témoins. 29 mars 1832, n.° 114. — 29 mai 1840, n.° 152. Ainsi le président peut faire entendre la belle-sœur et le beau-frère de l'accusé (29 mars 1832, n.° 114); — Les enfants de l'accusé (27 mars 1828, n.° 94. — 27 avril 1838, n.° 115); — La femme de l'accusé (4 novembre 1830, n.° 245); — La partie civile (20 avril 1838, n.° 107); Le juré non tombé au sort, alors même que le tirage n'a eu lieu que sur une liste de 30. 10 octobre 1839. J. P. 1840, t. 1.er, p. 14; Des personnes qui auraient assisté aux débats et entendu la déposition de tous les témoins. 18 février 1830, n.° 48; Des personnes dont la Cour aurait défendu l'audition avec prestation de serment. 15 septembre 1831, n.° 223.

Si le président fait entendre, en vertu de l'article 269, un témoin dont l'audition a été défendue après la prestation de serment, il doit prévenir les jurés que cette déposition ne doit être considérée que comme renseignement et sans égard au serment déjà prêté. 4 avril 1833, n.° 123.

Un témoin acquis au procès ne peut être entendu en vertu du pouvoir discrétionnaire, à moins que, pour un motif légitime, il n'ait été écarté du débat par arrêt de la cour d'assises. 22 mai 1835, n.° 198. — 17 mai 1844, n.° 173.

On peut entendre, en vertu de l'article 269, un témoin à l'audition duquel le procureur général a renoncé. 5 janvier 1844, n.° 2. — Il en serait autrement, si la renonciation à l'audition avait eu lieu à cause de l'absence du témoin. 17 mai 1844, n.° 173; voyez notes, article 354, p. 57.

Lorsqu'un des hauts fonctionnaires, désignés au décret du 4 mai 1812, se dispense de comparaître, si ce refus n'a donné lieu à aucun incident contentieux, et si personne n'a demandé l'exécution de l'article 4 du décret et des articles 512 et 516 du code, le fonctionnaire n'est pas acquis à la cause comme témoin, et il peut être plus tard entendu en vertu du pouvoir discrétionnaire. 13 octobre 1832, n.° 414. — Voyez une espèce jugée le 29 octobre 1842, n.° 250.

Le président, en demandant aux jurés s'ils désirent qu'il appelle des témoins indiqués dont lui-même juge leur audition inutile, ne subordonne pas à leur réponse l'exercice de son pouvoir discrétionnaire. 13 octobre 1832, n.° 414.

Lorsque l'appel d'un témoin en vertu de l'article 269 donne lieu à des conclusions, la cour se conforme aux règles de compétence en déclarant que la contestation rentre dans l'exercice du pouvoir discrétionnaire. 17 août 1821, n.° 155. — 26 mai 1842. D. 1842, p, 384.

Le président, lorsqu'il refuse de faire entendre un témoin en vertu de l'article 269, n'est pas obligé de donner des motifs; le pouvoir discrétionnaire s'exerce sans contrôle, ni partage. 16 janvier 1836, n.° 19. — Le président, après avoir ordonné l'audition d'un témoin, peut ensuite décider que l'audition n'aura pas lieu. 17 août 1821, n.° 155.

Si le ministère public requiert la position d'une question à une personne entendue en vertu pouvoir discrétionnaire et si l'accusé s'y oppose, il y a là un débat contentieux que le président ne peut seul résoudre, et c'est à la Cour de statuer. 27 juin 1833. D. 1833, p. 381.

La déclaration d'une personne entendue en vertu du pouvoir discrétionnaire ne peut avoir l'autorité d'une déposition, puisqu'elle est dépourvue de la sanction que la loi a attachée à l'audition de témoins, et puisqu'en cas de réticence dans sa déclaration ladite personne ne peut être poursuivie pour faux témoignage. 4 avril 1833, n.° 123.

La prestation de serment d'un témoin entendu en vertu du pouvoir discrétionnaire n'entraîne pas cassation, lorsqu'elle a lieu sans opposition de la part de l'accusé. 2 mai 1840, n.° 125.

477. La loi prescrit cette lecture pour remplacer les déclarations orales qu'auraient faites les témoins et les co-accusés s'ils eussent été présents aux débats; elle la considère comme un des éléments dont la connaissance est absolument nécessaire à l'accusé pour établir sa défense, et au ministère public pour justifier l'accusation. Ainsi cette formalité est substantielle, et le procès-verbal doit, à peine de nullité, en constater l'accomplissement. 26 juillet 1832, n.° 284. — 17 mai 1838, n.° 128.

L'obligation de lire les dépositions des témoins qui, pour quelque cause que ce soit, ne peuvent être produits aux débats, ne doit s'entendre que des témoins qui, ayant déposé dans l'instruction, seraient ensuite appelés aux débats à la requête de l'une des parties, et n'auraient pu y comparaître pour un motif quelconque. 10 mai 1843, n.° 101.

Il y a nullité, si l'interrogatoire d'un co-accusé n'a pas été lu à l'audience. 24 juin 1843, n.° 161.

512. Les dépositions écrites dont il s'agit dans l'article 512, ont dû être reçues avec prestation du serment de l'article 317. Voyez arrêt du 29 septembre 1842, n.° 250.

DÉPOSITIONS ÉCRITES ET AUTRES DOCUMENTS DU DOSSIER.

Le président peut, en vertu de l'article 268, ordonner la lecture de toutes les pièces propres à favoriser la manifestation de la vérité. 29 juin 1833, n.° 249. — Lorsque le président ordonne la lecture d'une pièce en vertu du pouvoir discrétionnaire, il n'est pas astreint à avertir les jurés que cette communication ne leur est faite qu'à titre de renseignement. 16 janvier 1836, n.° 18. — 26 avril 1838, n.° 111. — La lecture d'une déposition ordonnée en vertu du pouvoir discrétionnaire peut être faite par le ministère public. 1.er juillet 1837. D. 1838, p. 177.

Lorsque la lecture d'une pièce a eu lieu avec l'autorisation du président, elle doit être considérée comme ayant eu lieu en vertu du pouvoir discrétionnaire. 24 juillet 1841, n.° 219.

En principe, sauf l'exception portée en l'article 477, les déclarations écrites des témoins ne doivent pas être lues à l'audience; c'est d'après le débat oral que le jury doit former sa conviction, et c'est conformément à cette règle qu'aux termes de l'art. 341 les déclarations écrites ne doivent pas être remises aux jurés lors de leur délibération. 30 juillet 1836, n.° 253.

Cependant le président peut, en vertu du pouvoir discrétionnaire que lui confère l'article 268, ordonner la lecture de la déposition d'un témoin comparant qui a déjà déposé oralement. 24 avril 1840, n.° 118. L'accusé et le ministère public peuvent donner lecture des dépositions écrites des témoins comparants pour faire ressortir les contradictions avec les dépositions orales. Ce droit résulte pour eux de l'art. 318 (page 64). 11 août 1819, n.° 90.

Quant à la lecture de la déposition écrite d'un témoin non comparant, elle ne peut avoir lieu qu'en vertu du pouvoir discrétionnaire; c'est au président seul que la loi remet le soin de juger s'il est utile à la manifestation de la vérité de déroger à la règle du débat oral dans lequel le jury doit puiser sa conviction. 24 décembre 1835, n.° 469. — Le président peut, en vertu du pouvoir discrétionnaire, faire lire les dépositions d'un témoin non comparant, fût-ce le fils de l'accusé (26 mai 1831. S. 1831, p. 361), Mais le président ne peut, sous peine de nullité, donner lecture d'une déposition insérée au procès-verbal de débats antérieurs annulés par un arrêt de la cour de cassation; l'effet de la cassation étant de remettre l'accusé dans l'état où il était auparavant, et de rendre nuls, comme non avenus, lesdits débats et ce qui s'en est suivi. 10 juin 1841, n.° 172.

Il y a nullité si la lecture de la déposition écrite d'un témoin absent ou décédé a lieu en vertu d'un arrêt de la Cour; c'est un empiètement sur les attributions du président, une violation de la compétence. 24 décembre 1835, n.° 469.

Il y aurait nullité lors même que l'arrêt eût été rendu avec l'adhésion de l'accusé, par suite d'un pacte avec le ministère public, pour que l'affaire ne fût pas renvoyée à une autre session. 22 septembre 1831, n.° 231. — 13 juin 1839, n.° 188.

S'il était pris des conclusions relativement à la lecture de la déposition écrite d'un témoin non comparant, la Cour, après avoir entendu l'accusé et le ministère public, devrait décider qu'elle n'a point à statuer, le président seul pouvant, d'après l'article 268, décider si la pièce en question sera ou ne sera pas lue. — Voyez art. 268, page 34.

Jugé que le ministère public peut, sans autorisation du président, donner lecture de la déposition écrite d'un témoin non comparant, lorsque l'accusé et le défenseur ne s'y opposent pas. 9 juillet 1840, n.° 199. Fût-ce même une déclaration faite dans une affaire autre que celle dont la Cour est saisie. 7 février 1833, n.° 43.

Documents écrits de la procédure, autres que les dépositions. — Le président peut, en vertu de l'article 268, donner lecture de l'interrogatoire d'un accusé décédé avant les débats. 4 novembre 1830, n.° 245. — De l'interrogatoire du père de l'accusé, co-prévenu dans l'origine, et, depuis, élargi. 10 avril 1828, n.° 101. — Il peut faire lire des lettres missives existant au dossier. 28 mars 1833, n.° 116. — 13 octobre 1832, n.° 414.

Les documents écrits du dossier, autres que les dépositions, étant des pièces qui, d'après l'article 341, doivent être mises sous les yeux des jurés, il en résulte que le ministère public et l'accusé ont le droit d'en faire usage. Jugé en conséquence que le ministère public et l'accusé peuvent lire les interrogatoires des co-accusés qui sont ou ont été en cause, et tirer de ces pièces de la procédure tel argument qu'ils aviseront 28 décembre 1838. D. 1839; p. 136. — Même décision relativement à l'interrogatoire du frère de l'accusé, prévenu, mis hors d'accusation. 27 juin 1823, n.° 74.

PIÈCES NOUVELLEMENT PRODUITES.

Le président est investi, par l'art. 269, du droit d'ordonner l'apport de toutes nouvelles pièces pouvant répandre un jour utile sur l'affaire.

L'art. 269 n'oblige pas le président de prévenir les jurés que les documents nouvellement produits ne doivent être considérés que comme renseignements. 2 juillet 1841. D. 1841, p. 418.

S'il est fait une demande à fin d'apport de pièces, la cour d'assises doit décider qu'au président seul est dévolue l'appréciation de cette demande ainsi que la faculté discrétionnaire d'y faire droit. 15 mai 1840, n.° 133. — Voyez 268 et 269, p. 34.

Le président peut ordonner l'apport de lettres missives. Jugé implicitement le 28 mars 1833, n.° 116. — L'art. 37, qui autorise la saisie de papiers pouvant servir à conviction ou à décharge, ne distingue pas entre les lettres missives et les autres papiers. — 13 octobre 1832, n.° 414.

Le président peut, en vertu du pouvoir discrétionnaire, ordonner la lecture de notes trouvées sur un témoin à décharge. 17 mars 1842, n.° 64.

Le président peut, en vertu de son pouvoir, donner lecture de la déposition faite par un témoin, dans une affaire autre que celle soumise à la cour d'assises. 15 novembre 1843, n.° 291.

Le président peut donner lecture : de la déclaration faite par le jury dans un autre procès intenté à l'accusé, 7 janvier 1836, n.° 5; — d'un arrêt rendu contre l'accusé. — 28 mars 1829, n.° 69.

Lorsque, dans une accusation de faux, un témoin annonce avoir en sa possession un billet écrit par l'accusé, le président peut, en vertu de son pouvoir, inviter le témoin à déposer le billet; et, si l'écriture est déniée par l'accusé, le billet peut être joint au dossier et mis sous les yeux des jurés, non comme pièce de comparaison conformément à l'art. 456, mais comme document utile à la conviction des jurés. 2 avril 1831, n.° 72.

Le maître clerc d'un notaire qui ne comparaît ni comme témoin, ni en vertu du pouvoir discrétionnaire, n'a aucun caractère légal pour être introduit dans l'auditoire et être admis à déposer une nouvelle pièce. 30 décembre 1830, n.° 253.

Lorsqu'une pièce nouvelle est produite dans la cause, il faut que l'accusé soit mis à même de la discuter et de la combattre. 30 décembre 1830, n.° 255.

Jugé que le ministère public, l'accusé et la partie civile, peuvent, sans nullité malgré le défaut d'autorisation du président, donner lecture d'un document ne faisant pas partie du dossier (dans l'espèce, une déposition extraite d'une autre procédure), lorsqu'il n'y a pas eu d'opposition à cette lecture. 17 février 1843, n.° 35.

Les certificats délivrés aux accusés peuvent être lus à l'audience, lorsque ces certificats sont de nature à contribuer à l'éclaircissement de la vérité. — Cour d'assises de Rennes, 11 novembre 1824. J. P.

Le procureur général peut, avec l'autorisation du président, donner lecture d'une lettre écrite par un procureur du roi, lettre contenant des documents contre l'accusé. 24 juillet 1841, n.° 219.

Voyez plusieurs décisions rapportées à l'art. 335, page 73, et à l'art. 329, page 67, un arrêt concernant la production de pièces de conviction relatives à un vol non compris dans l'accusation.

EXPERTISE.

Serment des experts. — Les experts..... prêteront serment de faire leur rapport et de donner leur avis en leur honneur et conscience. Art. 44.

Le pouvoir discrétionnaire du président lui attribue le droit de faire faire une expertise. (Dans l'espèce, une vérification d'écriture.) 5 février 1819, n.° 17.

L'expert appelé aux débats en vertu du pouvoir discrétionnaire ne doit pas prêter le serment de l'art. 44. L'interdiction de serment de l'article 269 porte tout aussi bien sur celui prescrit par l'article 44, que sur celui déterminé par l'article 317. 16 janvier 1836, n.° 19. — 29 mai 1840, n.° 152.

Mais il n'y a pas nullité si l'expert appelé en vertu du pouvoir discrétionnaire prête le serment de l'article 44. 22 décembre 1831, n.° 325. 4 novembre 1836, n.° 363.

Lorsqu'il y a des conclusions prises, la cour, après avoir entendu l'accusé et le ministère public, peut ordonner une expertise et par suite l'audition d'experts aux débats. C'est un incident sur lequel il lui appartient de statuer. 12 janvier 1833, n.° 13. — 17 janvier 1839, n.° 24.

L'expert, appelé aux débats par suite d'un arrêt de cour d'assises qui a ordonné une vérification, doit, à peine de nullité, prêter le serment prescrit par l'article 44. 27 décembre 1834, n.° 421. — 19 janvier 1827, n.° 12.

L'expert qui, sous la foi du serment de témoin, a rendu compte des vérifications dont il a été chargé dans le cours de l'instruction écrite, doit, à peine de nullité, prêter le serment de l'article 44, lorsqu'aux débats il vient à être chargé par la cour d'une nouvelle expertise. 4 septembre 1840, n.° 251. — Le double serment garantit la sincérité de ses dépositions comme témoin, et la fidélité de ses opérations comme expert. 13 août 1835, n.° 318.

Le médecin cité comme témoin doit seulement prêter le serment de l'article 317, quelles que soient les questions qui puissent lui être adressées et les réponses qu'il puisse faire pendant les débats. 16 janvier 1836, n.° 19. — On ne doit prêter le serment de l'article 44 que lorsqu'on est appelé par la cour à procéder à une expertise. 21 août 1835, n.° 325.

D'après l'article 383, il y a nullité si un juré de jugement fait une expertise. 22 mai 1819, n.° 62.

Aucune disposition de loi n'interdit soit à un témoin, soit à un juré qui ne fait pas partie du jury de jugement, de procéder à une expertise ordonnée dans le cours des débats. 29 août 1833, n.° 344.

Les nouveaux experts peuvent être autorisés à conférer avec les anciens. 21 juillet 1843, n.° 188.

La communication des experts avec quelques témoins n'est pas interdite à peine de nullité. 3 février 1843, n.° 24.

On ne saurait étendre à une expertise ordonnée à l'audience comme une nécessité du débat, les règles ordinaires qui s'appliquent à la vérification d'écritures et dont la stricte observation serait inconciliable avec la rapidité de cette instruction supplétive. 12 janvier 1833, n.° 13.

On peut faire aux débats tel usage des pièces de conviction que peuvent le prescrire les nécessités imprévues de l'instruction orale. 17 janvier 1839, n.° 24. (Dans l'espèce, le président avait autorisé l'expert à détacher un fragment de l'enveloppe qui fermait l'une des pièces de conviction.)

Le rapport d'experts suivant la législation criminelle actuelle, n'est autre chose qu'un simple document destiné à éclairer la religion du jury. 2 avril 1831, n.° 72.

PLAN ET DESCENTE DE LIEUX.

Plan. — Le président peut, en vertu du pouvoir discrétionnaire, ordonner la confection d'un plan. 26 juin 1828. J. P.

Le président peut soumettre aux jurés le plan qu'il a dressé lui-même pour s'aider dans la direction des débats. (Dans l'espèce, l'exactitude du plan avait été reconnue par l'accusé. 26 juin 1828. S. 1828, p. 252.

Un plan des lieux dressé par l'officier du ministère public peut, en vertu du pouvoir discrétionnaire, être mis sous les yeux des jurés. (Dans l'espèce, l'accusé et son conseil avaient pris connaissance du plan et avaient déclaré ne pas s'opposer à la communication.) 22 juillet 1842. D. 1842, p. 427.

La cour d'assises peut décider qu'un plan, dont la communication est offerte par l'accusé, ne sera pas soumis aux jurés, comme ne présentant pas, pour certains motifs exprimés dans l'arrêt, une garantie suffisante d'exactitude. 29 mars 1832, n.° 114.

Descente de lieux. — Le président peut, en vertu du pouvoir discrétionnaire, ordonner une descente de lieux, pourvu que le transport s'effectue avec toutes les conditions requises pour la constitution de la cour d'assises et pour l'observation du principe de la publicité. 23 mars 1843, n.° 65.

L'arrêt d'une cour qui, en statuant sur les conclusions d'un accusé, déclare qu'il n'y a lieu à ordonner une descente sur les lieux, doit être motivé aux termes de l'art. 7 de la loi du 20 avril 1810. 15 janvier 1829. D. 1829, p. 109

Une cour d'assises, en se transportant avec les jurés, l'accusé et son défenseur, dans une cour attenant au palais, et en y procédant publiquement à des opérations jugées nécessaires à la manifestation de la vérité, et en revenant ensuite dans le lieu de ses séances, ne viole aucune loi. 22 mai 1834, n.° 156.

Mais il y aurait violation du droit de la défense si les jurés, même avec l'autorisation du président et entourés de la garde pour empêcher toute communication, s'étaient transportés seuls hors de l'audience pour se livrer à des vérifications que l'accusé n'aurait pas été mis en situation de combattre. 25 septembre 1828; n.° 279

CHAPITRE 7.

335. A la suite des dépositions des témoins, et des dires respectifs auxquels elles auront donné lieu, la partie civile ou son conseil et le procureur général seront entendus, et développeront les moyens qui appuient l'accusation.

L'accusé et son conseil pourront leur répondre.

La réplique sera permise à la partie civile et au procureur général, mais l'accusé ou son conseil auront toujours la parole les derniers.

Le président déclarera ensuite que les débats sont terminés.

336. Le président résumera l'affaire.

Il fera remarquer aux jurés les principales preuves pour et contre l'accusé.

Il leur rappellera les fonctions qu'ils auront à remplir.

Il posera les questions ainsi qu'il sera dit ci-après.

335. Il appartient au président d'apprécier l'ordre dans lequel il doit être procédé aux plaidoyers. 4 septembre 1841. D. 1841, p. 436.

Dans les causes importantes et ardues, les avocats généraux communiqueront au procureur général les conclusions qu'il se proposent de donner. Ils feront aussi cette communication dans toutes les affaires dont le procureur général voudra prendre connaissance. — Art. 48 du décret du 6 juillet 1810.

Dans son réquisitoire le ministère public doit parler en homme juste et impartial; l'intérêt public doit constamment présider à ses démarches comme à ses discours; une conduite passionnée lui est principalement interdite. — Instruction du 29 septembre 1791.

La loi n'ordonne pas de traduire à l'accusé le réquisitoire du ministère public. 29 février 1844, n.° 69. — Voyez toutefois un arrêt rapporté, p. 47, art. 332.

Une cour d'assises peut interdire une défense en vers. — 13 juin 1834. S. 34, p. 482.

La distribution d'écrits pour la défense des accusés devant la cour d'assises serait contraire au débat oral, principe fondamental de la juridiction criminelle. 11 août 1820, n.° 113. Voyez notes, art. 406, p. 39.

Des paroles prononcées par un accusé dans sa défense peuvent constituer un délit que la Cour, d'après l'art. 181, a le droit de punir sans désemparer. 27 février 1832, n.° 19. Voyez notes, art. 505, p. 33.

Une cour d'assises peut interdire à un défenseur d'entrer dans des discussions générales de droit, étrangères aux attributions du jury. 20 mars 1831. D. 1831, p. 218.

L'art. 270 autorise le président à ne pas permettre au défenseur de lire des articles de journaux relatifs à des décisions portées par le jury dans des affaires étrangères à celles en discussion. 28 août 1829, n.° 202.

Le défenseur contrevient aux prescriptions des articles 342 et 311, s'il fait connaître aux jurés la peine que l'accusé encourt. 18 février 1831, n.° 31. — Les jurés ne doivent pas se préoccuper de la peine ; et la loi, en les appelant à déclarer s'il existe des circonstances atténuantes, n'a pas changé la nature de leurs attributions. 25 mars 1835. D. 1836, p. 246.

Le défenseur a le droit de donner lecture d'une consultation qu'il a demandée à des médecins, sauf au ministère public à la combattre et au président des assises à appeler les signataires en vertu de son pouvoir discrétionnaire. 20 juillet 1826, n.° 141.

Voyez pages 70 et 71, pour l'usage que peut faire le défenseur des documents écrits faisant partie de la procédure et des pièces nouvellement produites.

L'article 335 n'impose pas au président l'obligation d'interpeller l'accusé avant de prononcer la clôture des débats pour savoir de lui s'il n'a rien à ajouter à sa défense. 16 juin 1836, n.° 195.

Le président peut, de sa seule autorité, rouvrir les débats qu'il avait déclarés clos, lorsqu'aucun contentieux ne s'est élevé à cette occasion. 26 août 1841. D. 1841, p. 435. — 19 avril 1838, n.° 103. — Si des conclusions sont prises à ce sujet, c'est à la Cour de statuer. 30 août 1817, n.° 81.

336. L'objet du résumé est de réduire l'affaire à ses points les plus simples, de faire remarquer aux jurés les principales preuves produites pour et contre l'accusé, d'éclairer le jury, de fixer son attention et de guider son jugement sans gêner sa liberté. Instruction du 29 septembre 1791.

Si les débats ont eu lieu à huis clos, il faut, à peine de nullité, que le procès-verbal établisse que les portes de la salle d'audience ont été rouvertes avant le résumé du président, lequel est extrinsèque aux débats et reste soumis à la règle de la publicité. 26 mai 1831, n.° 118. — 22 juin 1839, n.° 202.

Le résumé est le complément nécessaire de l'accusation et de la défense, et son omission produit une nullité radicale. 14 octobre 1831, n.° 254. — 8 janvier 1836, n.° 7. — Il n'y a pas de résumé et par conséquent il y a nullité, si, à cause de son état de souffrance, le président se borne à inviter les jurés à rappeler dans leurs souvenirs les impressions qu'ont produites sur eux les moyens de l'accusation et ceux de la défense. 14 octobre 1831, n.° 254.

L'article 336 s'en remet à la conscience du président sur la forme et le fond de son résumé. 28 avril 1838, n.° 116. — Le président, devant faire remarquer les principales preuves pour et contre l'accusé, doit suppléer aux omissions de l'accusation et de la défense. 29 août 1844, n.° 303 — Il n'y a pas violation de la loi parce que le président s'est livré à une appréciation personnelle des charges de l'accusation. 22 juin 1839, n.° 204. — 28 mars 1845, n.° 116.

Le président peut faire remarquer aux jurés que la peine n'est pas celle indiquée par le défenseur, et il peut dire quelle est cette peine. 10 septembre 1835, n.° 354.

En principe, le résumé ne peut être interrompu par aucune réclamation. Lorsqu'il est terminé, il ne peut être présenté d'observations que dans la seule circonstance où le président aurait énoncé des faits nouveaux. Dans ce cas, l'accusé ou le ministère public seraient fondés à conclure à ce que les débats fussent rouverts et continués quant aux faits sur lesquels ils n'avaient pas été mis à même de présenter leurs moyens. 22 juin 1839, n.° 204. — Après les explications, le président déclare les débats définitivement terminés et résume de nouveau l'affaire. 27 mars 1834, n.° 102. — Voyez ci-dessus notes dernières, art. 336.

Les interruptions faites au résumé du président ou les conclusions contre ce résumé peuvent avoir, d'après les circonstances, un caractère d'irrévérence et même d'injure qui donne lieu à l'application de peines disciplinaires. 28 avril 1820, n.° 59.

Aucune loi n'exige que l'on traduise à l'accusé le résumé du président. 29 février 1844, n.° 69.

Il suffit que le procès-verbal constate que le président a fait le résumé. 8 janvier 1836, n.° 7. — Et qu'il a posé les questions. 3 mai 1834. D. 1834, p. 434.

POSITION DES QUESTIONS.

337. La question résultant de l'acte d'accusation sera posée en ces termes : l'accusé est-il coupable d'avoir commis tel vol ou tel autre crime, avec toutes les circonstances comprises dans le résumé de l'acte d'accusation ?

NOTES SUR L'ARTICLE 337.

Liberté laissée au président, N.° 1. — C'est l'arrêt de renvoi qui règle la position des questions, N.° 2. — Il faut demander si l'accusé est coupable d'avoir, etc., N. 3. — Observation relative à la date du crime, N.° 4. — Il faut poser les questions en fait et non en droit, N.° 5. — Il faut poser des questions séparées pour chaque fait principal et pour chaque circonstance aggravante ; questions complexes, N.° 6. — Distinction des circonstances aggravantes et des circonstances constitutives, N.° 7. — Faculté de diviser une question en plusieurs paragraphes qui deviennent autant de questions, N.° 8. — Droit pour l'accusé et pour le ministère public de faire des observations sur la position des questions, N.° 9.

1. L'article 337 n'est qu'indicatif de la manière dont les questions doivent en général être soumises au jury. 12 mars 1831, n.° 50.

Les présidents ont le droit de poser les questions qui sont soumises au jury dans l'ordre qu'ils jugent le plus utile à la manifestation de la vérité et au triomphe de la justice ; et il ne saurait résulter de la classification par eux adoptée une ouverture à cassation, lorsqu'ils se sont renfermés dans les limites de l'acte d'accusation et des débats. 8 avril 1830, n.° 96.

Il n'est pas nécessaire que les questions soient posées dans les termes mêmes de l'acte d'accusation ; il suffit qu'elles soient rédigées de manière à soumettre à la déclaration du jury le fait qui sert de base à l'accusation avec toutes les circonstances qui s'y rattache nt. 14 février 1817, n.° 11.

Il faut que les questions soumises au jury reproduisent toutes celles résultant de l'arrêt de renvoi. 15 mars 1838, n.° 67. — A moins que la cour n'étant saisie que par un arrêt de renvoi de cassation, il n'y ait, sur certains faits, une déclaration acquise à l'accusé. 5 août 1833.

2. Si, devant la cour d'assises, les questions soumises au jury sont puisées dans le résumé de l'acte d'accusation, c'est parce qu'il doit être exactement conforme à l'arrêt de renvoi qui le constitue et saisit la cour d'assises ; il suit de là que lorsque ces deux actes diffèrent dans des points importants, c'est l'arrêt de renvoi qui doit déterminer la position des questions. 1.er septembre 1836, n.° 289.

D'après l'article 271, le procureur général ne peut porter contre le prévenu aucune autre accusation que celle retenue dans l'arrêt de renvoi. En conséquence, si, dans le résumé de son acte d'accusation, le procureur général ajoute un chef de prévention à celui compris dans l'arrêt de renvoi, le président ne doit pas poser de question relativement à ce chef, ou, s'il le fait, la question doit être posée comme résultant des débats. 22 juin 1832, n.° 223. (Dans l'espèce, à une accusation de complicité par assistance, le procureur général avait ajouté une accusation de recélé.)

Si, dans le dispositif de l'arrêt de renvoi et dans le résumé de l'acte d'accusation, on a omis des circonstances constitutives : les mots *avec connaissance* dans une accusation de complicité (4 janvier 1836, n.° 2), le mot *volontairement* dans une accusation de coups (28 décembre 1827, n.° 321), le président doit rétablir ces circonstances dans les questions.

3. Dans la position des questions, il faut demander au jury si l'accusé est coupable d'avoir fait telle ou telle chose ; c'est la moralité d'un fait et non sa simple matérialité qui le constitue crime ou délit, et le mot *coupable* est une expression complexe qui exprime la moralité d'un fait en même temps que sa matérialité. 13 mars 1826, n.° 95. — 26 janvier 1827, n.° 16. — 4 janvier 1839, n.° 2.

4. Dans la position des questions, le président ne fait qu'user de son droit en changeant la date de l'époque du crime, s'il résulte des débats qu'à cet égard il y a eu erreur dans l'arrêt de renvoi et dans l'acte d'accusation. 19 mai 1831, n.° 113. Ce n'est pas soumettre aux jurés un autre fait que celui pour lequel le prévenu a été mis en accusation. 4 janvier 1836, n.° 2.

On ne saurait imposer à l'accusation la nécessité d'indiquer d'une manière précise l'époque à laquelle un crime a été commis ; c'est souvent impossible. 30 décembre 1830, n.° 258.

5. Il faut poser les questions en fait et non pas en droit. 22 novembre 1830, n.° 250.

Les questions de fait et de moralité du fait sont les seules qui doivent être soumises au jury, et les seules sur lesquelles il soit compétent pour faire sa déclaration. C'est à la cour d'assises qu'il appartient, après la déclaration du jury, de classer le crime ou le délit, dont l'accusé est déclaré coupable, en conformité des principes du droit et d'appliquer par suite la peine fixée par la loi. 3 juillet 1828, n.° 193. — 11 mars 1830. D. 1830, page 164.

Il appartient au jury de statuer sur l'existence matérielle des faits et sur leur moralité. Il appartient à la cour d'assises de décider si les faits et circonstances déclarés par le jury constituent un crime et quelle est sa nature ; une telle appréciation, qui ne peut être faite qu'en se rapportant aux dispositions des lois et conformément à leur véritable sens, est absolument étrangère aux fonctions du jury et au but de son institution. 26 janvier 1827, n.° 17. — 30 avril 1829, n.° 91.

Ainsi on ne peut pas demander si un accusé s'est rendu coupable de faux en écriture de commerce ; cette énonciation ne saurait suppléer l'indication des faits constitutifs de l'écriture commerciale, et ce serait soumettre au jury une question de droit qu'il ne lui appartient pas de décider. 5 janvier 1833, n.° 2.

Dans une accusation d'attentat à la pudeur, la question de savoir si un oncle a autorité sur sa nièce est une question de droit qui ne peut être soumise au jury. Il faut questionner le jury sur l'âge de la nièce et sur les rapports domestiques qui existaient entr'elle et l'accusé. 4 avril 1833. D. 1833, p. 208. — La cour de cassation décide que les circonstances de la préméditation, de l'effraction, de l'escalade, etc., peuvent être posées, soit dans ces propres termes, soit en énonçant les faits qui constituent ces circonstances; ainsi, par exemple, on peut demander si des coups ont été portés avec préméditation, ou bien si l'accusé avait, avant l'action, formé le dessein d'attenter à la personne de.......? — Ce dernier mode, s'il donne plus de travail aux présidents d'assises, a l'avantage d'éviter de véritables discussions de droit devant le jury.

6. Il faut que le président pose des questions séparées pour chaque fait principal, pour chaque circonstance aggravante, résultant de l'accusation et des débats, de même que pour les faits d'excuse ou d'absence de discernement. 13 juillet 1837, n.° 204.

Il résulte des articles 341 et 345 du code d'instruction criminelle et des articles 1, 2 et 3 de la loi du 13 mai 1836, que le président a l'obligation d'interroger distinctement le jury sur le fait principal et sur chacune des circonstances qui l'aggravent. Il doit en être ainsi, puisque d'une part les jurés votent par scrutins secrets d'abord sur le fait principal, ensuite sur chaque circonstance aggravante, et que, d'autre part, la déclaration du jury à la simple majorité sur le fait principal appelle la cour d'assises à délibérer sur la culpabilité, conformément à l'art. 352 rectifié par la loi du 9 septembre 1835. Ce mode de procéder peut seul assurer l'accomplissement du devoir imposé au jury par la loi du 13 mars 1836; dès-lors il est d'ordre public et substantiel de la validité de cette partie de la procédure. 23 septembre 1837, n.° 289. — 4 janvier 1839, n.°° 5 et 8. — 16 janvier 1841, n.° 12.

S'il y a plusieurs accusés, il faut poser des questions distinctes sur la culpabilité de chacun d'eux; cette manière de procéder est substantielle, puisqu'elle est établie comme une garantie contre les erreurs que pourraient entraîner des questions complexes. 21 septembre 1839, n.° 305.

On peut, dans une même question, interroger le jury sur le vol de plusieurs objets, lorsque le détournement en a été pratiqué au même lieu, dans le même moment et à l'aide des mêmes moyens; ce n'est qu'un chef unique d'accusation de vol. 20 avril 1838, n.° 107. — 15 mai 1840, n.° 133.

On ne peut soumettre cumulativement au jury des faits successifs et indépendants les uns des autres. (Dans l'espèce, il s'agissait de plusieurs faits d'usage de pièces fausses, faits accomplis à des jours différents et chez différentes personnes. 30 mars 1839, n.° 108.

Jugé le 24 décembre 1840, n.° 363, qu'il n'y a pas complexité dans la question qui comprend des faits réitérés d'attentats à la pudeur commis pendant un certain laps de temps vis-à-vis de la même personne. p85

On peut, dans la même question, demander si l'accusé s'est rendu coupable d'attentat à la pudeur consommé ou tenté. 11 avril 1840, n.° 111.

On peut, dans la même question, demander sous forme alternative si l'accusé a apposé ou fait apposer une fausse signature au bas d'un acte, puisque la culpabilité de l'accusé est évidemment la même, qu'il se soit servi de sa propre main ou qu'il ait emprunté comme instrument la main d'un autre. 4 septembre 1840, n.° 251.

Tous les caractères de complicité spécifiés dans l'art. 60, constituant également la criminalité, peuvent être réunis dans une seule et même question, sans qu'il en résulte un vice de complexité préjudiciable à l'accusé. 16 avril 1842, n.° 91.

On peut demander si l'accusé a donné ou fait donner des instructions pour commettre un crime. 23 mai 1844, n.° 179.

7. Les circonstances aggravantes sont celles qui, lorsqu'elles sont résolues affirmativement par le jury, exposent l'accusé à une peine plus grave. 15 juin 1842, n.° 183. — Lorsqu'un fait est prévu par la loi pénale, toute circonstance qui entraîne une augmentation de peine est aggravante. 10 mars 1839, n.° 149.

La circonstance est aggravante lorsqu'indépendamment d'elle, le fait principal constitue un fait puni par la loi. 23 septembre 1837, n.° 289.

Les circonstances constitutives sont celles sans l'existence desquelles le fait reproché n'est puni par la loi, ni comme crime, ni comme délit. 4 mars 1842, n.° 48.

Les circonstances aggravantes, comme on l'a vu plus haut, n.° 6, doivent être posées séparément. Quant aux circonstances constitutives, elles doivent être comprises dans le fait principal; car, si l'on détachait du fait principal une circonstance constitutive pour la ranger parmi les circonstances aggravantes, d'une part on dépouillerait ce fait de toute criminalité (et le fait principal doit toujours être punissable soit comme crime, soit comme délit. 22 mars 1821, n.° 40), et, de l'autre, on placerait le jury dans l'impossibilité de se conformer au 4.° paragraphe de l'article 341, et peut-être la cour d'assises elle-même dans l'impossibilité d'user de la faculté que lui donne le 2.° paragraphe de l'art. 352. 28 septembre 1838, n.° 322.

La cour de cassation range encore parmi les circonstances constitutives, certaines circonstances qui, d'après les définitions ci-dessus, pourraient paraître aggravantes: la parenté dans une accusation de parricide (16 juillet 1842, n.° 184), la qualité de nouveau-né dans une accusation d'infanticide (21 août 1840, n.° 237), la qualité de commerçant dans une accusation de faux en écriture de commerce (4 septembre 1840, n.° 251). — Voici les motifs de la cour de cassation: lorsque des circonstances sont présentées par la loi comme éléments constitutifs du crime spécial qu'elle définit, alors elles se confondent dans l'existence de ce crime qu'elles caractérisent, et on ne saurait les en détacher sans changer la nature du fait qui forme l'objet de l'accusation. 16 juillet 1842, n.° 184.

8. Un fait principal peut être divisé en plusieurs questions qui deviennent autant de questions principales; ce dont le jury doit être prévenu, pour qu'il se conforme à l'article 341. Ainsi, dans une accusation d'homicide volontaire, le président peut demander: 1.° si l'accusé est coupable d'avoir volontairement porté des coups; 2.° si ces coups ont causé la mort; 3.° s'ils ont été portés dans l'intention de la donner. 24 juillet 1841, n.° 219. — Dans une accusation de parricide, le président peut poser deux questions, l'une sur l'homicide volontaire, l'autre sur la paternité. 22 septembre 1842, n.° 245.

Une circonstance pourrait aussi être divisée en paragraphes.

9. Le ministère public et les accusés ont le droit de faire des observations sur la position des questions; — ce droit a été accordé par l'art. 376 du code du 3 brumaire an 4, et cet article n'a pas été abrogé explicitement par le nouveau code. 28 avril 1820, n.° 59.

Lorsque, sur la position des questions, il est pris des conclusions, soit verbalement, soit par écrit, il en résulte un contentieux sur lequel il appartient à la cour de statuer après avoir entendu l'accusé et le ministère public. Voyez arrêt du 26 mai 1839, n.° 167. — L'arrêt doit être motivé à peine de nullité. 14 avril 1826, n.° 68. — Il est suffisamment constaté par son insertion au procès-verbal. 20 avril 1838, n.° 107.

338. S'il est résulté des débats une ou plusieurs circonstances aggravantes non mentionnées par l'acte d'accusation, le président ajoutera la question suivante :

L'accusé a-t-il commis le crime avec telle ou telle circonstance.

339. Lorsque l'accusé aura proposé pour excuse un fait admis comme tel par la loi, le président devra, à peine de nullité, poser la question ainsi qu'il suit :

Tel fait est-il constant?

340. Si l'accusé a moins de 16 ans, le président posera, à peine de nullité, cette question :

L'accusé a-t-il agi avec discernement?

338. Le président, qui prévoit que des questions seront posées comme résultant des débats, doit l'annoncer aux accusés, afin de favoriser leur défense. 29 décembre 1832, n.° 523.

L'accusé doit être prêt à se défendre tant sur l'accusation que sur les questions qui peuvent légalement résulter des débats. 26 décembre 1839. Arrêt indiqué dans Dalloz, table de 1842.

On peut poser comme résultant des débats une circonstance aggravante, quoiqu'elle ait été écartée par la chambre d'accusation. 2 janvier 1829, n.° 3. — Mais on ne le pourrait pas si la chambre d'accusation, après avoir reconnu l'existence du fait, avait décidé qu'il ne constituait pas en droit une circonstance aggravante. 11 juin 1841. D. 1841, p. 389.

L'article 338 ne parlant que de circonstances aggravantes, pourrait-on, par exemple, poser comme résultant des débats la question de parenté dans une accusation d'homicide volontaire? La difficulté vient de ce que, la cour de cassation considérant cette circonstance comme constitutive du parricide, ce serait changer la nature du fait, objet de l'accusation. — Voyez n.° 7, p. 75.

On peut poser comme résultant des débats toute question qui, quoique formulant une accusation différente de la première, en ce sens qu'elle est prévue par une autre disposition de la loi, n'est toutefois que la reproduction du fait primitif envisagé sous un autre point de vue et présentant un autre caractère pénal. Ainsi dans une accusation de meurtre, on peut poser une question de coups et blessures portés volontairement et qui ont occasionné la mort sans intention de la donner. 16 mai 1840, n.° 138. — 22 janvier 1840, n.° 19.

Les questions qui se rattachent à des faits compris dans l'accusation, peuvent être proposées si elles résultent des débats, d'après la règle que l'accessoire suit le sort du principal, pourvu que ces questions ne portent pas sur des faits étrangers au fait principal et ne soient qu'une modification de l'accusation formulée par l'arrêt de renvoi, et qu'il n'en résulte pas une accusation différente. 29 décembre 1832, n.° 523. — Une question de complicité (24 septembre 1835, n.° 368); une question de tentative (23 septembre 1830, n.° 222) peuvent être posées comme résultant des débats; ce ne sont que des modifications du crime.

L'article 338 n'est pas limitatif dans ses dispositions, et n'exclut pas la possibilité de poser des questions séparées pour des faits qui, sans être aggravants du fait principal, ressortent soit des débats, soit de l'accusation comme pouvant être détachés du fait principal de l'accusation. 10 décembre 1836, n.° 386. (Jugé dans l'espèce qu'on peut, dans une accusation de viol avec violence, poser comme résultant des débats, la question de coups et blessures.)

Lorsque, relativement à une question subsidiaire, il est pris des conclusions, c'est à la Cour de décider si la question résulte ou non des débats et doit, par suite, être ou n'être pas posée. 26 mai 1839, n.° 167.

Il n'est pas nécessaire que le procès-verbal constate de quelle partie des débats sont résultées les questions posées comme résultant des débats. 15 janvier 1825, n.° 5. — Lorsqu'une question qui n'était pas comprise dans l'accusation, a été posée au jury, il y a présomption légale qu'elle est résultée des débats. 19 septembre 1833. D. 1834, p. 145. — Il suffit que le procès-verbal constate que le président a posé les questions résultant de l'acte d'accusation et des débats. 30 juin 1831. D. 1831, p. 271.

339. Le caractère d'excuse appartient à tout fait qui, d'après les dispositions de la loi, est de nature à atténuer, à modifier ou à supprimer la peine encourue. 8 juin 1839, n.° 211; 5 octobre 1833, n.° 424 (voyez aux articles 100 et 138 du code pénal, des faits d'excuse qui suppriment la peine). — On ne doit pas considérer comme excuses dans le sens de la loi les faits qui anéantissent le délit, qui suppriment la culpabilité, 12 novembre 1841, n.° 322; jugé en conséquence qu'on a pu se refuser à poser une question de démence (même arrêt) ou une question de légitime défense (19 mars 1835, n.° 102); ces questions étant comprises dans celle relative à la culpabilité.

On n'est pas obligé de poser une question, lorsqu'elle ne constitue pas une excuse légale, mais un moyen d'incompétence. 10 août 1828, n.° 275.

Lorsque, relativement à une question d'excuse, il est pris des conclusions, il en résulte un contentieux sur lequel il appartient à la Cour de statuer. 26 mai 1839, n.° 167.

Lorsque la position d'une question d'excuse légale est demandée, la Cour ne peut refuser de la soumettre au jury, quoique le fait allégué ne résulte pas du débat, 28 juillet 1839, n.° 211; — quelqu'incomplète que soit la rédaction de la question d'excuse proposée par la défense, 2 mai 1833, n.° 171; — quelqu'ait été le langage de l'accusé à une autre époque des débats. 31 mars 1842, n.° 74.

Le ministère public a le droit de requérir la position d'une question d'excuse. 28 juillet 1839, n.° 211, malgré l'opposition formelle de l'accusé, 6 juillet 1826, n.° 135. Mais dans ce dernier cas, la Cour peut refuser de poser la question si elle n'en reconnait, ni la nécessité, ni l'opportunité. 16 mars 1844. S. 1844, p. 320. — Après la lecture de la déclaration du jury, une question d'excuse ne peut plus être posée. 16 juin 1820. J. P.

340. La solution de la question de l'âge de l'accusé rentre dans les attributions du jury. 4 mai 1839, n.° 145. Dans le doute sur l'âge, il faut demander au jury 1.° si l'accusé avait moins de 16 ans à l'époque de l'action; 2.° s'il a agi avec discernement (même arrêt). — Lorsqu'il n'y a aucune incertitude sur l'âge, on se borne à demander si l'accusé, âgé de moins de 16 ans à l'époque de l'action, a agi avec discernement.

L'arrêt qui rejette la demande de l'accusé tendant à une question de discernement, doit être motivé. 14 octobre 1826.. J. P.

CHAPITRE 8.

RENSEIGNEMENTS POUR LA POSITION DES QUESTIONS DANS LES ACCUSATIONS CI-APRÈS. (*Et de quibusdam aliis.*)

[N]OTA. F. P. veut dire *fait principal*, et C. A. *circonstance aggravante.* — Les petits chiffres à côté des articles en désignent le paragraphe.

[O]n indiquera d'abord les formules pour la tentative et la complicité, afin de n'avoir pas à y revenir.

	Code pénal	
		TENTATIVE.
TENTATIVE.	2, 3.	F. P. *N... est-il coupable d'avoir, à telle époque, dans tel endroit, tenté de etc..., tentative manifestée par un commencement d'exécution, et qui n'a été suspendue ou n'a manqué son effet que par des circonstances indépendantes de la volonté de son auteur?*
		NOTE. Les circonstances indiquées dans l'art. 2 du code pénal sont constitutives de la criminalité de la tentative, et doivent, à peine de nullité, être énoncées dans la question. 23 juin 1827, n.° 153. — La loi n'ayant pas défini les circonstances formant le commencement d'exécution, en a confié l'appréciation à la conscience des jurés. 28 juillet 1828, n.° 145. — L'omission dans la question des mots *qui n'a été suspendue* n'entraîne pas de nullité (à cause de l'alternative). 10 juillet 1845, n.° 228.
		COMPLICITÉ.
COMPLICITÉ par provocations ou instructions.	59, 60[1].	F. P. *N... est-il coupable d'avoir, par dons, promesses, menaces, abus d'autorité ou de pouvoir, machinations ou artifices coupables, provoqué à l'action, ou d'avoir donné des instructions pour la commettre?*
		NOTES. Une simple provocation sans aucune des circonstances déterminées par la loi ne constitue pas la complicité. 3 septembre 1812, n.° 200. — Les artifices doivent être qualifiés coupables, 27 octobre 1815, n.° 60; le mot *machination* présente par lui-même une prévention suffisante de culpabilité. 15 mars 1816. J. P. — Dans la question, il n'est pas nécessaire d'exprimer que les instructions ont été données frauduleusement. 21 août 1845, n.° 264. — Voyez notes ci-dessous, n.° 5.
Par fournitures d'armes.	59, 60[2].	F. P. *N... est-il coupable d'avoir procuré des armes, des instruments ou tout autre moyen qui a servi à l'action, sachant qu'ils devaient y servir?* — Voyez notes ci-dessous, n.° 5.
Par aide ou assistance.	59, 60[3].	F. P. *N... est-il coupable d'avoir, avec connaissance, aidé ou assisté l'auteur ou les auteurs de l'action dans les faits qui l'ont préparée ou facilitée, ou dans ceux qui l'ont consommée?*
		NOTES. La circonstance que c'est avec connaissance qu'on a aidé ou assisté, est constitutive. 2 juin 1832, n.° 200. — 13 juillet 1843, n.° 175. — Il est inutile de spécifier en quoi a consisté l'aide et l'assistance. 5 mars 1841, n.° 55. — Le seul fait de n'avoir pas empêché de commettre un crime ne suffit pas pour constituer la complicité par aide ou assistance. 13 mars 1812, n.° 57. — Voyez notes ci-dessous, n.° 5.
Par recélé de malfaiteurs.	59, 61.	F. P. *N... est-il coupable d'avoir, à telle époque, dans tel endroit, fourni habituellement logement, lieu de retraite ou de réunion au nommé.... dont il connaissait la conduite criminelle, et qui s'est rendu coupable de l'action ci-dessus?*
		NOTES. Les recéleurs devant être punis de la même peine que les malfaiteurs, il faut que ces derniers soient nommés dans la question, et qu'ils aient encouru des condamnations pour crimes ou pour délits. 9 juillet 1841, n.° 205. — Voyez notes ci-dessous, n.° 5.
Par recélé d'objets enlevés.	59, 62.	F. P. *N... est-il coupable d'avoir recélé sciemment tout ou partie des choses enlevées, détournées ou obtenues à l'aide de l'action?*
	63.	C. A. *Au temps du recélé, l'accusé avait-il connaissance que, etc....?* (Indiquer, par autant de questions, les circonstances qui ont accompagné le crime.) Voyez 22 décembre 1836, n.° 396.
		NOTES. La circonstance que c'est sciemment que l'on a recélé, est constitutive. — 12 janvier 1833, n.° 12.
		La complicité criminelle ne peut se constituer que par les faits qu'a déterminés le code pénal; il faut donc que le jury soit questionné et qu'il s'explique sur ces faits. 2 juillet 1813, n.° 146; 28 juin 1816, n.° 36.
		Lorsqu'il y a une question posée relativement à l'auteur principal, il suffit de s'y référer en ce qui concerne le complice; ainsi, par exemple, on demandera si N... est coupable d'avoir, avec connaissance, aidé l'auteur de *l'action ci-dessus spécifiée* dans les faits, etc.; mais si l'auteur principal n'est pas en cause, il faut détailler le fait incriminé dans la question relative au complice, et par exemple on demandera si N... est coupable d'avoir, avec connaissance, aidé l'auteur de l'homicide volontaire commis tel jour sur telle personne, dans les faits, etc.; et on posera ensuite les circonstances aggravantes de l'homicide, s'il en existe. — Lorsque les circonstances aggravantes ont été posées relativement à l'auteur principal, il n'y a plus à les poser relativement au complice, celui-ci, d'après l'art. 59, devant être puni de la même peine que l'auteur principal. 19 janvier 1838, n.° 18. Mais les jurés, tout en acquittant l'auteur principal, doivent s'expliquer sur les circonstances aggravantes, dans le cas où ils condamnent le complice, 8 janvier 1835, n.° 4; leur réponse doit alors être comprise en ce sens que le crime a été commis, mais que l'accusé principal n'en est pas coupable. 26 février 1841, n.° 51. Pour qu'un complice soit puni, il n'est pas nécessaire que l'auteur du crime soit présent, ni qu'il ait été poursuivi, ni même qu'il soit connu; il suffit que l'existence du crime soit constatée. 24 septembre 1834, n.° 314. — La disposition de l'article 59, portant que les complices seront punis de la même peine que les auteurs, ne doit pas être entendue en ce sens que le complice et l'auteur seront punis identiquement l'un comme l'autre; cela veut dire seulement que les complices seront punis de la peine portée par la loi contre le crime. 19 septembre 1839, n.° 301. — La cour peut condamner le complice plus sévèrement que l'auteur. Même arrêt. — Le complice (hors le cas de l'art. 63) est passible de la même peine que l'auteur principal, quoiqu'il ait ignoré les circonstances aggravantes du crime. 26 décembre 1812, n.° 274. (Dans l'espèce, il s'agissait d'un vol domestique.) Mais le complice ne subit pas l'aggravation encourue par l'auteur principal à cause de la récidive, 3 juillet 1806. S. Tome 7, 2.° partie, page 846. — Les motifs d'atténuation de peine personnels à l'auteur, ne peuvent s'étendre au complice. 20 décembre 1832, n.° 503. — Le complice doit être condamné aux peines afférentes au crime, quoique l'auteur soit acquitté comme ayant agi sans discernement. 21 novembre 1839, n.° 354. — Le terme de complice embrasse tous ceux qui concourent à une action défendue par la loi, et notamment ceux qui s'en rendent co-auteurs par leur coopération à la perpétration du crime. 24 août 1827, n.° 225.

RÉBELLION.

N.°		Code pénal.	
1	**RÉBELLION** par une ou deux personnes (sans armes).	209, 212^{2}	F. P. *N... est-il coupable d'avoir, à telle époque, dans tel endroit, commis une attaque, une résistance avec violences et voies de fait envers telles personnes* (indiquer les fonctions), *agissant pour l'exécution des lois, etc.?* NOTES. Dans la question, on peut poser l'alternative de l'attaque ou de la résistance, 2 juillet 1835, n.° 266. — Pour constituer une rébellion, il faut que la résistance ait été accompagnée de violences ou voies de fait, même arrêt. Ces expressions ne sont pas sacramentelles et peuvent être remplacées par d'autres présentant la même idée. (Dans l'espèce, on avait constaté qu'il y avait eu opposition avec force et violence à l'exécution des ordres d'un maire, et que la gendarmerie avait été repoussée.) 15 octobre 1824, n.° 140. — Menacer d'un coup de fusil et coucher en joue un gendarme (16 mai 1817. S. 1817, p. 245); se porter à grands cris sur des gendarmes en tenant levées sur eux des fourches et des faulx (28 mai 1807. S. 1807, p. 1161), c'est résister avec violence. — Dans une accusation de rébellion, la cour d'assises peut, sur la demande de l'administration des douanes, partie civile, condamner les accusés à l'amende de 500 fr. prévue par les art. 14, titre 13 de la loi du 22 août 1791 et 2, titre 4 de la loi du 4 germinal an 11. Cette amende n'a pas le caractère d'une peine proprement dite, et doit être considérée comme une réparation civile dont la cumulation est même formellement autorisée par l'art. 56 de la loi du 28 avril 1816. 17 décembre 1831, n.° 319. — Mais la cour d'assises ne pourrait pas prononcer la confiscation des marchandises saisies, ni la condamnation à l'amende encourue pour le fait de contrebande, la cour ne pouvant statuer que sur les dommages-intérêts dus à raison du fait de l'accusation. Même arrêt. — La rébellion cesse-t-elle d'être coupable lorsque les agents de l'autorité n'observent pas les formalités de la loi, ou excèdent leurs pouvoirs? Voyez sur cette question difficile des arrêts du 16 avril 1812, n.° 93; 14 avril 1820, 52; 5 janvier 1821. S. 1821, p. 122; 3 septembre 1824, n.° 110; 15 juillet 1826, n.° 140 et 7 avril 1837. J. P. 1838. T. 1, page 428. — Les violences envers les agents des administrations, lorsqu'elles ont été suivies d'effusion de sang, blessures ou maladies, constituent le crime prévu par les art. 230 et 231, et non un simple délit de rébellion.
2	Rébellion par une ou deux personnes avec armes.	212^{1}, 218 101.	C. A. *Cette attaque, cette résistance a-t-elle été commise par une ou deux personnes avec armes?* NOTE. Cette circonstance, qui ne peut contribuer à donner au fait un caractère criminel, pourrait être posée subsidiairement comme résultant des débats.
3	Rébellion par trois personnes ou plus jusqu'à vingt inclusivement.	211^{2}, 218	C. A. *Cette attaque, cette résistance a-t-elle été commise en réunion de trois personnes ou plus, jusqu'à vingt inclusivement?*
4	Rébellion par une réunion de plus de vingt personnes.	210^{2}.	C. A. *Cette attaque, cette résistance a-t-elle été commise en réunion de plus de vingt personnes?*
5	Si la réunion était armée.	210^{1}, 211^{1} 214, 101.	C. A. *Dans cette réunion, plus de deux personnes portaient-elles des armes ostensibles?*
6	Si l'accusé était muni d'armes cachées.	215, 101.	C. A. *L'accusé était-il alors muni d'armes cachées?*
7	Si l'accusé était le chef de la rébellion..	221.	C. A. *Cette attaque, cette résistance avait-elle l'accusé pour chef?* NOTES. Dans une accusation de rébellion avec violences et voies de fait, la circonstance du nombre est aggravante et non constitutive, puisque, suivant l'art. 209, le fait de rébellion est toujours punissable, indépendamment du nombre. 25 février 1843, n.° 44. — D'après les dispositions combinées des articles 210 et 214, une réunion de plus de vingt personnes est réputée armée, dès qu'il y a plus de deux personnes portant des armes ostensibles; il suffit donc que la circonstance de plus de deux personnes portant des armes ostensibles soit énoncée dans la question. 8 novembre 1832, n.° 439. — Un petit bâton dont on s'est servi dans la rébellion doit être considéré comme une arme, aux termes de l'art. 101. 31 juillet 1823, n.° 105. — D'après le 2.° § de l'art. 101, on doit qualifier armes de grosses pierres dont l'accusé s'est saisi, quoiqu'il n'en ait pas fait usage; ce sont des objets contondants. 30 avril 1824, n.° 62. — Il n'est pas nécessaire que la question de port d'armes soit soumise en termes formels au jury. (Dans l'espèce, on avait demandé si des pierres avaient été lancées.) 20 octobre 1831, n.° 265. — L'art. 217, relatif à ceux qui ont provoqué la rébellion, a été abrogé par la loi du 17 mai 1819.
8	Question d'excuse.	213, 100.	QUESTION D'EXCUSE. 1.° *L'accusé était-il sans fonctions ni emploi dans la bande?* 2.° *s'est-il retiré au premier avertissement de l'autorité publique; ou, s'étant retiré depuis, a-t-il été saisi hors du lieu de la rébellion, et sans nouvelle résistance et sans armes?* Quant à l'excuse de la provocation, voyez coups et blessures, page 80, n.° 9.
9	Crimes et délits commis dans le cours d'une rébellion.	216.	**VIOLENCES ENVERS LES FONCTIONNAIRES.**
10	**VIOLENCES** envers des fonctionnaires dans l'exercice de leurs fonctions, ou à l'occasion de cet exercice.	311, 315. 228, 229.	F. P. *N... est-il coupable d'avoir, à telle époque, dans tel endroit, volontairement porté des coups au sieur.....?* C. A. *Ces coups ont-ils été portés au S.r* (dire la qualité), *dans l'exercice de ses fonctions, ou à l'occasion de cet exercice?* NOTES. La question de savoir si les violences ont eu lieu envers les fonctionnaires dans l'exercice de leurs fonctions est aggravante, et doit, à peine de nullité, être posée séparément. 12 juin 1845, n.°s 193 et 194. — D'après l'art. 222, l'article 228 concerne les magistrats de l'ordre administratif et judiciaire.
11	Si cette voie de fait a eu lieu à l'audience d'une cour ou d'un tribunal.	228^{2}, 229	C. A. *Cette voie de fait a-t-elle eu lieu à l'audience d'une cour ou d'un tribunal?*
12	Si les coups ont été portés avec préméditation,	232, 297.	C. A. *L'accusé a-t-il agi avec préméditation?* ou bien *l'accusé avait-il, avant l'action, formé le dessein d'attenter à la personne de.....?* Voyez notes, page 80, n.° 3.
13	Ou de guet-à-pens..................	232, 297.	C. A. *L'accusé a-t-il agi de guet-à-pens?* ou bien *l'accusé a-t-il attendu un tel, dans tel endroit, pour exercer sur lui ces actes de violence?* Voyez notes, page 80, n.° 3.
14	Si les violences ont été la cause d'effusion de sang, blessures ou maladie.	231.	C. A. *Ces violences ont-elles été la cause d'effusion de sang, blessures ou maladie?*
15	Si la mort s'en est suivie dans les quarante jours.	231.	C. A. *La mort s'en est-elle suivie dans les quarante jours?* Voyez meurtre, page 81, n.° 2.
16	Si les coups ont été portés et les blessures faites dans l'intention de donner la mort.	233.	C. A. *Ces coups ont-ils été portés, et ces blessures ont-elles été faites avec intention de donner la mort?*
17	Question d'excuse, provocation........	321, 326.	Voyez formule et notes, page 80, n.° 9.
18	**VIOLENCES** envers des officiers ministériels, etc., pendant qu'ils exerçaient leur ministère, ou à cette occasion.	311, 315. 230.	F. P. *N... est-il coupable d'avoir, à telle époque, dans tel endroit, volontairement porté des coups au sieur...?* C. A. *ces coups ont-ils été portés au S.r* (dire la qualité), *pendant qu'il exerçait son ministère, ou à cette occasion?* Voyez ci-dessus les notes du n.° 10 et les notes du n.° 1, relativement aux dommages réclamés par les administrations intervenant comme parties civiles.
19	Circonstances........................		Relativement aux circonstances, voyez les n.°s 12, 13, 14, 15, 16 et 17.

COUPS ET BLESSURES.

	Code pénal	
COUPS ET BLESSURES........ ..... Tentative, voyez page 78. Complicité, *idem*.	311, 313.	F. P. *N... est-il coupable d'avoir à telle époque, dans tel endroit, volontairement porté des coups et fait des blessures à..... ?* NOTES. Dans une accusation de coups et blessures, la volonté est constitutive de la criminalité et doit être énoncée dans la question, 18 juillet 1840, n.° 206; lors même qu'il y aurait une question sur la préméditation. 12 janvier 1833. J. P. — La pluralité dans les coups ne peut suppléer à l'expression de la volonté. 23 décembre 1841, n.° 366. — Jugé que la volonté doit s'inférer de cette circonstance que l'accusé a porté des coups à diverses reprises à la même personne. 20 fév. 1841, n.° 49. 28 décembre 1827, n.° 321; 19 septembre 1828, n.° 269. — L'art. 311 est applicable à celui qui est reconnu coupable d'avoir exercé de mauvais traitements *sur* une personne; mais non à celui reconnu coupable de mauvais traitements *envers* une personne. 10 octobre 1822, n.° 141. — L'art 311 est applicable à un soufflet, 9 décembre 1819, n.° 135; aux coups portés par un mari à sa femme, 9 avril 1825. S. 1826, p. 254; aux coups portés par un père à ses enfants. 17 décembre 1819. J. P. — Saisir un individu au corps et le jeter à terre avec force est un acte de violence duquel il résulte pour lui un coup qui a ou peut avoir les conséquences les plus fâcheuses. 22 août 1834, n.° 280. — Sont punissables : les blessures résultant d'un duel, 1840, 10 septembre, n.° 257, et 12 novembre, n.° 321; les blessures portées du consentement du blessé, 2 juillet 1835, n.° 265; la mutilation d'un individu pour le soustraire à la conscription, quoique faite du consentement de cet individu, 13 août 1813. J. P. Voir la loi du 21 mars 1832. Dans une accusation de coups et blessures, on peut poser, comme résultant des débats, la question de coups et blessures involontaires; mais il faut, conformément aux articles 319 et 320, demander au jury s'il y a eu imprudence, maladresse, etc. 7 juillet 1827, n.° 178. — Ne pourrait-on pas aussi poser la question de voies de fait et violences légères, prévues par les art. 605 et 606 du code du 3 brumaire an 4, articles toujours en vigueur d'après un arrêt du 14 avril 1821, n.° 61 ?
Si l'accusé est un fonctionnaire ou un officier public, etc., ayant, sans motif légitime, usé ou fait user de violences envers les personnes, dans l'exercice ou à l'occasion de l'exercice de ses fonctions.	186, 198.	C. A. En deux paragraphes (voir n.° 8, p. 75) : 1.° *l'accusé a-t-il agi dans l'exercice ou à l'occasion de l'exercice de ses fonctions ?* 2.° *a-t-il agi sans motif légitime ?* NOTES. D'après l'art. 186, un agent ou préposé du gouvernement, accusé de violences envers les personnes, n'est passible des peines de l'art. 198 qu'autant qu'il a agi dans l'exercice de ses fonctions, sans motif légitime, d'où suit qu'il faut interroger le jury sur les deux questions de savoir s'il a agi dans l'exercice de ses fonctions, et s'il a agi sans motif légitime. 14 octobre 1825, n.° 206. — 15 mars 1821, n.° 37. — Ce qui n'empêche pas de poser la question de provocation, si elle est demandée dans l'intérêt de l'accusé. 30 janvier 1835, n.° 43.
Si les coups ont été portés avec préméditation ;	311, 297.	C. A. *L'accusé a-t-il agi avec préméditation*, ou bien *l'accusé avait-il, avant l'action, formé le dessein d'attenter à la personne de..... ?* NOTES. La question de la préméditation peut être posée dans les termes de la définition de l'art. 297. 24 juillet 1841, n.° 219. — La préméditation et le guet-à-pens doivent être l'objet de questions séparées. 3 juillet 1845, n.° 217.
Ou de guet-à-pens...	311, 298.	C. A. *L'accusé a-t-il agi de guet-à-pens*, ou bien *l'accusé a-t-il attendu un tel, dans tel endroit, pour exercer sur lui ces actes de violence ?* Voyez notes ci-dessus, n.° 3.
Si les coups ont occasionné une maladie ou incapacité de travail personnel pendant plus de vingt jours.	309.	C. A. *Ces blessures faites et ces coups portés volontairement ont-ils occasionné à un tel une maladie ou incapacité de travail personnel pendant plus de vingt jours ?* NOTES. L'art. 309 se sert du mot *violences* pour ne pas répéter les mots *coups et blessures*. 2 juillet 1835, n.° 265. — Il y a incapacité de travail toutes les fois que l'individu malade ne peut, sans imprudence, se livrer à son travail habituel. 21 mars 1834. J. P. — L'art. 309 ne distingue pas entre les divers genres de travaux qu'un individu peut avoir à exécuter, de manière à exclure l'application dudit article, dans le cas où les coups et blessures n'auraient occasionné que l'incapacité de se livrer à certaines occupations. 2 juillet 1835, n.° 265. — De ce qu'un individu est annoncé ne pouvoir plus, par suite d'une blessure, se servir d'un bras, il n'en résulte pas nécessairement qu'il ait été pendant plus de vingt jours incapable de tout travail personnel. 14 septembre 1820, n.° 154.
Si les coups portés sans intention de donner la mort, l'ont pourtant occasionnée.	309, 310	C. A. *Ces coups portés et ces blessures faites volontairement, mais sans intention de donner la mort, l'ont-ils pourtant occasionnée ?* NOTE. C'est là une circonstance aggravante. 30 décembre 1841, n.° 374.
Si le coupable a commis le crime envers ses père ou mère légitimes, naturels ou adoptifs, ou autres ascendants légitimes.	312.	C. A. *L'accusé est-il le fils légitime*, naturel ou *adoptif de....*; ou *le petit-fils légitime de..... ?* NOTES. Dans une accusation de coups portés par un fils à son père, on peut poser, comme résultant des débats, la question de tentative de ce crime. 3 février 1821, n.° 26 (en comprenant la qualité de la victime dans le fait principal, qui sans cela ne serait pas punissable). — Le fils qui a frappé son père peut faire valoir l'excuse de la provocation. 10 janvier 1812. J. P.
Si le coupable est un mendiant.......	279.	C. A. *A l'époque de l'action, l'accusé se livrait-il à la mendicité ?*
Ou un vagabond......	279, 270.	C. A. En trois paragraphes (voir n.° 8, p. 75) : 1.° *A l'époque de l'action, l'accusé avait-il un domicile certain ?* 2.° *avait-il des moyens d'existence ?* 3.° *exerçait-il habituellement un métier ou une profession ?*
VIOLENCES EXCUSABLES. Si l'accusé a été provoqué par des coups ou violences graves envers les personnes.	321, 326.	QUESTION D'EXCUSE. *L'accusé a-t-il été provoqué à l'action qu'on lui reproche, par des coups ou violences graves envers sa personne ou envers la personne d'autrui ?* NOTES. Pour que la provocation présente le caractère d'excuse déterminé par la loi, il faut qu'il soit bien établi que ce sont des personnes qui ont été l'objet des violences exercées. 7 février 1812. S. 1812, p. 520. — L'art. 321 ne peut être invoqué quand il s'agit d'excès commis sur des agents de la force publique dans l'exercice de leurs fonctions. Cet article n'est applicable qu'aux crimes envers les particuliers, ainsi que l'indique le titre où il se trouve placé. 8 avril 1826, n.° 65. — 13 avril 1817, n.° 20. — Voyez en sens contraire un arrêt de la cour d'assises de la Moselle du 9 décembre 1841 (J. P. T. 2. 1842, p. 717), qui décide que l'art. 321 est d'une application générale, tout comme l'art. 328, malgré l'intitulé du titre où il est placé.
S'il était dans le cas de l'art. 322....	322, 326.	QUESTION D'EXCUSE. *Ces violences ont-elles été commises en repoussant pendant le jour l'escalade ou l'effraction des clôtures, murs ou entrée d'une maison ou d'un appartement habité, ou de leurs dépendances ?*
VIOLENCES NON COUPABLES. Si les coups étaient commandés par la nécessité actuelle de la légitime défense de soi-même ou d'autrui.	328.	NOTES. La légitime défense n'est pas une question d'excuse qui doive être posée séparément. Dans le cas de légitime défense, il n'y a, d'après la loi, ni crime, ni délit; et en demandant si l'accusé est coupable, on demande par cela même s'il était en légitime défense. 4 octobre 1827, n.° 256. — Il en est de même de la démence et de la force majeure (art. 64). Voyez notes de l'art. 340 du code d'instruction criminelle, page 76.
S'il était dans le cas des art. 327 et 329.	327, 329.	Pas de question à poser, voyez notes ci-dessus, n.° 11.

MEURTRE. — ASSASSINAT.

		Code pénal	
1	**Meurtre ou homicide volontaire.** .... **Tentative,** voyez page 78. **Complicité,** *idem.*	295, 304.	F. P. *N... est-il coupable d'avoir, à telle époque, dans tel endroit, commis volontairement un homicide sur la personne de....., ou d'avoir donné volontairement la mort à.....?* Notes. Dans certains cas, on pourrait diviser la question en trois paragraphes (voyez note n.° 8, page 75) : 1.° *N... est-il coupable d'avoir, à telle époque, dans tel endroit, volontairement porté des coups et fait des blessures à....? 2.° ces blessures et ces coups ont-ils occasionné la mort de.....? 3.° ces coups ont-ils été portés et ces blessures ont-elles été faites dans l'intention de donner la mort?* 24 juillet 1841, n.° 219. La volonté est une circonstance constitutive du meurtre sur laquelle le jury doit être interrogé. 23 décembre 1841. D. 1841, p. 117. — Le meurtre ne peut être légitimé par le consentement de la personne homicidée. 23 juin 1838, n.° 177. — La loi est applicable au meurtre commis en duel ; l'excuse de la légitime défense n'est pas admissible, le danger n'ayant existé que par la volonté des parties. 10 septembre 1840, n.° 257. — 12 novembre 1840, n.° 321. — Il y a meurtre lors même qu'on a donné la mort à une autre personne que celle qu'on voulait tuer. Il n'en reste pas moins constant qu'on a donné la mort avec intention de tuer. 31 janvier 1835, n.° 44. (Dans l'espèce, la question avait été ainsi posée : N... est-il coupable d'avoir volontairement tiré sur la personne de A.... un coup de fusil qui a causé sa mort sans intention de tuer A...., mais dans l'intention de tuer B...., et en croyant tirer sur ce dernier.) Dans une accusation de meurtre, on peut poser comme résultant des débats : une question de coups et blessures ayant causé la mort sans intention de la donner, 16 mai 1840, n.° 138 ; — une question de vol, c'est une circonstance aggravante d'après l'art. 304, 14 novembre 1822, n.° 165 ; — une question de savoir si l'accusé était coupable d'avoir, avant le meurtre, commis un viol sur la personne de..... 3 avril 1845, n.° 121 ; — une question d'homicide involontaire, mais il faut demander au jury s'il y a eu imprudence, maladresse, etc., de la part de celui qui l'a commis involontairement, 7 juillet 1827, n.° 177, ou qui en a été involontairement la cause. 15 septembre 1825, n.° 184.
2	Si le meurtre a été commis sur un fonctionnaire dans l'exercice de ses fonctions ou à l'occasion de cet exercice.	233.	C. A. *Cette action a-t-elle été commise sur le S.r... pendant qu'il exerçait ses fonctions de....., ou à cette occasion?* Notes. La question de savoir si un fonctionnaire, sur lequel un meurtre a été commis, était dans l'exercice de ses fonctions, est une circonstance aggravante, puisque d'après l'art. 233 elle assimile le meurtre à l'assassinat. 14 janvier 1841, n.° 8. — Voyez art. 228 et suivants, page 79.
3	Si l'accusé est un fonctionnaire ou un officier public, etc., ayant sans motif légitime, usé ou fait user de violence envers les personnes, dans l'exercice ou à l'occasion de l'exercice de ses fonctions.	186, 198.	C. A. En deux paragraphes (voyez n.° 8, p. 75) : 1.° *N... a-t-il agi dans l'exercice ou à l'occasion de l'exercice de ses fonctions de.....? 2.° a-t-il agi sans motif légitime?* Notes. L'art. 146 est applicable au meurtre. 5 décembre 1822, n.° 172. — Voyez les arrêts rapportés au n.° 2 de la page 80.
4	**ASSASSINAT.** Si le meurtre a été commis avec préméditation. S'il a été commis de guet-à-pens.	296, 297, 302. 296, 298, 302.	C. A. *L'accusé a-t-il agi avec préméditation, ou avait-il, avant l'action, formé le dessein d'attenter à la personne de..?* Voyez les notes n.° 3, page 80. C. A. *L'accusé a-t-il agi de guet-à-pens, ou l'accusé a-t-il attendu un tel, dans tel endroit, pour lui donner la mort?* Notes. Voyez n.° 3, page 80. — L'assassinat n'est autre chose que le meurtre commis avec préméditation ou de guet-à-pens ; la préméditation et le guet-à-pens sont donc seulement des circonstances aggravantes du crime de meurtre. 19 octobre 1837, n.° 317. — Il n'y a pas lieu à interroger le jury sur la préméditation relativement au complice ; il suffit qu'elle soit décidée contre l'auteur principal, le complice, d'après l'art. 59, devant, hors le cas de l'art. 63, être puni de la même peine que l'auteur principal. 15 septembre 1843, n.° 245. — Voyez complicité, n.° 5, p. 78.
5	Si le meurtre a précédé, accompagné ou suivi un autre crime, Ou s'il a eu pour objet, soit de préparer, faciliter ou exécuter un délit, soit de favoriser la fuite ou d'assurer l'impunité des auteurs ou complices de ce délit.	304.	Notes. Dans une accusation de meurtre accompagné d'un vol qualifié, on peut poser ainsi les questions : d'abord la question de vol avec ses circonstances ; ensuite la question de meurtre ; puis demander si le meurtre a précédé, accompagné ou suivi le vol ci-dessus énoncé ; et enfin, prévoyant le cas où, les circonstances aggravantes étant écartées, le vol ne serait plus qu'un délit, demander si le meurtre a eu pour objet de préparer, de faciliter ou d'exécuter le vol ci-dessus énoncé. — Au lieu de demander si le meurtre a précédé, accompagné ou suivi le vol ci-dessus, on pourrait demander s'il a été commis au même lieu et à la même heure. Voyez arrêt de cassation du 25 août 1842, n.° 217. — On peut demander si le meurtre reproché à un accusé avait pour objet de préparer, faciliter ou exécuter un vol, sans s'expliquer sur la question de savoir si le vol a été commis ou tenté. 14 avril 1842. J. P. T. 2, 1842, p. 604. Il n'y a lieu à l'aggravation de peine de l'art. 304, qu'autant que le meurtre a été précédé, accompagné ou suivi d'un autre crime. 25 août 1842, n.° 217. — Il faut que le concours simultané du meurtre et de l'autre crime soit formellement exprimé. 22 décembre 1836, n.° 396 ; — ce concours ne résulte pas nécessairement de la déclaration que le crime a été commis par l'accusé, le jour et dans le lieu où il a commis le meurtre. 9 juillet 1818, n.° 87. — C'est la liaison entre le meurtre et l'autre crime qui en augmente la gravité au point de soumettre leur auteur à la plus grande des peines. 18 avril 1816, n.° 20. — Le meurtre suivi d'un autre meurtre rentre dans les prévisions de l'article 304. 31 décembre 1840, n.° 370. — Le vol est une circonstance aggravante du meurtre, même lorsque la soustraction a été commise par des parents au degré spécifié en l'article 380. 21 décembre 1837, n.° 435. — Aux termes de l'art. 63, pour que la peine de l'art. 304 puisse être appliquée à celui qui a recélé sciemment des objets volés à un individu homicidé volontairement, il faut qu'il soit constaté qu'au temps du recélé, l'accusé avait connaissance du meurtre de cet individu et du vol qui avait précédé, accompagné ou suivi ce meurtre. 20 avril 1820, n.° 53. — Voyez complicité, n.° 5, p. 78.
6	Si le coupable, pour l'exécution de son crime, a employé des tortures ou commis des actes de barbarie.	303, 302.	C. A. *L'accusé, pour l'exécution de son crime, a-t-il employé des tortures ou commis des actes de barbarie?* Notes. L'art. 303 n'exige pas comme l'une des conditions du crime qu'il prévoit et punit, que le coupable de tortures ou actes de barbarie fasse partie d'une association de malfaiteurs. 15 mars 1840, n.° 133.
7	**Homicide excusable.**	321, 322, 326.	Voyez notes, n.os 9 et 10, page 80.
8	**Meurtre entre époux, cas d'adultère.** .	324.	Note. L'article 321 n'est point applicable au meurtre commis par l'un des époux sur l'autre. Aux termes de l'art. 324, il n'y a d'excuse légale pour un tel crime, que si la vie de l'époux a été mise en péril dans le moment même où le meurtre a eu lieu ; et cette disposition est applicable à l'époux, soit auteur, soit complice, du meurtre de son conjoint. 19 janvier 1838. J. P. T. 1, 1838, page 393.
9	**Homicides non coupables**.......	327, 328, 329.	Voyez notes, n.os 10 et 11, page 80.

MENACES D'ASSASSINAT, ETC.

1 **MENACES** par écrit.. .... — Code pénal 306, 308.

F. P. *N... est-il coupable d'avoir, à telle époque, dans tel endroit, par un écrit anonyme* ou *par un écrit signé, menacé le S.r...., de le tuer, de l'empoisonner, etc. ?*

2 Si la menace a été accompagnée d'un ordre ou d'une condition. — 305.

C. A. *Cette menace a-t-elle été accompagnée de tel ordre* ou *de telle condition?*

Notes. La question de menaces verbales sous condition, délit prévu par les art. 307 et 308, pourrait être posée comme résultant des débats et en ces termes : N... est-il du moins coupable d'avoir, à telle époque, dans tel endroit, menacé verbalement le S.r...., de le tuer, de l'empoisonner, etc., s'il ne satisfaisait pas à l'ordre de faire telle chose ? — Dire à un maire : si vous revenez la nuit vers mon parc, je vous tirerai un coup de fusil, c'est commettre le délit de menace verbale sous condition. 1.er février 1834. D. 1834, p. 183. — Une simple menace verbale n'est pas punissable. 9 janvier 1818, n.° 5.

EMPOISONNEMENT.

3 **EMPOISONNEMENT**. .... — 301, 302.

Tentative, voyez page 78.
Complicité, *idem.*

F. P. *N... est-il coupable d'avoir, à telle époque, dans tel endroit, attenté volontairement à la vie de...., par l'effet de substances pouvant donner la mort plus ou moins promptement ?*

Notes. L'empoisonnement d'une personne, bien que résultant d'actes répétés, ne constitue cependant qu'un seul et même crime sur lequel le jury peut être interrogé par une question unique, 12 décembre 1840, n.° 350 ; 8 août 1840, n.° 224 ; on demande alors, si de telle époque à telle autre, l'accusé n'a pas volontairement, à diverses reprises, attenté à la vie de...., etc. ? — La loi répute empoisonnement tout attentat à la vie d'une personne, non-seulement par l'effet de substances vénéneuses proprement dites, mais par l'effet de substances qui peuvent donner la mort. 18 juin 1835. J. P. — Dans une accusation d'empoisonnement d'une mère par sa fille, la qualité de la victime a pu être considerée comme une circonstance aggravante, et former une question distincte. 19 septembre 1839, n.° 301. — Voyez toutefois ci-dessous parricide, n.° 4. — Dans une accusation d'empoisonnement, il n'y a pas lieu à poser la question de préméditation, les deux circonstances de la volonté et de la préméditation étant inséparables par la nature du fait, 26 vendémiaire an 14, n.° 219. — Relativement aux maladies causées par des substances nuisibles, voyez page 83, n.° 3.

PARRICIDE.

4 **PARRICIDE**........................ — 299, 302, 13, 323.

Tentative, voyez page 78.
Complicité, *idem.*

F. P. *N... est-il coupable d'avoir, à telle époque, dans tel endroit, commis volontairement un homicide sur la personne de....,* ou *d'avoir donné volontairement la mort à...., son père légitime, naturel* ou *adoptif,* ou *son aieul légitime ?*

Notes. Voyez une autre formule, n.° 1, p. 81. — On pourrait aussi diviser la question en deux paragraphes : 1.° *N... est-il coupable d'avoir, à telle époque, dans tel endroit, donné volontairement la mort à..... ?* 2.° *N... est-il le fils légitime, naturel* ou *adoptif de....,* ou *le petit-fils légitime de.... ?* 22 septembre 1842, n.° 245. — Dans une accusation de parricide, la qualité de la victime n'est pas une circonstance aggravante du meurtre, mais bien une circonstance constitutive du parricide, crime spécial et distinct ; elle doit donc être comprise dans le fait principal. 16 juillet 1842, n.° 184. — Voyez toutefois ci-dessus, n.° 3, un arrêt du 19 septembre 1839, n.° 301. — La question relative à la pareuté est compétemment agitée à la cour d'assises. 19 septembre 1839, n.° 301. — L'aggravation de peine de l'article 13 est applicable au complice du parricide. — 23 mars 1843, n.° 66. — Le gendre de la victime n'est pas coupable de parricide, à moins qu'il n'ait eu sa femme pour co-auteur ou complice. 16 juillet 1835, n.° 292. — 15 décembre 1814, n.° 43. — Jugé le 15 décembre 1831. J. P. que dans une accusation de parricide on avait pu poser, comme résultant des débats, la question de meurtre avec les circonstances de la préméditation et du guet-à-pens.

D'après l'article 323, le parricide n'est jamais excusable, mais on pourrait faire valoir la légitime défense, qui n'est pas une excuse légale (voyez article 339, page 77).

INFANTICIDE.

5 **INFANTICIDE**....... ....

Tentative, voyez page 78.
Complicité, *idem.*

F. P. *N... est-il coupable d'avoir, à telle époque, dans tel endroit, donné volontairement la mort à un enfant nouveau-né ?*

Notes. Voyez les notes, au n.° 1, page 81. — La qualité d'enfant nouveau-né doit être comprise dans la question principale ; ce n'est pas une circonstance aggravante du meurtre, mais une circonstance constitutive de l'infanticide qui est un crime spécial. 21 août 1840, n.° 237. — Le meurtre d'un enfant nouveau-né constitue l'infanticide, lors même que le coupable ne serait ni le père ni la mère de l'enfant. 14 avril 1837, n.° 114. — La loi, en punissant l'infanticide d'une peine plus forte, n'a eu en vue que l'homicide commis sur un enfant au moment où il vient de naître, ou dans un temps très-rapproché de celui de sa naissance ; l'art. 300 n'est donc pas applicable au meurtre d'un enfant qui a déjà atteint l'âge de 31 jours et dont par conséquent la naissance, si elle n'a pas été légalement constatée, n'a pu du moins le plus souvent rester entièrement inconnue. 24 décembre 1835, n.° 468. — L'aggravation de peine de l'art. 300 a été déterminée uniquement par la situation particulière de l'enfant qui, au moment où il entre dans la vie, ne participe point encore aux garanties communes, et par la facilité qu'a le coupable d'effacer jusques aux traces de sa naissance. Ce serait donc étendre au-delà de ses termes, comme au-delà de son esprit, les dispositions de l'art. 300, que de l'appliquer aux enfants dont la naissance est devenue notoire (Dans l'espèce, il s'agissait d'un enfant âgé de huit jours et dont la naissance n'avait pas été clandestine.) 14 avril 1837, n.° 114. — Si la question de nouveau-né présentait des difficultés, ne pourrait-on pas diviser le fait principal en deux paragraphes (page 75, n.° 8), de cette manière : N... est-il coupable d'avoir volontairement donné la mort à un enfant? 2.° Cet enfant était-il nouveau né? — Dans une accusation d'infanticide, on ne peut poser, comme résultant des débats, une question de suppression d'enfant ; ce n'est pas une modification du crime d'infanticide. 19 avril 1839, n.° 131. — Jugé toutefois qu'on avait pu le faire dans une espèce où l'infanticide était fondé sur la disparition de l'enfant. 7 juillet 1837, n.° 201. — On peut poser, comme résultant des débats, une question d'homicide par imprudence (voyez meurtre n.° 1, page 81). — La personne acquittée du crime d'infanticide peut être poursuivie ultérieurement pour homicide par imprudence. 30 janvier 1840, n.° 38.

AVORTEMENT.

1 **AVORTEMENT** .... | Code pénal 317.

Tentative, voyez page 78.
Complicité, *idem*.

F. P. *N... est-il coupable d'avoir, à telle époque, dans tel endroit, par aliments, breuvages, médicaments, violences, ou par tout autre moyen, procuré volontairement l'avortement de...., alors enceinte?*

F. P. *N... est-elle coupable de s'être, à telle époque, dans tel endroit, procuré volontairement l'avortement à elle-même par aliments, breuvage, etc.; ou d'avoir consenti à faire usage des moyens à elle indiqués ou administrés à l'effet de se procurer l'avortement: lequel s'en est suivi?*

Notes. La question peut être posée dans les termes mêmes de l'article 317. 26 janvier 1839, n.° 8.

Le fait d'avoir occasionné la mort d'une femme par des violences qu'on aurait volontairement exercées sur elle pour la faire avorter, constitue le crime prévu par l'art. 309, paragraphe 2, et non pas le délit d'homicide par imprudence de l'art. 319; l'art. 319 ne pouvant recevoir d'application que lorsque l'homicide est la suite d'une des fautes qu'il énumère, au nombre desquelles ne se trouve point la violence volontairement exercée sur la personne. 3 septembre 1840, n.° 246. — L'art. 2, conçu en termes généraux, s'étend à tous les crimes qui n'en sont pas affranchis par la loi, soit en termes formels, soit en dispositions inconciliables. Or, dans le premier paragraphe de l'art. 317 qui punit celui qui aura procuré l'avortement d'une femme enceinte, aucune expression n'exclut l'application de l'art. 2; ce n'est que pour la femme qui se procure à elle-même l'avortement qu'il faut, selon le paragraphe deuxième, que l'avortement ait eu lieu; et si le troisième paragraphe punit les médecins et les autres personnes qu'il indique d'une peine plus forte dans le cas où l'avortement aurait eu lieu, il les laisse dans la classe commune de ceux qui tentent de commettre ce crime, et les punit comme eux de la peine portée dans le paragraphe premier; il n'y a donc rien d'inconciliable dans les dispositions de l'art. 2 et de l'art. 317 du code pénal. 15 avril 1830, n.° 103. — 17 mars 1827, n.° 60. — 16 octobre 1817, n.° 96.

2 Si l'accusé est un médecin, pharmacien, etc. | 317^{3}.

C. A. *L'accusé est-il médecin, chirurgien, pharmacien, etc.?*

Notes. La qualité de médecin, chirurgien, officier de santé, pharmacien ou sage-femme, est essentiellement aggravante d'après l'art. 317, et doit faire l'objet d'une question séparée. 26 janvier 1839, n.° 28.

L'art. 317 comprend les sages-femmes dans la généralité de ses expressions, puisqu'elles n'obtiennent leur diplôme, selon les lois du 10 mars 1803, article 32, et du 19 ventose an 12, qu'après avoir été examinées par les jurys. 26 janvier 1839, n.° 28. — La question aggravante de sage-femme peut être posée comme résultant des débats. 23 mai 1844, n.° 179.

MALADIE CAUSÉE PAR DES SUBSTANCES NUISIBLES.

3 **MALADIE** causée par des substances nuisibles | 317^{4}.

F. P. *N... est-il coupable d'avoir, à telle époque, dans tel endroit, volontairement occasionné à......, une maladie ou incapacité de travail personnel, en lui administrant des substances nuisibles à la santé?*

4 Si la maladie a duré plus de vingt jours.. | 317^{5}.

C. A. *Cette maladie ou incapacité de travail personnel a-t-elle duré plus de vingt jours?*

Voyez notes, n.° 4, page 80.

5 Si l'accusé est le fils légitime, naturel ou adoptif. | 317^{6}.

C. A. *N... est-il le fils légitime, naturel ou adoptif de......, ou le petit-fils légitime de......?*

Voyez notes n.° 6, page 80.

SUPPRESSION D'ENFANT.

6 **SUPPRESSION D'ENFANT**........ | 345.

Tentative, voyez page 78.
Complicité, *idem*.

F. P. *N... est-il coupable d'avoir, à telle époque, dans tel endroit, volontairement supprimé un enfant né vivant?*

Notes. La question posée en ces termes embarrasse souvent les jurés, qui ont peine à comprendre la valeur du mot *supprimé*; ne serait-il pas possible de poser le fait, et par exemple, s'il s'agit d'une femme qui a supprimé l'enfant dont elle vient d'accoucher (et c'est le cas le plus ordinaire), ne pourrait-on pas demander si l'accusé est coupable d'avoir volontairement fait disparaître l'enfant nouveau-né dont elle venait d'accoucher secrètement? — C'est une condition constitutive et substantielle du crime prévu par l'art. 345, que l'enfant supprimé soit né vivant. 8 novembre 1839, n.° 339. — L'expression *enfant nouveau-né* ne peut s'entendre que d'un enfant né vivant. Même arrêt.

Les dispositions de l'art. 345 s'appliquent à toute suppression d'enfant ayant eu vie, et n'exigent pas, comme caractère constitutif de ce crime, que l'enfant soit encore vivant au moment où la suppression de sa personne a lieu. 7 déc. 1838, n.° 379.

Appliquer l'article 345 au cas d'inhumation clandestine d'un enfant mort-né, c'est donner à la loi une extension qui n'est ni dans ses termes, ni dans son esprit. 1.er août 1836, n.° 254. — 4 juillet 1840, n.° 196.

Déposer secrètement un enfant nouveau-né dans le tour d'un hospice, sans avoir déclaré sa naissance à l'état civil, mais après avoir pris les précautions convenables pour le reconnaître, ce n'est pas commettre le crime de suppression de la personne d'un enfant, puisqu'on peut le représenter. 25 mai 1837, n.° 162. — Voyez aussi 17 août 1837. D. 1838, p. 412. — Ce fait pourrait constituer le crime de *suppression d'état* prévu par l'art. 345, après qu'il aurait été statué au civil, conformément aux articles 326 et 327 du code civil, sur la question d'état. 31 juillet 1851, n.° 164.

L'article 327 du code civil, qui décide que l'action criminelle ne pourra commencer qu'après le jugement définitif sur la question d'état, est exclusivement relatif au délit de suppression d'état; par conséquent il ne peut être étendu au délit de suppression de la personne d'un enfant nouveau-né, qui est un fait différent. 4 août 1842, n.° 190. — Pour qu'il y ait suppression d'enfant, il n'est pas nécessaire qu'il y ait eu, de la part de l'accusé, intention de priver l'enfant de son état. Même arrêt.

EXPOSITION D'ENFANT.

7 **EXPOSITION D'ENFANT** .... | 352.

F. P. *N... est-il coupable d'avoir, à telle époque, dans tel endroit, exposé et délaissé (ou d'avoir donné l'ordre, qui a été exécuté, d'exposer et de délaisser) tel enfant au-dessous de l'âge de sept ans accomplis?*

Note. Il faut qu'à l'exposition se joigne le délaissement, ou, en d'autres termes, qu'il y ait cessation ou interruption des soins et de la surveillance dont l'enfant a besoin. 22 novembre 1838. J. P. 1839. T. 2, p. 652. — 19 juillet 1838, n.° 234. — 16 décembre 1843. S. 1844, p. 327.

8 En un lieu solitaire.............. .. | 349.

C. A. *L'endroit où ont eu lieu l'exposition et le délaissement, était-il solitaire?*

Notes. On a posé cette circonstance comme aggravante. Peut-être faudrait-il la considérer comme constitutive, et la comprendre dans le fait principal; voyez n.os 7 et 8, page 75. — Une chambre peut être, dans certains cas, considérée comme un lieu solitaire. 22 novembre 1838. J. P. 1839. T. 2, p. 652.

9 Si l'accusé est tuteur ou instituteur de l'enfant. | 350, 353.

C. A. *N... était-il, à cette époque, le tuteur ou l'instituteur dudit enfant?*

Note. Lors même que l'accusé serait le père de l'enfant, il faut demander s'il est tuteur, le père n'étant pas nécessairement investi de la tutelle. 4 mai 1843. D. 1843, p. 288.

10 Si l'enfant est demeuré mutilé ou estropié. | 351, 309.

C. A. *Par suite de cette exposition et de ce délaissement, ledit enfant est-il demeuré mutilé ou estropié?*

11 Si la mort s'en est suivie........ .. | 351, 304.

C. A. *La mort dudit enfant a-t-elle été la suite de cette exposition et de ce délaissement?*

ENLÈVEMENT DE MINEURS.

		Code pénal	
1	ENLÈVEMENT DE MINEURS par fraude ou violence. Tentative, voyez page 78. Complicité, *idem.*	354, 357.	F. P. *N... est-il coupable d'avoir, à telle époque, dans tel endroit, par fraude ou violence, enlevé, entraîné, détourné ou déplacé, ou fait enlever, entraîner, détourner ou déplacer du lieu où il était mis par telle personne à l'autorité ou à la direction de qui il ou elle était soumis ou confié, le ou la jeune....., âgé alors de.....?* Notes. Le crime prévu par l'art. 354 existe dans l'une des nuances qui y sont énumérées, toutes les fois qu'il a été exécuté par fraude ou bien par violence, soit que les mineurs enlevés, entraînés, détournés ou déplacés, se trouvent dans le domicile légal de leurs parents ou tuteurs, soit qu'ils se trouvent dans les lieux où ils étaient placés par ceux à l'autorité desquels ils étaient soumis ou confiés. 25 avril 1839, n.° 137. — On peut, dans la même question, demander si l'enlèvement a eu lieu par fraude ou par violence. 25 octobre 1821, n.° 174. — L'art. 354 attache le caractère du crime au fait seul de l'enlèvement par fraude ou violence, il n'est pas nécessaire qu'il y ait eu abus ou dessein d'abuser de la personne. 25 octobre 1821, n.° 174. — Le caractère principal du crime de l'article 354 est de porter atteinte à l'autorité des pères, mères, tuteurs et autres personnes au pouvoir desquelles les mineurs se trouvent soumis; il faut donc, dans la question principale, désigner la personne à l'autorité ou à la direction de laquelle le mineur était soumis ou confié, ou qui l'avait placé dans les lieux d'où il a été détourné ou déplacé. 9 mai 1844, n.° 163. — L'enlèvement conserve son caractère criminel de fraude, si le consentement des parents à l'éloignement de leur enfant n'a été obtenu qu'à l'aide d'une fourberie. 25 avril 1839, n.° 137. — Le détournement d'une mineure, à l'aide de lettres signées d'un tiers, constitue tout à la fois le crime de détournement par fraude, et le crime de faux. 24 mars 1838, n.° 77. — Les art. 354 et suivants ne s'appliquent pas aux femmes mineures mariées. 1.er juillet 1831, n.° 155. — Si le ravisseur a épousé la fille qu'il a enlevée, voyez art. 357. — L'exception de l'art. 357 ne peut être invoquée par le complice. Assises de la Seine. 26 mai 1834. J. P.
2	Si la personne enlevée est une mineure âgée de moins de 16 ans.	355, 357.	C. A. *La jeune..... était-elle alors âgée de moins de 16 ans accomplis?*
3	ENLÈVEMENT avec son consentement d'une fille âgée de moins de 16 ans.	356.	F. P. *N... est-il coupable d'avoir, à telle époque, dans tel endroit, enlevé, entraîné, détourné ou déplacé du lieu où elle avait été mise par telle personne à l'autorité ou à la direction de qui elle était soumise ou confiée, la jeune......, âgée alors de moins de 16 ans, laquelle a consenti à son enlèvement ou a suivi volontairement le ravisseur?* Note. La circonstance que l'accusé serait déclaré avoir agi sans fraude à l'égard de la jeune fille, n'ôterait pas à l'enlèvement son caractère criminel. (Dans l'espèce, l'accusé avait, par séduction, déterminé une jeune fille à quitter le domicile paternel. 24 octobre 1811, n.° 140. — Voyez ci-dessus notes n.° 1.
4	Si l'accusé était âgé de plus de 21 ans..	356.	C. A. *A cette époque l'accusé était-il âgé de plus de 21 ans?* Note. En cas de détournement d'une fille âgée de moins de 16 ans qui a suivi volontairement son ravisseur, la circonstance que celui-ci est majeur de 21 ans est une circonstance aggravante, et doit être posée séparément. 2 mars 1843, n.° 47.

SÉQUESTRATION DE PERSONNES.

5	SÉQUESTRATION................. Tentative, voyez page 78. Complicité, *idem.*	341.	F. P. *N... est-il coupable d'avoir, à telle époque, dans tel endroit, sans ordre des autorités constituées et hors les cas où la loi ordonne de saisir des prévenus, arrêté, détenu ou séquestré le nommé.....?*
	Fourniture d'un lieu pour la séquestration.	*Id.*	F. P. *N... est-il coupable d'avoir, avec connaissance, prêté un lieu pour exécuter la détention ou la séquestration ci-dessus spécifiée?* Notes. Jugé qu'on avait pu demander au jury si la séquestration était illégale, mais qu'il eut été plus régulier de demander, en se servant des termes de l'art. 341, si elle avait eu lieu sans ordre des autorités constituées, et hors les cas où la loi ordonne de saisir des prévenus. 19 juin 1828. S. 1828, p. 251. — L'art. 341 est applicable aux parents qui séquestrent leurs enfants. 27 septembre 1838, n.° 319. — Les dispositions de l'art. 341 sont générales et absolues, et s'appliquent à toutes personnes qui, sans ordre des autorités constituées, et hors les cas où la loi ordonne de saisir des prévenus, auront *arrêté, détenu* ou *séquestré* des personnes quelconques; ces expressions indiquent trois natures de crimes qui, quoiqu'analogues, peuvent exister isolément, et n'en sont pas moins punissables et prévus par l'article précité. — 27 septembre 1838, n.° 319. — L'art. 341 est applicable aux fonctionnaires. 25 mai 1832. J. P. — Le crime de séquestration ne peut résulter de l'arrestation et du dépôt, dans un établissement d'aliénés, d'un individu prétendu en état de démence, lorsque les formes légales ont été observées. 18 février 1842, n.° 29.
	Si la séquestration a duré plus d'un mois.	342.	C. A. *La détention ou séquestration a-t-elle duré plus d'un mois?*
	Si l'arrestation a été exécutée sous un faux titre.	344.	C. A. *L'arrestation a-t-elle été exécutée avec le faux costume, sous un faux nom, ou sur un faux ordre de l'autorité publique?*
	Si la personne arrêtée, détenue ou séquestrée a été menacée de mort.	*Id.*	C. A. *La personne arrêtée, détenue ou séquestrée a-t-elle été menacée de la mort?*
	Si la personne arrêtée a été soumise à des tortures corporelles.	*Id.*	C. A. *La personne arrêtée, détenue ou séquestrée a-t-elle été soumise à des tortures corporelles?*
	Question d'excuse..............	343.	Question d'excuse. *L'accusé, lorsqu'il n'était pas encore poursuivi de fait, a-t-il rendu la liberté à la personne arrêtée, séquestrée ou détenue, avant le 10.e jour accompli depuis celui de l'arrestation, détention ou séquestration?* Note. Selon l'art. 343, l'excuse ne peut profiter qu'à l'accusé déclaré coupable du crime mentionné en l'art. 341, c'est-à-dire de séquestration sans circonstances aggravantes; cependant, quels que soient les termes de l'accusation, la question d'excuse doit être posée si l'accusé le demande, parce qu'il est possible que les jurés écartent les circonstances aggravantes. Voyez 24 avril 1841, n.° 116.

BIGAMIE.

	BIGAMIE..................	340.	F. P. *N.. est-il coupable d'avoir, à telle époque, dans tel endroit, contracté mariage avec la nommée A..., lorsqu'il était encore engagé dans les liens d'un précédent mariage contracté avec la nommée B...?*
	Tentative, voyez page 78. Complicité, *idem.*		Notes. La tentative de bigamie est punissable. 28 juillet 1826, n.° 145. L'exception de nullité du mariage précédent peut être proposée par l'accusé devant la cour d'assises. 16 janvier 1826, n.° 10. — Voyez un arrêt du 25 juillet 1811. J. P.

VIOL.

N.°		Code pénal	
1	**VIOL.** .... **Tentative**, voyez page 78. **Complicité**, *idem.*	332.	F. P. *N... est-il coupable d'avoir, à telle époque, dans tel endroit, commis volontairement un viol sur la personne de.....?* NOTES. Le viol est, par sa nature, toujours et nécessairement accompagné de violence. 2 octobre 1819, n.° 8. — Relativement à la nature de la violence, voyez ci-dessous, n.° 11. — Le crime de viol est distinct du crime d'attentat à la pudeur. 2 janvier 1829, n.° 2. — Dans une accusation de viol on peut poser, comme résultant des débats, une question de tentative (23 septembre 1830, n.° 222); une question de complicité (10 décembre 1836, n.° 386); une question d'attentat à la pudeur (28 octobre 1820, n.° 139); une question de coups et blessures (10 décembre 1836, n.° 386).
2	**Si la victime a moins de 15 ans.......**	332².	C. A *A cette époque, la victime était-elle âgée de moins de quinze ans?* NOTES. La circonstance que la victime a moins de quinze ans est aggravante, et doit être posée séparément. 18 avril et 11 juillet 1839, n.°s 127 et 222. — Le jury seul a le droit de prononcer sur l'âge. 1.er octobre 1834, n.° 324.
3	**Si l'accusé est l'ascendant de la victime**	333.	C. A. *L'accusé est-il le père ou l'aïeul de la victime, etc.?* NOTE. Dans la question, il ne faut pas employer le mot ascendant qui donne à juger une question de droit. 14 septembre 1837, n.° 272.
4	**S'il a autorité sur elle**	*Id.*	NOTES. La question de savoir si l'accusé avait autorité sur la victime, est une question de droit qui ne peut être soumise au jury. 22 septembre 1836, n.° 310. — S'il s'agit d'un oncle, on questionne le jury sur l'âge de la nièce et sur la nature des rapports domestiques qui pouvaient exister entr'eux, point de faits desquels la cour tire les conséquences de droit qu'elle juge en résulter. 4 avril 1833, n.° 121. — Même décision si la victime est fille naturelle de la femme de l'accusé. 23 mars 1843, n.° 70. — S'il s'agit d'un beau-père, on demande si la victime avait moins de 21 ans, si elle habitait le domicile de l'accusé, si elle était soumise à sa co-tutelle, voyez 10 août 1829, n.° 258, 26 février 1836, n.° 60, 16 février 1837, n.° 51. — Le beau-père a autorité sur sa belle-fille mineure habitant chez lui; peu importe qu'il n'ait pas la qualité de co-tuteur. 2 mars 1844, n.° 157. — Jugé qu'un maître a autorité sur sa domestique. 26 décembre 1823, n.° 166. — Jugé qu'un contre-maître, dans une fabrique, a autorité sur les personnes qui travaillent sous sa surveillance. 5 août 1841. D. 1842, p. 76.
5	**S'il est son instituteur**...........	*Id.*	C. A. *L'accusé, à cette époque, était-il l'instituteur de la victime?*
6	**S'il est son serviteur à gages, ou serviteur à gages des personnes ci-dessus désignées.**	*Id.*	C. A. *L'accusé, à cette époque, était-il le serviteur à gages de la victime: ou le serviteur à gages de* (indiquer les personnes, en tenant compte des observations faites ci-dessus n.°s 3 et 4)?
7	**S'il est fonctionnaire.**	*Id.*	C. A. *L'accusé, à cette époque, exerçait-il les fonctions de.....?* NOTE. Le crime de viol, commis par un simple employé des douanes, dans le lieu où il exerce ses fonctions, entraîne l'aggravation de peine de l'art. 333. 24 janvier 1822. S. 22, p. 184.
8	**Ou ministre d'un culte**...	*Id.*	C. A. *L'accusé est-il ministre de tel culte?*
9	**S'il a été aidé dans son crime par une ou plusieurs personnes.**	*Id.*	NOTES. Voyez complicité, p. 78. — Il y a lieu à l'aggravation de peine, si l'accusé est déclaré coupable de viol avec un autre individu; quand deux individus commettent un crime conjointement, il y a assistance réciproque. 29 janvier 1829, n.° 22.
10	**Si pour l'exécution de son crime il a employé des tortures ou commis des actes de barbarie.**	303, 302.	Voyez page 81, n.° 6.

ATTENTAT A LA PUDEUR AVEC VIOLENCE.

N.°		Code pénal	
11	**ATTENTAT A LA PUDEUR** avec violence. **Complicité**, voyez page 78.	332³.	F. P. *N..... est-il coupable d'avoir, à telle époque, dans tel endroit, commis un attentat à la pudeur consommé ou tenté avec violence sur la personne de.....?* La violence peut être physique ou morale, mais la déclaration du jury est nulle si, à une question indéfinie de violence, il répond qu'il n'y a pas eu violence physique, ou qu'il y a eu seulement violence morale. — Voyez arrêts, page 105, n.° 8. — La violence est une circonstance constitutive et doit être comprise dans le fait principal. 6 février 1845. D. 1845, p. 134. L'attentat à la pudeur résulte du fait même, quelle que puisse être d'ailleurs l'intention de celui qui le commet. 6 février 1829, n.° 31. — L'art. 332 est applicable au mari qui use de violences pour faire subir à sa femme des actes contraires à la fin légitime du mariage. 21 nov. 1839, n.° 355. — Il y a nullité si, dans la question, on a omis les mots *à la pudeur*; cette énonciation est substantielle. 24 décembre 1840, n.° 361. — Dans la même question et sans qu'il y ait complexité, on peut demander si l'accusé est coupable d'avoir commis un attentat à la pudeur consommé ou tenté avec violence, l'art. 332 n'établissant pas de distinction entre la consommation et la tentative. 11 avril 1840, n.° 111. — Dans la même question et sans qu'il y ait complexité, on peut demander si pendant un certain laps de temps qu'on indique, l'accusé s'est rendu coupable d'avoir, à différentes reprises, commis des attentats à la pudeur consommés ou tentés avec violence vis-à-vis de la même personne. 24 décembre 1840, n.° 363. — Dans une accusation d'attentat tenté, la loi n'exige pas que l'on interroge le jury sur les caractères de la tentative, tels que les définit l'article 2. Les art. 331 et 332 renferment des dispositions spéciales relatives à l'attentat à la pudeur, et par ces dispositions, la tentative et la consommation du crime sont considérées comme également punissables. 11 avril 1840, n.° 111. — 10 juin 1830, n.° 165. — On peut poser, comme résultant des debats: l'accusation d'attentat tenté, 10 juin 1830, n.° 163, l'accusation d'outrage public à la pudeur, 14 octobre 1826, n.° 213; et relativement à la publicité de l'outrage, consultez 22 mars 1821, n.° 40, 22 février 1828, n.° 48, et 10 février 1844, n.° 111. — Voyez ci-dessus, viol, n.° 1, plusieurs questions pouvant être posées comme résultant des débats.
12	**Si la victime a moins de 15 ans.......** **Pour les autres circonstances aggravantes,** voyez ci-dessus les numéros 3, 4, 5, 6, 7, 8, 9 et 10.	332⁴. 333.	C. A. Voyez formule et notes ci-dessus n.° 2. D'après un arrêt du 30 août 1839, n.° 289, il était permis de croire que si la victime a moins de 11 ans, on pouvait l'indiquer dans la question de manière à retomber dans l'application de l'art. 331, si le jury écartait la violence; mais un arrêt du 4 mars 1842, n.° 48, est venu expliquer que pour appliquer l'art. 331, il faut que le jury ait répondu sur l'âge présenté comme circonstance constitutive, et non comme circonstance aggravante, ainsi que cela a lieu dans le cas de l'art. 332.

ATTENTAT A LA PUDEUR SANS VIOLENCE.

N.°		Code pénal	
13	**ATTENTAT A LA PUDEUR** sans violence sur un enfant de moins de 11 ans. **Complicité**, voyez page 78.	331.	F. P. *N... est-il coupable d'avoir, à telle époque, dans tel endroit, commis un attentat à la pudeur consommé ou tenté sans violence sur la personne de..., âgée alors de moins de 11 ans?* NOTES. Voyez ci-dessus, n.° 11, plusieurs arrêts applicables à l'attentat sans violence. — Pour qu'il y ait attentat à la pudeur, sans violence, sur des enfants au-dessous de 11 ans, il faut que les faits aient été commis ou tentés sur leur personne. 4 août 1843, n.° 193. — Voyez contrà 2 avril 1835, n.° 120. Un acte contraire aux mœurs, exercé sur une jeune fille de moins de 11 ans, constitue le crime d'attentat à la pudeur, et non pas le simple délit d'outrage public à la pudeur. 5 juillet 1838, n.° 91. — Dans une accusation d'attentat à la pudeur consommé ou tenté sans violence sur la personne d'un enfant âgé de moins de 11 ans, la circonstance de l'âge de la victime est essentiellement constitutive du crime, puisque l'attentat à la pudeur, dégagé de violence et de publicité, s'il est commis sur un enfant de plus de 11 ans, n'est pas puni par la loi. La question relative au fait principal ne peut donc être complète qu'autant qu'elle comprend la circonstance de l'âge de la victime. 28 septembre 1838, n.° 322. — 4 mars 1842. D. 1842, p. 184.

Tentative et complicité, voyez page 78.

Code pénal

SOUSTRACTIONS PAR LES DÉPOSITAIRES PUBLICS.

SOUSTRACTIONS par les comptables publics. — 171, 172.

Circonstances aggravantes, v. ci-contre. — 169, 172 / 170, 172.

F. P. *N... est-il coupable d'avoir, à telle époque, dans tel endroit, détourné ou soustrait tels objets, appartenant à....., lesquels étaient entre ses mains en vertu de ses fonctions de* (indiquer les fonctions)?

C. A. *Les choses détournées ou soustraites sont-elles d'une valeur au-dessus de trois mille francs?*

C. A. *La valeur des choses détournées ou soustraites égale-t-elle ou excède-t-elle le tiers des deniers reçus par l'accusé, ou des deniers déposés entre les mains de l'accusé? égale-t-elle ou excède-t-elle le tiers du cautionnement attaché à la place de l'accusé? égale-t-elle ou excède-t-elle le tiers du produit commun de la recette que faisait l'accusé pendant un mois?*

Notes. La loi est applicable au receveur des hospices. 30 juin 1842, n.° 169; à l'employé des ponts et chaussées qui soustrait les deniers publics qu'il était chargé de distribuer aux ouvriers, 29 avril 1825, n.° 86; — à l'économe d'un collège royal qui détourne les deniers publics ou privés qui étaient entre ses mains en vertu de ses fonctions, 4 septemb. 1835, n.° 344; — à l'huissier qui détourne le prix des ventes qu'il a reçu en sa qualité, 18 décembre 1812. S. 1817, p. 95; — au régisseur de l'octroi qui détourne des sommes qu'il a perçues à ce titre, 21 janvier 1813. S. 1817, p. 96. — Le commis d'un percepteur des contributions n'est pas un comptable public, et s'il commet un vol dans la caisse c'est un vol domestique. 5 août 1825, n.° 147. — Le défaut de prononciation de l'amende prescrite par l'art 172, serait une nullité. 2 mars 1827, n.° 3.

SOUSTRACTIONS par les juges, fonctionnaires, officiers publics, etc. — 173.

F. P. *N..... est-il coupable d'avoir, à telle époque, dans tel endroit, détruit, supprimé, soustrait ou détourné tels objets dont il était dépositaire en sa qualité de...., ou tels objets qui lui avaient été remis ou communiqués à raison de ses fonctions de.....* (indiquer les fonctions)?

Note. L'art. 173 est applicable au facteur de la poste qui soustrait l'argent renfermé dans une lettre qu'il devait porter à son adresse. 23 avril 1813. S. 1817, p. 321.

CONCUSSION DES FONCTIONNAIRES.

CONCUSSION .... — 174.

F. P. *N..... est-il coupable d'avoir, à telle époque, dans tel endroit, en sa qualité de* (indiquer les fonctions), *ordonné de percevoir, exigé ou reçu du nommé....., ce qu'il savait n'être pas dû ou excéder ce qui était dû pour droits, taxes, contributions, deniers ou revenus, ou pour salaire ou traitement?*

Notes. Dans la question, il faut spécifier les circonstances du crime de concussion sans attribuer à ce crime son caractère légal, puisqu'il n'appartient pas au jury de qualifier le fait dont l'appréciation lui est soumise. 7 avril 1842, n.° 79. — Il n'est pas indispensable d'énoncer dans les questions le montant des perceptions illégales; ce n'est ni une circonstance constitutive, ni une circonstance aggravante du crime de concussion. (Jugé dans l'espèce qu'il avait suffi de demander au jury si l'accusé avait perçu au-delà de ce qui lui était dû pour des actes faits en sa qualité d'huissier). 7 avril 1842, n.° 79. — Mais la quotité des restitutions et dommages-intérêts doit être déterminée dans l'arrêt, puisque cette quotité d'après l'art. 174, sert de base à la fixation de l'amende. Même arrêt. — Les mots *salaire* et *traitement* se rapportent à tout homme public (dans l'espèce, un huissier) qui, à ce titre, exige au-delà de ce qui lui est dû. 7 avril 1842, n.° 79.

En cas de concussion, la réclusion est applicable: au douanier (21 avril 1821, n.° 65), à l'huissier (7 avril 1842, n.° 79), au porteur de contrainte (8 octobre 1837, n.° 302); ce sont des officiers publics. — Même décision relativement au secrétaire de mairie pour le cas où il perçoit des sommes pour droits fiscaux d'adjudication (28 mai 1842, n.° 130); *idem* relativement au geôlier de prison qui se fait payer un nombre de journées de garde qu'il sait excéder ce qui lui est dû. 26 août 1824. S. 1825, p. 77. — Le fermier des droits à percevoir sur le marché d'une ville, s'il exige des sommes excédant le tarif, est passible de l'article 174, mais seulement de la peine correctionnelle encourue par les commis ou préposés. 7 avril 1837, n.° 103.

CORRUPTION DES FONCTIONNAIRES.

CORRUPTION............ — 177, 178.

F. P. *N..... est-il coupable d'avoir, à telle époque, dans tel endroit, en sa qualité de* (indiquer la fonction) *agréé des offres ou promesses, reçu des dons ou présents pour faire telle chose, acte de sa fonction ou de son emploi non sujet à salaire, ou pour s'abstenir de faire telle chose, acte qui entrait dans l'ordre de ses devoirs?*

Notes. Pour l'application de l'art. 177, il faut qu'il soit bien établi que l'accusé a reçu ou agréé des dons ou promesses pour faire un acte de son emploi, ou pour s'abstenir d'actes qui rentraient dans l'ordre de ses devoirs. 23 janvier 1840, n.° 27. — Dans la question on peut demander si l'accusé était préposé d'une administration publique. 7 janvier 1843, n.° 1. — On peut aussi indiquer le genre de fonctions que l'accusé exerçait, sauf ensuite à la cour d'assises à en tirer la conséquence qu'il était l'agent d'une administration publique. 9 novembre 1833, n.° 275. — Jugé que le fonctionnaire qui abuse sciemment de sa qualité pour exiger une somme d'argent en promettant de s'abstenir de dresser un procès-verbal qu'il n'avait pas le droit de dresser, et qui n'entrait pas par conséquent dans l'ordre de ses devoirs, ne se rend pas coupable de corruption, mais d'escroquerie. 31 mars 1827, n.° 71; contrà, 16 sept. 1820, n.° 124. — L'art. 177 est applicable: à l'huissier qui reçoit de l'argent pour s'abstenir d'exécuter une contrainte par corps, 8 juillet 1813. S. 1817, p. 321; au garde champêtre qui, moyennant une somme, s'abstient de dresser procès-verbal (eût-il, avant d'entrer en fonctions, prêté serment devant le maire au lieu de le prêter devant le juge de paix), 11 juin 1813, n.° 127; (n'eût-il agi ainsi qu'avec le consentement du propriétaire lésé), 5 mai 1837, n.° 142. — Pour la peine à appliquer au garde-champêtre qui s'est laissé corrompre, lorsque le jury a déclaré des circonstances atténuantes, voyez un arrêt du 1.er juillet 1843, n.° 167. — Jugé que les secrétaires de mairie (17 juillet 1828. S. 1828, p. 369) et les secrétaires de préfecture (30 septembre 1836, n.° 327), sont des agents ou préposés d'une administration publique, et par suite, en cas de corruption, passibles de l'art. 177. — Même décision relativement à l'individu chargé par un conseil de révision de mesurer les jeunes gens. 14 décembre 1837, n.° 428. — Pour ce qui concerne les médecins ou chirurgiens des conseils de révision, voyez art. 45 de la loi du 21 mars 1832.

Corruption ou tentative de corruption à l'égard des fonctionnaires. — 179, 180.

F. P. *N... est-il coupable d'avoir, à telle époque, contraint par voies de fait ou menaces, ou corrompu par promesses, offres ou dons le sieur...* (indiquer la fonction), *pour obtenir de lui qu'il fît telle chose, acte de sa fonction?*

Notes. Quand il n'y a que tentative de contrainte ou de corruption, il faut, après avoir posé la question dans les termes de l'art. 2 (p. 78), demander si la tentative a été suivie d'un effet, circonstance qui, d'après l'art. 179, § 2, modifie la peine.

La corruption ou tentative de corruption d'un officier public n'est pas punissable lorsqu'elle a seulement pour objet d'obtenir qu'il s'abstienne d'un acte de son ministère. Le rapprochement de l'article 179 de l'article 177 prouve qu'à l'égard du corrupteur la loi n'a pas voulu, comme à l'égard du corrompu, assimiler le cas où soit la corruption, soit la tentative de corruption, n'a pour objet que d'obtenir de la part de l'officier public qu'il s'abstienne d'un acte de son ministère, au cas où elle a pour objet d'obtenir de lui qu'il fasse un pareil acte. 23 avril 1841, n.° 114. — Pour l'application de l'art. 179, il n'est pas nécessaire que la corruption ait été exercée ou tentée pour des actes illégitimes. 24 mars 1827, n.° 65.

VOLS.

		Code pénal	
1	**Soustraction frauduleuse.. ....**	379, 401.	F. P. *N... est-il coupable d'avoir, à telle époque, dans tel endroit, soustrait frauduleusement tels objets appartenant à......?*
	Tentative, voyez page 78. **Complicité**, *idem.*		Notes. Pour qu'il y ait vol, il faut que la fraude, c'est-à-dire l'intention de faire son profit au préjudice d'autrui, ait accompagné la soustraction. 2 septembre 1830, n.° 240 — Il n'est pas indispensable d'indiquer dans la question le nom de la personne volée; il suffit de demander si les objets appartenaient à autrui. 6 juin 1845, n.° 191. Une seule question peut être posée relativement au vol de plusieurs objets, lorsque la soustraction frauduleuse a été commise au même lieu, dans le même moment, par les mêmes personnes, et à l'aide des mêmes circonstances, voyez 15 mai 1840, n.° 133, et 20 avril 1838, n.° 107; mais si les circonstances sont différentes, il faut faire des chefs d'accusation distincts. 27 mars 1845, n.°° 112 et 113. Les soustractions frauduleuses commises par des enfants naturels au préjudice des parents de leurs père et mère sont de véritables vols; l'art. 756 du code civil ne reconnaît de lien de famille en faveur des enfants naturels que vis-à-vis leurs père et mère qui les ont reconnus. 10 juin 1813, n.° 123. — L'enfant naturel qui réclame le bénéfice de l'art. 380, doit prouver sa filiation conformément aux art. 334 et 341 du code civil. 25 juillet 1834, n.° 241. — D'après l'art. 380, le complice par aide ou assistance d'un vol commis par un enfant au préjudice de ses père et mère n'est passible d'aucune peine; le recéleur seul peut être poursuivi. 1.er octobre 1840, n.° 292. L'immunité de l'art. 380 ne s'étend pas à l'étranger co-auteur; ni à l'étranger qui est complice lorsque, parmi les auteurs du vol, il se trouve un co-auteur étranger. 25 mars 1845, n.° 110. — Le recéleur est passible de la peine qu'aurait encourue l'auteur principal, s'il n'était pas dans la position exceptionnelle déterminée par l'art. 380. 24 mars 1838, n.° 79. — L'exception de l'art. 380 ne peut être invoquée, si le vol, au lieu de former l'objet principal de la prévention, n'en est qu'une circonstance aggravante, comme dans le cas de l'art. 304. 21 décembre 1837, n.° 435. — Les accusés ne peuvent invoquer le bénéfice de l'art. 380, lorsque la soustraction est réellement commise au préjudice d'un tiers, comme lorsqu'elle porte sur des choses frappées d'une saisie et sur lesquelles le saisissant et les autres créanciers ont acquis légalement des droits. Dans ce cas le fait doit être réprimé, soit d'après l'art. 400, s'ils agissaient de complicité avec le saisi, soit d'après l'art. 401, s'ils agissaient de leur propre mouvement. 19 février 1842, n.° 32. — La soustraction d'objets saisis, commise par un tiers, agissant d'après l'ordre du saisi, constitue non pas un vol, mais le détournement prévu par l'art. 400. 11 avril 1845, n.° 134.
2	**Sur un chemin public..............**	382, 383.	C. A. *Cette soustraction frauduleuse a-t-elle été commise sur un chemin public?* Notes. La question de publicité du chemin sur lequel un vol a été commis, doit être soumise au jury comme circonstance aggravante du fait principal, 21 février 1828. D. 1828, p. 142. — L'art. 383 n'est pas applicable au vol commis dans les chemins publics qui forment des rues de villes ou de faubourgs, l'absence de moyens de secours, motif de la sévérité de la loi, n'existant plus alors, 6 avril 1815, n.° 24.
3	**Dans un édifice consacré au culte. . . .**	386.	C. A. *Cette soustraction frauduleuse a-t-elle été commise dans un édifice consacré à un culte légalement établi en France?*
4	**Dans un lieu habité ou servant à l'habitation, ou dans un lieu réputé tel d'après les articles 390 et 392.**	*Id.*	C. A. *Cette soustraction frauduleuse a-t-elle été commise dans etc.?* (Indiquer le lieu où le vol a été commis; dire par exemple si c'est dans une maison habitée, dans une grange ou dans un jardin dépendant d'une maison habitée, etc.) Notes. Est réputé maison habitée un bateau dans lequel se trouve un logement pour le batelier, quoiqu'il n'y fasse pas sa demeure habituelle, 8 octobre 1812. J. P. — Une voiture publique ne peut être assimilée à une maison habitée, 7 septembre 1827, n.° 235; — un magasin militaire n'est pas réputé de plein droit maison habitée, 9 janvier 1824. S. 1824, p. 210. — Les énonciations de la deuxième partie de l'art. 390 sont évidemment démonstratives comme l'indique le mot *comme....* Ainsi un jardin tenant à une maison habitée en est une dépendance tout comme une cour; il est compris dans l'enceinte générale, 18 juin 1812. S. 1813, p. 51; — peu importe qu'il ait une clôture particulière, il est compris dans l'enceinte générale, 3 mai 1832. D. 1832, p. 314. — Jugé que l'emplacement même reconnu dépendant d'une maison habitée n'est pas compris dans les énonciations de l'art. 390, le mot *emplacement* étant une expression vague qui ne suppose aucune clôture, ni générale, ni particulière. 1.er avril 1820. S. 1820, p. 236. — Une cave séparée de la maison par une route ne peut être considérée comme comprise dans l'enceinte générale, et n'est pas, par conséquent, une dépendance dans le sens de la loi. 30 mai 1812. J. P. — La loi ne distingue pas si la maison est habitée par la personne volée ou par le voleur lui-même. 10 décembre 1836, n.° 386. — 19 avril 1838, n.° 104.
5	**Pendant la nuit. ....**	381. 385. 386.	C. A. *Cette soustraction frauduleuse a-t-elle été commise pendant la nuit?* ou *a-t-elle été commise dans l'intervalle de temps entre le coucher et le lever du soleil?* Notes. D'après l'art. 78 du code de procédure civile, la loi considère comme nuit l'intervalle entre le coucher et le lever du soleil, 23 juillet 1813, n.° 160, 4 juillet 1823, n.° 91; — peu importe qu'au moment du vol il régnât dans la maison toute l'activité du jour, 12 février 1813. S. 1813, p. 246.
6	**Par deux ou plusieurs personnes......**	381. 385. 386.	C. A. *Cette soustraction frauduleuse a-t-elle été commise par deux ou par plusieurs personnes?* Notes. Le vol commis par un individu qu'un autre a assisté doit être réputé commis par deux personnes, 24 août 1827, n.° 224. — Le vol commis dans une maison par un individu pendant qu'un autre, agissant de concert, fait le guet au-dehors, est évidemment un vol commis par deux personnes, puisque les individus coopèrent au fait même du vol, 9 avril 1813. S. 1813, p. 320. — La participation de deux personnes à un vol n'est une circonstance aggravante qu'autant qu'elle a eu lieu dans une intention criminelle de la part de l'une et de l'autre, 6 février 1838. J. P. T. 1, 1838, p. 240.
7	**Si les coupables ou l'un d'eux étaient porteurs d'armes apparentes ou cachées, telles qu'elles sont définies par l'art. 101.**	381, 385. 386.	C. A. *Au moment du vol, l'accusé était-il porteur d'armes apparentes ou cachées?* Note. On pourrait demander si l'accusé était porteur de tel objet, sauf à la cour à décider ensuite si cet objet est une arme dans le sens de l'article 101.
8	**S'il y a eu** menace de faire usage des **armes.**	381, 382.	C. A *L'accusé a-t-il commis le crime avec menace de faire usage de ses armes?* Note. La menace de faire usage des armes constitue une violence. — 18 mai 1820. J. P.
9	**Si le vol a été commis à l'aide de violence.**	381, 382. 385, 256.	C. A. *Cette soustraction frauduleuse a-t-elle été commise avec violence?* Notes. Envelopper d'une couverture la tête d'une personne volée pour l'empêcher de reconnaître les voleurs ou de crier, c'est commettre un acte de violence. 26 mars 1813. J. P. — Demander à un individu la bourse ou la vie en tenant sur sa tête un bâton, constitue la violence avec menace de faire usage d'une arme, 19 juin 1828. J. P. — Il suffit que la violence ait eu lieu dans la fuite des voleurs. 18 décembre 1812. S. 1813, page 194. (Dans l'espèce, les voleurs surpris en flagrant délit avaient, pour s'échapper, fait usage de violence.) — Dans une accusation de vol avec violences, on peut poser, comme résultant des débats, une question de coups et blessures. 19 décembre 1836, n.° 386.

SUITE DU VOL.

		Code pénal	
0	Si la violence a laissé des traces de blessures ou de contusions.	382.	C. A. *Cette violence a-t-elle laissé des traces de blessures ou de contusions?* Voyez n.° 9, page 87.
1	Si le vol a été commis à l'aide d'un faux titre.	381, 384.	C. A. *Pour commettre cette soustraction frauduleuse, l'accusé a-t-il pris le titre ou s'est-il revêtu de l'uniforme de tel fonctionnaire: ou a-t-il allégué un faux ordre de telle autorité?*
2	Si le vol a eu lieu à l'aide d'effraction extérieure ou intérieure (telles qu'elles sont définies par les articles 393, 394, 395 et 396), soit dans des lieux habités ou réputés tels d'après les articles 390 et 392 (voyez page 87, n.° 4), soit dans des édifices, parcs ou enclos non servant à l'habitation, ou dans des lieux réputés parcs ou enclos d'après les articles 391 et 392.	*Id.*	C. A. *Cette soustraction frauduleuse a-t-elle été commise à l'aide d'effraction extérieure ou intérieure dans tel lieu?* (Désigner le lieu où le vol a été commis, à moins qu'une question à cet égard n'ait déjà été posée séparément, et, dans ce dernier cas, on se borne à demander si la soustraction frauduleuse a été commise à l'aide d'effraction extérieure ou intérieure.) Notes. On pourrait aussi interroger le jury sur les circonstances qui constituent l'effraction, et par exemple, s'il s'agit d'effraction extérieure, poser ainsi la question: pour commettre la soustraction frauduleuse, l'accusé a-t-il forcé la porte d'entrée ou la serrure de la porte d'entrée du logement habité par le sieur...; ou a-t-il brisé les carreaux d'une fenêtre servant de clôture à la chambre habitée par le sieur...; ou a-t-il dégradé une partie de la toiture de la maison habitée par le sieur..., en déplaçant un certain nombre de tuiles, etc. — S'il s'agit d'effraction intérieure, on pourrait poser ainsi la question: Pour commettre cette soustraction frauduleuse, l'accusé, après s'être introduit dans la maison habitée par le sieur..., a-t-il forcé la porte d'une chambre dans laquelle étaient renfermés les objets volés; ou a-t-il brisé la serrure de l'armoire qui contenait les objets volés?... L'effraction n'est une circonstance aggravante du vol qu'autant qu'elle a eu lieu suivant l'art. 381, n.° 4, du code pénal, *dans une maison, appartement, chambre ou logement habités, ou servant à l'habitation ou leurs dépendances;* — ou, suivant l'art. 384 du même code, *dans des édifices, parcs ou enclos non servant à l'habitation et non dépendant des maisons habitées.* Il faut donc que les questions s'expliquent sur ces circonstances, 25 avril 1844, n.° 149. — 6 juin 1839, n.° 180. — 12 décembre 1838, n.° 332. — Enlever les clous d'une serrure (7 novembre 1812. J. P.), en forcer le pène (27 janvier 1831, n.° 16), sont des effractions; enlever des tuyaux de plomb en dégradant le mur d'une maison dans lequel ils sont encaissés, constitue un vol dans une maison à l'aide d'effraction extérieure, 8 août 1811. S. 1812, p. 80; il en est de même: du vol de barreaux de fer d'un soupirail de cave en dégradant les pierres dans lesquelles ils étaient scellés, 21 mai 1813. J. P.; du vol des plombs d'une fenêtre en brisant les carreaux et le châssis, 16 avril 1813. J. P. — Déplacer une barre mobile retenant les battants d'une porte, moyen ordinaire d'ouverture, ne constitue pas une effraction, 18 juin 1812. J. P. — L'effraction au coffre d'une voiture stationnant sur la voie publique n'est pas faite dans un lieu habité ou réputé tel, et n'a pas les caractères de l'effraction définie par la loi. 8 février 1839 J. P. Tome 1.er 1839, p. 192. — Voler des objets enfouis en ôtant la terre qui les couvre, ce n'est pas voler avec effraction. 17 novembre 1814. J P.
3	Si les objets enlevés dans les lieux mentionnés ci-dessus au n.° 12, sont des caisses, boîtes, ballots sous toile et cordes, et autres meubles fermés contenant des effets quelconques.	401. 384, 396.	F. P. *N... est-il coupable d'avoir, à telle époque, soustrait frauduleusement une caisse, un ballot, contenant tels objets appartenant à...?* C. A. En deux paragraphes (voyez n.° 8, p. 75): 1.° *Cette caisse était-elle fermée; ce ballot était-il sous toile et cordes?* 2.° *cette soustraction frauduleuse a-t-elle été commise dans, etc.?* (indiquer le lieu comme pour l'effraction n.° 12.) Notes. La soustraction frauduleuse de caisses, boîtes et autres meubles fermés, n'est comprise dans la classe des effractions intérieures, qu'autant que cette soustraction a eu lieu, soit dans une maison, soit dans un enclos, soit dans leurs dépendances. 7 septembre 1827, n.° 235. — Le vol d'un meuble fermé contenant des effets quelconques, doit être qualifié vol avec effraction intérieure, lorsque cet enlèvement a été commis dans une maison, cour, basse-cour, enclos ou dépendances, encore bien que la fracture du meuble, après l'enlèvement et hors du lieu du vol, ne soit pas un fait prouvé. 14 décembre 1839, n.os 381 et 382. — Antérieurement, la cour de cassation avait jugé plusieurs fois que de la dernière partie de l'art. 396, il ressortait qu'il fallait nécessairement qu'il y eût eu effraction matérielle à une époque plus ou moins rapprochée de l'enlèvement des meubles volés. 12 janvier 1832, n.° 18. — 10 juin 1824, n.° 78. — 7 juin 1821, n.° 90.
4	Si le vol a eu lieu à l'aide de bris de scellés.	253, 256.	C. A. Voyez la formule n.° 12, en substituant les mots *bris de scellés* au mot *effraction.*
5	Si le vol a eu lieu à l'aide d'escalade, telle qu'elle est définie par l'art. 397, dans les lieux mentionnés ci-dessus au n.° 12.	384, 381.	C. A. Voyez la formule n.° 12, en substituant le mot *escalade* au mot *effraction.* Notes. On pourrait aussi interroger le jury sur les circonstances qui constituent l'escalade (19 août 1813. D. T. 2, p. 1526), et par exemple poser ainsi la question: Pour commettre cette soustraction frauduleuse, l'accusé s'est-il introduit dans la maison habitée par le sieur... en franchissant le mur de clôture; en franchissant une fenêtre servant de clôture; en franchissant la haie du jardin attenant à cette maison; en passant par un soupirail de cave ou par une ouverture souterraine non établie pour servir d'entrée. — Dans une accusation de vol avec escalade, il faut, comme pour les effractions, que la circonstance du lieu où le crime a été commis, soit clairement énoncée dans la question. — Pour qu'il y ait escalade, il faut que l'entrée ait eu lieu du dehors dans l'intérieur de la maison. 13 mai 1826, n.° 96. Celui qui est entré sans escalade dans l'intérieur d'une maison occupée distinctement et séparément par plusieurs personnes, de quelque manière qu'il pénètre ensuite de l'appartement d'un locataire dans celui d'un autre, ne commet pas d'escalade punie par la loi. 14 septembre 1843, n.° 239. — L'escalade est une circonstance aggravante, lors même qu'au moment de l'escalade le coupable n'aurait pas eu l'intention de voler. 15 janvier 1813, n.° 3. — Le vol d'un cheneau de plomb commis sur le toit d'une maison (sans avoir d'ailleurs pénétré dans la maison), est un vol avec escalade dans une dépendance de maison habitée. 10 septembre 1841, n.° 276.
6	Si le vol a eu lieu à l'aide de fausses clefs (telles qu'elles sont définies par l'art. 398), dans les lieux mentionnés ci-dessus, au n.° 12.	384, 381.	C. A. Voyez la formule n.° 12, en substituant les mots *fausse clef* au mot *effraction.* Notes. Conformément aux observations ci-dessus, n.° 12, on pourrait poser ainsi la question: Pour commettre cette soustraction frauduleuse, l'accusé s'est-il introduit dans la maison habitée par le sieur..., en se servant d'une clef autre que celle destinée par le propriétaire à l'ouverture de la porte d'entrée? — L'accusé, après s'être introduit dans la maison habitée par le sieur..., a-t-il ouvert l'armoire renfermant les objets volés, à l'aide d'une clef autre que celle destinée par le propriétaire à l'ouverture de ce meuble? Notes. Le vol avec fausses clefs ne peut être puni selon l'art. 384 qu'autant que le jury s'est expliqué sur la question de savoir si le vol a eu lieu dans des édifices, parcs ou enclos servant ou ne servant pas à l'habitation. 12 juillet 1838, n.° 204. 25 juillet 1844, n.° 274. — Une clef perdue, égarée ou soustraite est une fausse clef. 19 mai 1836. J. P.
7	S'il y a contrefaçon et altération de clefs.	399.	F. P. *L'accusé est-il coupable d'avoir, à telle époque, dans tel endroit, frauduleusement contrefait ou altéré des clefs?*
		399.	C. A. *L'accusé est-il un serrurier de profession?*

		Code pénal.	
18	**Vol par un domestique ou un homme de service à gages.**	386^{3}.	F. P. V. formule p. 87, n° 1. C. A. *Lors de cette soustraction, l'accusé était-il le domestique ou l'homme de service à gages du S.r ?* Notes. Le domestique a cette qualité à l'égard de la femme et des enfants du chef de la maison, 6 sept. 1821. D. 1821, p. 581. Le vol par un domestique est un crime, n'importe où se trouvent, lors de sa perpétration, les objets volés. 14 avril 1831, n.° 81.—Est domestique à gages celui qui sert dans une auberge sous la seule condition d'y être nourri et logé, et de recevoir sa part des libéralités des voyageurs. 28 mars 1807. S. 1807, 2.e p., p. 910.—Est homme de service à gages: le commis salarié d'un s.-préfet, 14 fév. 1828, n.° 33;—le commis salarié d'un marchand, 10 déc. 1830, n.° 214;—le clerc à gages d'un huissier, 28 sept. 1827. S. 1828, p. 91.
19	**Vol commis par un domestique envers des personnes qu'il ne servait pas, mais qui se trouvaient soit dans la maison de son maître, soit dans celle où il l'accompagnait.**	386^{3}.	F. P. Voyez formule page 87, n.° 1. — C. A. *Cette soustraction frauduleuse a-t-elle été commise dans la maison du S.r N..., dont l'accusé était alors le domestique, et chez qui la personne volée se trouvait?* C. A. *Cette soustraction frauduleuse a-t-elle été commise dans la maison du S.r..., où l'accusé accompagnait le S.r N..., dont il était alors le domestique?* Notes. Le vol commis par un domestique, au préjudice de tout autre que son maître, n'a le caractère de vol domestique que dans le cas où il l'a commis, soit dans la maison de son maître, soit dans celle où il l'accompagnait. 13 février 1834, n.° 49. Demander si un vol a eu lieu *au domaine du maître*, ce n'est pas exprimer d'une manière suffisante que c'est dans la maison ou ses dépendances. 24 mai 1832, n.° 186. — Il n'est pas nécessaire que la personne volée se trouve dans la maison au moment même de l'exécution du crime, il suffit qu'elle y ait été reçue. 19 mai 1838, n.° 138. — Le domestique qui vole dans la maison de son maître les effets d'un autre domestique parti depuis plusieurs mois, est passible de l'art. 386. 13 février 1819, n.° 23.
20	**Vol commis par un ouvrier, un compagnon ou un apprenti, dans la maison, l'atelier ou le magasin de son maître.**	386^{3}.	F. P. Voyez formule page 87, n.° 1. — C. A. *Cette soustraction frauduleuse a-t-elle été commise dans la maison, l'atelier* ou *le magasin du S.r..., dont l'accusé était alors l'ouvrier, le compagnon* ou *l'apprenti?* Note. Pour l'application du n.° 3 de l'art. 386, il faut deux circonstances: que le vol ait été commis par un ouvrier, compagnon ou apprenti, et qu'il l'ait été dans la maison, l'atelier ou le magasin du maître. 21 janvier 1836, n.° 22. L'art. 386 s'étend aux vols commis par l'ouvrier dans l'appartement du maître, séparé de l'atelier. 29 avril 1830. J. P.
21	**Vol commis par un individu travaillant habituellement dans l'habitation où il a volé.**	386^{3}.	F. P. V. formule page 87, n.° 1.— C. A. *L'accusé, à cette époque, travaillait-il habituellement dans l'habitation où il a volé?* Notes. Pour appliquer l'art. 386, il faut que le vol ait eu lieu dans la maison de la personne chez qui l'accusé travaillait habituellement. 29 octobre 1830, n.° 240. — 21 janvier 1836, n.° 22. — Il n'est pas nécessaire que le vol ait été commis au préjudice de la personne chez laquelle on travaillait. 20 mars 1829. J. P. La loi n'exige pas que l'accusé ait fait un travail continu dans la maison, ni qu'il y ait travaillé le jour même du vol. 27 août 1813, n.° 188. — L'art. 186 est applicable à l'employé de l'administration des postes qui soustrait des lettres, dans le bureau où il travaille habituellement, bien qu'elles ne contiennent aucune valeur. 24 juillet 1829. S. 1830, p. 179.
22	**Vol par un aubergiste, un hôtelier, un voiturier, un batelier, ou un de leurs préposés, de tout ou partie des choses qui leur étaient confiées à ce titre.**	386^{4}.	F. P. Voyez formule page 87, n.° 1. — C. A. *Les objets volés étaient-ils confiés à l'accusé en sa qualité d'aubergiste, d'hôtelier, de voiturier, de batelier* ou *de préposé d'un aubergiste, etc.?* Notes. Les logeurs et loueurs en maison garnie sont compris dans la dénomination d'aubergiste, d'hôtelier. 27 juin 1811, n.° 97. — Même décision relativement aux cabaretiers, 14 février 1812, n.° 30; — et aux cafetiers, 17 juin 1830, n.° 170. — Il n'est pas nécessaire que les objets soustraits aient été donnés spécialement en garde à l'aubergiste; celui-ci est de droit dépositaire des effets apportés chez lui par un voyageur. 28 octobre 1813, n.° 232. — 28 octobre 1830. J. P. — Jugé que l'art. 386 est applicable à l'hôtelier qui vole la montre laissée sur une table, dans son auberge, par une personne qui y avait pris son repas. 28 octobre 1813, n.° 232. Le vol commis par un voiturier d'objets confiés à sa garde comme voiturier, n'est pas seulement un abus de mandat, mais un vol qualifié par le n.° 4 de l'art. 386 du code pénal. — 9 avril 1842, n.° 86. — Le vol commis par un voiturier n'éprouve pas d'aggravation par suite des circonstances qui l'ont accompagné. 18 mai 1843 J. P. T. 2. 1843, p. 197.
23	**Vol dans les champs, de chevaux, de bestiaux et d'instruments d'agriculture.** **Vol de bois dans les ventes..........** **Vol de pierres dans les carrières .....** **Vol de poisson en étang, vivier ou réservoir.**	388^{1} 388^{6} 388^{2}, *id.* *id.* *id.* *id.* *id.*	Notes. Si le vol simple, aux termes de l'art. 388, se trouve accompagné des circonstances aggravantes de la nuit et de deux personnes, il rentre alors dans la classe des vols punis par l'art. 386. 18 avril 1834, n.° 113. — Voyez, en conséquence, pour la position des questions, formules p. 87, n.os 1, 5 et suivants. En employant le mot *chevaux* au pluriel, l'article 388 a compris nécessairement dans sa disposition le vol d'un seul cheval. 2 janvier 1813, n.° 1. — Par le mot *champs* on entend les terres labourables, les bois, les pâturages, et en un mot toute propriété rurale dans laquelle sont exposés à la foi publique les objets volés. 2 janvier 1813, n.° 1. Le mot *vente* comprend toute coupe de bois en exploitation. 7 mars 1828, n.° 27. — L'art. 388 ne s'applique pas au vol de bois dans une prairie, 2 juin 1815. S. 1815, p. 195; — ni au vol de planches dans les champs. 5 mars 1818. S. 1818, p. 343.
24	**Vol dans les champs, de récoltes déjà détachées du sol,** **Soit la nuit, soit par plusieurs personnes, soit à l'aide de moyens de transport.**	388^{3} 388^{6} 388^{4} 388^{6}	Notes. Si le vol de récoltes déjà détachées du sol présente la réunion des circonstances de la nuit et de deux personnes, c'est l'art. 386 qui est applicable. 8 fév. 1834, n.° 47. — Voyez, pour la position des questions, formules p. 87, n.os 1, 5 et suivants. Le vol de légumes placés aux champs dans une fosse n'est pas un vol de récolte; c'est un vol simple prévu par l'art. 401. 11 juin 1829, n.° 119. — Est vol de récoltes le vol d'arbres abattus dans les champs. 1.er mars 1816. D. T. 14, p. 422.
25	**Vol, dans les champs, de récoltes non encore détachées du sol, soit avec des paniers ou objets équivalents, soit à l'aide de voitures ou d'animaux, soit la nuit, soit par plusieurs personnes.**	385^{5} 388^{6}	Notes. Le vol de récoltes non détachées du sol, s'il a été commis par deux personnes et pendant la nuit, est passible de l'art. 386. 20 mars 1834, n.° 93. — Voyez, pour la position des questions, formules page 87, n.° 1, 5 et suivants. En l'absence de toute circonstance aggravante, l'enlèvement de récoltes attenant à leurs racines, s'il a été commis dans des champs ouverts, est prévu par l'art. 475, n.° 15 du code pénal. — Enlever des récoltes attenant à leurs racines dans un jardin dépendant d'une maison habitée, c'est commettre un vol puni par l'art. 401. 31 janvier 1828, n.° 27.
26	**Soustraction, destruction et enlèvement d'objets contenus dans des dépôts publics, ou remis à un dépositaire public.** *Si le coupable est le dépositaire.....* *S'il y a eu violence...............*	254, 255. 255^{2}. 256.	F. P. *N... est-il coupable d'avoir, à telle époque, dans tel endroit, soustrait frauduleusement, détruit ou enlevé tels objets contenus dans tel dépôt public ou remis à tel dépositaire public en cette qualité?* Notes. La circonstance de la publicité du dépôt est constitutive du crime spécial prévu par les art. 254 et 255. 22 mars 1844, n.° 114. — Dans l'art. 255, le mot contenu veut dire déposé dans les archives, etc., dans un but analogue à leur destination. 19 janvier 1843, n.° 5. — L'art. 255 est applicable: au vol de livres dans une bibliothèque publique, 25 mars 1819, n.° 36; au vol de tableaux dans un musée. 10 sept. 1840, n.° 262. C. A. *L'accusé était-il dépositaire public des objets volés?* C. A. Voyez formule et notes page 87, n.° 9, et page 88, n.° 10.
27	**Extorsion de la signature ou de la remise d'un titre.** **S'il y a eu force, violence ou contrainte.**	400.	F. P. *N... est-il coupable d'avoir, à telle époque, dans tel endroit, extorqué la signature ou la remise de telle pièce, contenant ou opérant obligation, disposition ou décharge?* C. A. *Cette extorsion a-t-elle été commise par force, violence ou contrainte?* Notes. L'extorsion, sans la violence, est un vol simple. 30 avril 1830. S. 1830, p. 378. 7 oct. 1831, n.° 247. — La loi n'est pas applicable à la femme reconnue coupable d'extorsion envers son mari au profit d'un tiers. (art. 380). 8 fév. 1840, n.° 51. L'art. 400 ne s'applique pas à l'extorsion de signatures, si le papier est resté à l'état de blanc-seing. 19 juin 1845.—Dans une accusation d'extorsion, on peut poser, comme résultant des débats, une question de coups et blessures (art. 311), une question de menaces avec ordre ou sous condition (art. 307). Même arrêt.

Tentative et complicité, voyez page 78. Code pénal

ABUS DE CONFIANCE........ 408[1].

ABUS DE CONFIANCE.

F. P. *N... est-il coupable d'avoir, à telle époque, dans tel endroit, détourné ou dissipé au préjudice du S.r..., qui en était propriétaire, possesseur ou détenteur, tels objets* (dire si ce sont des effets, deniers, marchandises, billets, quittances, ou autres écrits contenant ou opérant obligation ou décharge) *qui ne lui avaient été remis qu'à titre de louage, de dépôt, de mandat ou pour un travail salarié ou non salarié, à la charge de les rendre ou représenter, ou d'en faire un usage ou un emploi déterminé?* — Voyez notes ci-dessous n.° 2.

Si l'accusé est domestique, homme de service à gages, etc. 408[2].

C. A. *A cette époque, l'accusé était-il le domestique, l'homme de service à gages, l'élève, le clerc, le commis, l'ouvrier, le compagnon ou l'apprenti du S.r...?*

NOTES. Il suffit de poser les questions dans les termes de l'art. 408. La qualification du fait conforme au texte comprend virtuellement la solution affirmative de la circonstance de la fraude. 30 nov. 1837, n.° 416. — Le détournement de lettres et dépêches de la part d'un commis ou d'un mandataire, ne constitue l'abus de confiance prévu par l'art. 408, qu'autant que de la déclaration du jury, il résulte que ces lettres contenaient ou opéraient obligation ou décharge. 21 août 1840. J. P. T. 2. 1840, p. 415. — Le domestique qui détourne à son profit des sommes qu'il a reçues de son maître pour les dépenses journalières de la maison, commet le crime d'abus de confiance au préjudice de son maître, quoique les fournisseurs n'aient pas d'action contre ce dernier. 28 janvier 1842, n.° 18.— Détourner des objets qu'on a reçus à titre de prêt, pour les employer à son usage, ne constitue pas l'abus de confiance. 17 mars 1841. S. 1842, p. 941. Contrà, 22 juin 1839, n.° 201. — 24 juillet 1840, n.° 215. — Celui qui détourne à son profit une lettre portant son adresse, mais destinée à un tiers qui l'avait chargé de la recevoir, commet un abus de confiance (Dans l'espèce, la lettre renfermait un mandat sur la poste.) 22 mai 1841, n.° 151. — L'abus de confiance, commis par un voiturier, constitue un vol qualifié par le n.° 4 de l'art. 386. 9 avril 1842, n.° 86. — L'individu qui dérobe des matières premières à lui remises pour les travailler à son domicile, n'est passible que du 1.er § de l'art. 408. 16 mars 1837, n.° 82. — La juridiction criminelle compétente pour connaître de la violation d'un dépôt, a aussi caractère pour prononcer sur la préexistence de ce dépôt; mais elle doit se conformer aux règles du code civil (art. 1340 et 1347). 2 déc. 1813, n.° 255. — Si donc il s'agit d'un dépôt excédant 150 fr., et qu'il n'y ait ni commencement de preuve par écrit, ni aveu de l'accusé, la preuve testimoniale ne peut être reçue (art. 1341 du code civil.) 25 janvier 1838 n.° 24. 26 sept. 1823, n.° 135. — Même décision relativement à l'abus de mandat. 17 juill. 1841, n.° 213. — La preuve de l'existence d'un dépôt peut être faite par témoins, lorsque le dépôt lui-même a été obtenu par fraude. 22 août 1840. S. 1841, p. 255. 14 juillet 1843, n.° 183 —Jugé depuis en sens contraire le 20 avril 1844. D. 1844, p. 399.—Le juge de l'action étant le juge de l'exception, la juridiction correctionnelle est compétente pour apprécier l'exception que le prévenu fait résulter d'un compte à débattre entre lui et son mandant. 13 mars 1840. S. 1841, p. 207.—Le retard dans l'accomplissement du mandat, sans intention frauduleuse, ne constitue pas l'abus de confiance. 5 nov. 1835. S. 1835, p. 790. En l'absence de partie civile, il suffit d'évaluer le dommage résultant du délit, pour arriver à la fixation de la quotité de l'amende qui doit être prononcée d'après l'art. 408. 13 juin 1845. D. 1845, p. 371.

BANQUEROUTE FRAUDULEUSE.. Code de c. 591, 593[3] 402 c. p.

BANQUEROUTE FRAUDULEUSE.

F. P. *N..., commerçant failli* (et, dans le cas de l'art. 593[3], *N... faisant le commerce sous le nom d'autrui ou sous un nom supposé) est-il coupable d'avoir, à telle époque, dans tel endroit, frauduleusement soustrait ses livres, détourné ou dissimulé une partie de son actif, ou de s'être, soit dans ses écritures, soit par des actes publics ou des engagements sous signature privée, soit par son bilan, frauduleusement reconnu débiteur de sommes qu'il ne devait pas?*

NOTES. La qualité de commerçant failli est constitutive du crime de banqueroute frauduleuse. 3 octobre 1839, n.° 316.

Le jury a caractère pour constater le fait de la faillite. Il n'est pas nécessaire qu'un jugement passé en force de chose jugée, ait déclaré l'ouverture de la faillite. 29 mars 1838, n.° 87. — 21 nov. 1833, n.° 470. — Peu importe au criminel les décisions rendues par les tribunaux de commerce. 9 mars 1811, n.° 33. 26 avril 1844, n.° 155. — Aux termes des articles du code de commerce, nul ne peut être puni comme banqueroutier frauduleux, à moins que le jury ne l'ait déclaré *commerçant* failli. 20 sept. 1838, n.° 310. Il ne suffirait pas que l'accusé fut déclaré en état de faillite. 18 oct. 1842, n.° 282. — Il faut questionner le jury sur les faits qui constituent la banqueroute frauduleuse. 11 juillet 1816, n.° 41. — Un seul des faits prévus par la loi suffit pour constituer la banqueroute frauduleuse. 3 nov. 1831. J. P. — On peut demander s'il y a eu détournement ou dissimulation de l'actif sans qu'il soit nécessaire de spécifier de quoi se composent les valeurs détournées. 16 janv. 1840. J. P. T. 1. 1843, p. 353. — Il importe peu que la soustraction ou le recel aient été faits avant ou après la déclaration de la faillite. 26 mai 1838. J. P. T. 2. 1838, p. 188. —29 déc. 1828, n.° 333. — Dans une poursuite de banqueroute frauduleuse, les syndics de la faillite peuvent se constituer parties civiles au nom des créanciers, sans y être autorisés par une délibération spéciale. 23 mai 1840. J. P. 1840. T. 2, p. 709.—D'après les art. 600 et 601 du c. de c., il ne peut être accordé de domm.-intérêts à des créanciers intervenant comme parties civiles; ce serait violer le principe de l'égalité. 7 nov. 1840. J. P. 1841. T. 2, p. 393.

Le banqueroutier frauduleux acquitté peut (voyez l'espèce) être poursuivi correctionnellement pour abus de confiance. 7 juin 1845, n.° 192.

Complicité, voyez page 78. Code pénal 59 et 60.

NOTES. Voyez formules et notes, p. 78. — La loi de 1838 a replacé la complicité, en matière de banqueroute, sous l'empire des art. 59 et 60 du code pénal. 5 mars 1841, n.° 55. — La complicité, en matière de banqueroute simple, n'est pas prévue par la loi. 10 oct. 1844, n.° 341.

Le complice ne peut être condamné qu'autant que l'auteur est déclaré *commerçant* failli. 18 oct. 1842, n.° 282.

Lorsqu'un complice n'est poursuivi qu'après l'acquittement de l'auteur, les questions doivent nécessairement comprendre quelques-uns des faits matériels qui ont déjà été soumis à d'autres jurés; mais il n'y a là qu'une contrariété apparente, le jury devant lequel l'auteur principal avait comparu, ayant été interrogé non pas seulement sur l'existence de ces faits, mais sur leur criminalité. 5 mars 1841, n.° 55.

Affirmation par un tiers de créances frauduleuses. Code de c. 593[2]. 402 c. p.

F. P. *N... est-il coupable d'avoir, à telle époque, dans tel endroit, frauduleusement présenté dans la faillite du S.r... et affirmé, soit en son nom, soit par interposition de personnes, des créances supposées?*

Dissimulation par un tiers de tout ou partie des biens du failli. 593[1]c. d. c. 402 c. p.

F. P. *N... est-il coupable d'avoir, à telle époque, dans tel endroit, dans l'intérêt du S.r..., commerçant failli, dont il connaissait la situation, soustrait, recélé ou dissimulé tout ou partie de ses biens, meubles ou immeubles?*

NOTES. Il ressort de l'ensemble des modifications apportées par la loi du 28 mai 1838, qu'elles ont eu pour objet d'atteindre divers actes émanés directement des tiers, et relatifs à la faillite, sans préjudice des cas généraux de complicité prévus par les art. 59 et 60 du code pénal. 3 juin 1843, n.° 131. — Pour l'application de l'art. 593, il n'est plus nécessaire, depuis la loi de 1838, qu'il y ait eu concert entre l'accusé et le failli. 2 mai 1840, n.° 125.

On peut poser dans la même question les deux alternatives de la soustraction et du recel. 26 mai 1838. J. P. 1838. T. 2, p. 188.

Celui qui, sans complicité avec le failli, détourne des effets au préjudice d'une faillite, à l'aide de bris de scellés et d'effraction, se rend coupable des crimes prévus par les art. 253 et 384 du code pénal. 13 mai 1841. J. P. 1842. T. 2, p. 442.

Tentative et complicité, voyez page 78.

FAUX.

Code pénal.

1 **FAUX EN ÉCRITURE PRIVÉE....** — 150, 147, 164, 165.

F. P. *N... est-il coupable d'avoir, à telle époque, dans tel endroit, commis frauduleusement un faux dans tel acte* (dire en quoi l'acte consiste), *soit par contrefaçon* (A) *ou altération* (B) *d'écritures ou de signatures, soit par fabrication de conventions, dispositions, obligations ou décharges, ou par leur insertion après coup dans cet acte* (C), *soit par addition ou altération de clauses, de déclarations, ou de faits que cet acte avait pour objet de recevoir et de constater ?*

Notes. On pourrait poser la question plus en fait, et par exemple demander si l'accusé est coupable : d'avoir frauduleusement apposé telle fausse signature au bas de tel écrit par lequel le signataire était censé, etc. ; — d'avoir, en substituant telle somme ou tels mots à tels autres qui étaient originairement exprimés, frauduleusement altéré tel écrit, etc.

Les trois caractères du crime de faux sont la fabrication matérielle d'un faux, l'intention de tromper et l'éventualité d'un préjudice. 12 septembre 1839, n.° 295. — 13 octobre 1842. D. 1842, p. 421. — Pour la criminalité, il ne suffit pas qu'il y ait eu intention coupable de la part de l'auteur ; il faut encore que le fait soit de nature à porter préjudice à autrui ; et si ce caractère dommageable ne résulte pas nécessairement de la nature de la pièce fausse, il doit ressortir des questions posées au jury. 20 janvier 1837, n.° 24. — Le non-usage d'une pièce fausse par celui qui l'a fabriquée, n'exclut pas le crime qui se commet par la fabrication de cette pièce ; la loi a distingué ces deux faits et les a punis séparément. 21 mars 1834, n.° 96.

Il ne faut pas demander au jury si l'accusé est coupable de faux en écriture privée, en écriture de commerce ou de banque, ou en écriture authentique et publique ; c'est là une question de droit à résoudre par la cour. Le jury n'a caractère que pour prononcer sur les faits matériels et de moralité. 1.er avril 1826, n.° 55. — 20 avril 1827, n.° 88.

On peut, dans la même question et sous forme alternative, demander si l'accusé a fabriqué ou fait fabriquer tel faux, la culpabilité de l'accusé étant la même, qu'il se soit servi de sa propre main ou de celle d'autrui. 4 septembre 1840. D. 1840, p. 446.

Lorsqu'un acte n'a de valeur que par la signature, il ne faut pas, sur la fabrication du corps de l'acte, poser une question séparée de celle sur la fabrication de la signature ; ce n'est qu'un seul et même fait. 4 sept. 1840, n.° 251. 7 juillet 1827, n.° 179.

Dans une accusation de faux billets, s'il résulte des débats que les billets dont il s'agit portaient la signature falsifiée de négociants, le président peut, conformément à l'art. 398, en poser la question séparément. 15 juillet 1837, n.° 206.

Dans une accusation de faux on peut poser, comme résultant des débats, une question d'usage de la pièce fausse. (v. page 93). 17 octobre 1811. S. 1817, p. 95. — On ne peut poser subsidiairement une question d'escroquerie. 1.er février 1844, n.° 27.

Dans une accusation de faux, il n'est pas nécessaire de représenter les pièces fausses. 29 mars 1838, n.° 87, 14 mai 1836, n.° 149.

Le faux peut être prouvé par les moyens d'instruction communs à tous les crimes. 14 mai 1836, n.° 149.

Le bénéfice de l'art. 380 ne peut être étendu au vol commis à l'aide de faux. 17 décembre 1829, n.° 277.

Relativement à la condamnation à l'amende (art. 164) et à l'exposition (art. 165), voyez arrêts, fin du n.° 5, p. 93.

(A) La fabrication de lettres missives fausses constitue le crime de faux, lorsqu'elles ont pour but de nuire à autrui, 27 sept. 1816, n.° 69. 9 sept. 1830. D. 1830, p. 387 ; mais la question doit s'expliquer à cet égard, des lettres n'étant pas nécessairement préjudiciables. 20 janvier 1837, n.° 24.—Il suffit que les fausses lettres puissent nuire à la réputation. 12 novembre 1813, n.° 247.

L'escroquerie commise à l'aide d'écrits propres seulement à exciter la charité publique, n'est pas un faux. 23 nov. 1815, n.° 64.

Se rend coupable de faux par contrefaçon de signatures : celui qui signe un acte d'un faux nom, lors même que ce serait d'un nom idéal, 16 juillet 1813, n.° 156. 25 juin 1840, n.° 187 ; celui qui, achetant de l'arsenic dans un but criminel, signe un faux nom sur le registre du pharmacien, 5 mars 1819, n.° 33 ; celui qui appose de fausses signatures au bas d'une pétition tendante à faire destituer un fonctionnaire. 3 août 1810, n.° 97. — La simple apposition d'une croix à la suite d'un billet ne constitue pas un faux, un pareil écrit n'engendrant aucune obligation. 1.er juin 1827, n.° 136. — Le faux pouvoir signé d'une croix constitue un faux, si ce pouvoir est revêtu de deux signatures de témoins contrefaites. 15 décembre 1831. J. P.

(B) L'enlèvement d'un corps d'écriture tracé sur le même papier qu'un acte parfait dans la forme, ne peut être considéré comme une altération d'écriture qu'autant que ce corps d'écriture s'incorpore à l'acte existant sur le même papier, et a pour résultat d'en compléter ou d'en modifier le sens ; ou bien si le corps d'écriture enlevé a un caractère particulier et distinct opérant obligation ou décharge. 25 février 1836, n.° 58. — Voyez 29 avril 1826, n.° 86, et 1.er décembre 1842, n.° 310.

L'individu non commerçant qui falsifie ses registres domestiques pour nier un paiement, peut être réputé faussaire. 27 janvier 1827, n.° 19.— Voyez 28 avril 1838, n.° 116, relativement au débiteur qui falsifie les registres domestiques de son créancier.

(C) Se rend coupable de faux par fabrication de conventions : celui qui appose dans un acte son propre nom pour simuler la présence d'une autre personne, 30 juillet 1836, n.° 252 ; celui qui, en faisant accroire à quelqu'un qu'il signe une pétition au ministre, lui fait souscrire un acte obligatoire, 13 février 1835, n.° 57 ; celui qui fait signer par un individu un billet de 500 fr. en lui persuadant qu'il n'est que de 60, 30 juillet 1829, n.° 167 ; celui qui, au-dessus d'une signature apposée au bas d'une pétition, inscrit une obligation à son profit ; ce n'est pas un simple abus de blanc-seing. 22 octobre 1812, n.° 225.

L'abus d'un blanc-seing est un faux, s'il n'a pas été confié *par le signataire* à celui qui en a abusé (art. 407). 4 février 1819, n.° 13.

Lorsqu'un individu est accusé d'avoir frauduleusement souscrit un effet de son propre nom, en indiquant qu'il agissait par procuration d'un tiers, il faut questionner le jury sur l'existence de la procuration. 3 mars 1837. J. P. T. 1. 1838, p. 84.

La 1.re partie du 3.° § de l'art. 147 s'applique à la fabrication de fausses conventions dans la rédaction même des actes, la dernière partie ayant pour objet l'insertion de fausses conventions faites après coup. 26 oct. 1824, n.° 135.—Le faux par supposition de personnes, c'est, dans l'art. 147, le faux *par fabrication de conventions.* 7 juillet 1814, n.° 31.— 5 sept. 1844, n.° 310.

2 **FAUX EN ÉCRITURE DE COMMERCE OU DE BANQUE.** — 147, 164, 165.

Voyez formule et notes n.° 1. — On peut comprendre dans la même question le fait du faux et la qualité de commerçant attribuée à celui dont la signature a été contrefaite ; cette qualité n'étant pas, à proprement parler, aggravante, mais constitutive du faux en écriture de commerce, qui est un crime spécial et distinct. 4 septembre 1840. D. 1840, p. 446. — Le mot *commerçant*, indiquant une profession, constitue une question de fait qui peut être soumise au jury. 12 janvier 1843, n.° 3.

Un billet à ordre ne peut constituer un acte de commerce qu'à raison de la qualité de commerçant du souscripteur, ou de la nature commerciale de l'opération, cause du billet. 24 août 1843, n.° 216 — La profession de tailleur n'emporte pas nécessairement la qualité de marchand (même arrêt). — L'énonciation *valeur en marchandises* laisse incertaine la nature commerciale du billet, puisque cette énonciation peut se rapporter à des marchandises destinées à l'usage personnel du souscripteur (même arrêt).

Les billets à ordre et les endossements forment des actes distincts ; les premiers peuvent être d'une nature civile, et les autres d'une nature commerciale. 23 mars 1827. J. P. — L'art. 147 est applicable à celui qui signe, de fausses signatures de commerçants, des lettres adressées à d'autres commerçants pour en obtenir des livraisons de marchandises. 15 juin 1827, n.° 147.

La lettre de change constitue un acte de commerce, indépendamment de l'opération et de la qualité du souscripteur. 24 août 1843, n.° 216. Dans la question, il faut poser les faits d'où résultent le caractère de lettre de change. 4 sept. 1840, n.° 251.

La fabrication d'un billet établissant une remise d'argent de place en place est un faux en écriture de commerce. 3 j.er 1828, n.° 3.

Est passible de l'art. 147 celui qui appose la fausse signature d'un mineur au bas d'une lettre de change. 21 août 1812, n.° 194.

L'art. 147 s'applique à la fabrication de faux billets de la banque d'Angleterre. 21 mars 1834, n.° 97.

Tentative et complicité, voyez page 78. Code pénal.

SUITE DU FAUX.

1 **FAUX EN ÉCRITURE AUTHENTIQUE ET PUBLIQUE.** — 147, 164, 165.

Voyez formule et notes, n.° 1, p. 91.— L'art. 147 suppose l'altération d'un acte pouvant être la base d'une action ou d'un droit; ainsi pas de faux dans la copie mensongère d'un acte notarié placée en tête d'un exploit, 2 septembre 1813, n.° 193; pas de faux dans la fabrication d'un acte de décès attribué à une personne sans qualité pour le dresser. 17 août 1815. S. 1815, p. 297.

L'accusé, pour établir la nullité de l'acte, et par suite sa non criminalité, ne peut se prévaloir de l'omission de certaines formalités qui ne tiennent pas à la substance de l'acte, mais seulement à ses effets légaux, 20 novembre 1807. S. 1808, p. 193.

Il n'est pas nécessaire que l'officier public soit réellement intervenu dans la rédaction de l'acte. 2 mai 1833. J. P.

Le mot acte, dans la complète signification du mot, veut dire un acte régulier et par conséquent signé. Jugé en conséquence que, sans poser de question sur la fabrication de la signature, on peut demander si l'accusé est coupable d'avoir, sous le nom de tel fonctionnaire, frauduleusement fabriqué tel acte faux. 7 juillet 1827, n.° 179.

Il y a faux en écriture publique et authentique :

— De la part de celui qui fabrique un acte de naissance ou en altère une expédition, 25 juin 1812, n.° 152; — qui fabrique un extrait du rôle des contributions foncières, 31 décembre 1813, n.° 265; qui altère les registres de recettes de l'octroi d'une ville, 2 juillet 1829, n.° 143; — qui altère une pièce émanée de l'officier public préposé à la perception des droits d'essai des matières d'or et d'argent, 19 mai 1826, n.° 99; — qui appose une fausse signature sur les registres des postes, 22 avril 1842, n.° 95; — qui, sous le nom d'un conducteur des ponts et chaussées, fait de faux mémoires pour le compte de l'administration, 21 avril 1837. J. P. 1840. T. 2, p. 52; — qui fabrique un diplôme de pharmacien, 26 août 1825, n.° 164; — ou un diplôme de docteur en médecine, 5 septembre 1833, n.° 357; — ou un brevet de capacité pour l'instruction, 23 décembre 1841, n.° 368; ou des lettres d'ordination, 29 août 1840, J. P. 1840. T. 2, p. 590;

— De la part de celui qui se présente sous le nom d'un autre pour subir une peine d'emprisonnement, 10 fév. 1827, n.° 33; pour subir un examen de bachelier ès-lettres, 28 février 1835, n.° 71; pour passer un acte de remplacement devant un intendant, 14 sept. 1821, n.° 157; ou un acte de devancement d'appel devant un officier de recrutement, 17 septemb. 1835, n.° 360.

— De la part de celui qui se présente devant un conseil de révision sous le nom et à la place d'un autre individu, soit pour le remplacer (13 octobre 1836, n.° 346), soit pour le faire réformer. 22 octobre 1842, n.° 275. — Ce n'est qu'une tentative de faux, si la fraude est découverte avant que le conseil ait dressé son acte. 8 octobre 1842, n.° 275.— Il n'est pas nécessaire que l'acte soit signé par le coupable qui a concouru sciemment à l'altération des faits que l'acte avait pour objet de constater. 23 mai 1833, n.° 195. — Jugé que celui qui part à la place de son frère portant les mêmes prénoms ne commet pas un faux, lorsque cette substitution n'a donné lieu à aucun changement dans les écritures. 17 décembre 1831, J. P.

— De la part de celui qui, pour être reçu remplaçant, déclare n'être pas marié. 6 oct. 1837, n.° 303. — 1.er juill. 1837, n.° 196.

— De la part de celui qui fabrique une expédition d'un acte notarié qui n'existe pas. 2 mai 1833, n.° 172.

— De la part du notaire qui fabrique sur ses minutes de fausses mentions de l'enregistrement. 27 janvier 1815, n.° 6.

— De la part de celui qui usurpe de faux noms dans des actes d'avoué à avoué. 17 mai 1839. J. P. T. 1.er 1839, p. 605. — De la part de celui qui se fait remettre un exploit par un huissier, en se présentant comme la personne assignée. 27 juin 1811. J. P.

2 **FAUX EN ÉCRITURE AUTHENTIQUE ET PUBLIQUE, PAR DES FONCTIONNAIRES ET OFFICIERS PUBLICS.** — 145. 164. 165.

F. P. *N..... est-il coupable d'avoir, à telle époque, dans tel endroit, dans l'exercice de ses fonctions de..... commis frauduleusement un faux dans tel acte, soit par fausses signatures, soit par altération d'écritures ou signatures, soit par supposition de personnes, soit par des écritures faites ou intercalées sur ledit acte, depuis sa confection ou clôture?*

146, 164, 165. — F. P. *N... est-il coupable d'avoir, à telle époque, dans tel endroit, dans l'exercice de ses fonctions de..., en rédigeant tel acte, frauduleusement dénaturé sa substance ou ses circonstances, soit en écrivant des conventions autres que celles tracées ou dictées par les parties, soit en constatant comme vrais des faits faux, ou comme avoués des faits qui ne l'étaient pas?*

Voyez notes n.° 1, page 91.— Pour appliquer l'art. 145, il faut que l'accusé ait agi frauduleusement, et la question doit s'expliquer à cet égard. 15 juin 1843, n.° 149. — On avait jugé le 13 octobre 1842, n.° 277, que la fraude était implicitement comprise dans cette question : N... est-il coupable d'avoir commis un faux par supposition de personnes, dans l'exercice de ses fonctions de notaire, et ce dans une procuration par lui retenue en cette qualité?

Aux termes des art. 145 et 146, on doit demander au jury si l'acte faux a été fabriqué par un officier public, soit par suite de ses fonctions, soit dans un acte de son ministère. 5 octobre 1843, n.° 257. — La circonstance d'officier public n'est pas seulement aggravante, elle est constitutive du faux prévu par l'art. 146. 13 octobre 1842, n.° 277. Voyez n.os 7 et 8, page 75.

On peut demander si un faux a été commis *par supposition de personnes*. 28 novembre 1844, n.° 382.

L'art. 145 prévoit le cas de conventions introduites dans l'acte *depuis la clôture*, et la question doit s'expliquer à cet égard. L'art. 146 a trait aux conventions introduites dans l'acte au moment de sa rédaction. 15 juin 1843, n.° 149.

Les individus coupables de faux en écriture authentique et publique ne peuvent être punis comme complices de l'officier rédacteur des actes, lorsque celui-ci n'a pas coopéré sciemment au faux (8 octobre 1818. 21 juillet 1814, n.° 33. — Contrà, 23 avril 1813, n.° 85), ou lorsqu'il a été acquitté (22 juillet 1830. S. 1830, p. 378); c'est l'art. 147 qui est applicable.

L'art. 146 est applicable : — à l'officier de l'état civil qui, dans un acte de mariage, constate frauduleusement que ce mariage a été précédé des publications prescrites, 23 avril 1843, n.° 42; — au comptable des deniers publics qui altère son registre de recettes; 10 juillet 1806. S. 1806. 2.e part., p. 677; — au conducteur des ponts et chaussées qui dresse de faux états de dépenses. 21 avril 1837, n.° 126. (Si ledit employé n'était pas encore assermenté, il n'y aurait qu'un faux en écriture privée. 21 sept. 1837, n.° 285.); — au notaire qui, dans un testament, énonce faussement que les dispositions lui ont été *dictées par le testateur, en présence de témoins*, 21 avril 1827, n.° 93; — au notaire qui donne à un acte une date fausse. 15 juillet 1819, n.° 80, 19 novembre 1819 S. 1823, p. 157; — ou qui, ayant reçu un acte hors de son ressort et sans témoins, constate faussement qu'il a été passé dans son étude et en présence de témoins, 10 novembre 1832, n.° 441; — au notaire qui, après-coup, signe un acte et le fait signer par des témoins qui n'y ont pas assisté, 17 juillet 1835, n.° 297; — (Voyez, 7 novembre 1812, n.° 241, un arrêt relatif à la signature de témoins instrumentaires apposée à un testament après le décès du testateur); — Au notaire qui délivre une expédition d'acte énonçant une fausse mention de l'enregistrement. 14 juin 1821, n.° 121; — au greffier de justice de paix qui délivre des expéditions de jugements non encore signés par le juge de paix (art. 139 du c. de p. c.). 22 août 1817, n.° 79.

3 **FAUX DANS CERTAINS CERTIFICATS.** — 162, 164, 165, et 150.

F. P. *N... est-il coupable d'avoir, à telle époque, dans tel endroit* (dans le cas de l'art. 146, ajouter : *en sa qualité de...*) *frauduleusement fabriqué tel faux certificat ayant pour objet de...* (Indiquer le fait d'où résulte la lésion)?

Voyez les notes n.° 1, p. 91, et ci-dessus, n.os 1 et 2. — L'art. 150 est applicable à celui qui, pour parvenir à la suppression d'un enfant, fabrique, sous le nom d'un médecin, un certificat de l'entrée de cet enfant dans un hospice. 8 sept. 1826, n.° 173.

L'art. 162 est applicable à celui qui, pour obtenir la décoration, fait de faux certificats de service. 1.er oct. 1824, n.° 128.

et 147. — L'art. 147 est applicable à celui qui, pour être reçu remplaçant, fabrique ou altère un des certificats exigés par la loi. 2 mars 1837, n.° 67. — Les vices de forme d'un faux certificat ne lui ôtent pas sa criminalité (voir l'espèce). 4 juin 1835, n.° 223.

et 146. — L'art. 146 est applicable à l'officier de l'état civil qui fait de faux certificats pour des remplaçants militaires. 10 avril 1829, n.° 73.

	Tentative et complicité, voyez page 78.	Code pénal	
			SUITE DU FAUX.
1	Usage d'actes faux..................	148, 151, 164, 165.	F. P. *N... est-il coupable d'avoir, à telle époque, dans tel endroit, frauduleusement fait usage de tel acte faux* (le qualifier d'après les règles posées pages 91 et 92), *sachant que ledit acte était faux?* Note. La circonstance que l'accusé a connu la fausseté de l'acte dont il a fait usage, est constitutive. 26 juin 1834, n.° 193.
2	Contrefaçon du sceau de l'état, des effets du trésor et des banques autorisées.	139, 164, 165.	F. P. *N... est-il coupable d'avoir, à telle époque, frauduleusement contrefait le sceau de l'état? — ou d'avoir fraud.t contrefait ou falsifié soit tels effets émis par le trésor public avec son timbre, soit des billets de telle banque autorisée par la loi?* Consultez les notes n.° 1, page 91. — Pour l'introduction en France, voir ci-dessous, n.° 6. — Pour l'usage, voir ci-dessus, n.° 1.
3	Question d'excuse	144, 138.	Voir ci-dessous, formule n.° 12.
	Contrefaçon des timbres, marteaux et poinçons de l'état.	140, 164, 165.	F. P. *N... est-il coupable d'avoir, à telle époque, frauduleusement contrefait* ou *altéré, etc.?* — Consultez les notes n.° 1, p. 91. — Pour l'usage, voir ci-dessus, n.° 1. — L'art. 140 est applicable à l'imitation plus ou moins exacte de la marque de l'ad.on forestière, sans l'aide de marteau. 5 déc. 1844, n.° 390. 21 oct. 1813, n.° 226; et à l'imitation des marteaux particuliers des agents de cette ad.on 16 mars 1844, n.° 102. — On peut poser deux questions: l'une sur la fabrication des faux timbres, l'autre sur la fabrication des fausses empreintes. 13 oct. 1843, n.° 265. — Le timbre de la poste n'est pas un timbre national. 28 nov. 1812, n.° 253.
	Contrefaçon des marques du gouvernement, des autorités et du commerce.	142, 164, 165.	F. P. *N... est-il coupable d'avoir, à telle époque, frauduleusement contrefait ou altéré, etc.?* — Consultez les notes n.° 1, page 91. — Pour l'usage, voir ci-dessus, n.° 1. — Le fait d'avoir apposé un faux poinçon sur des bouteilles, est puni par l'art. 142. 20 janvier 1825, n.° 8.
4	Usage illicite des timbres, etc., de l'état; Et des marques du gouvernement, etc.	141. 143.	F. P. *N... est-il coupable d'avoir, à telle époque, dans tel endroit, au préjudice de..., frauduleusement fait usage de tel vrai timbre ayant telle destination, timbre qu'il s'est indûment procuré?* Notes. Enlever des empreintes du marteau royal pour les appliquer sur des arbres réservés, est un crime puni par l'art. 141. 4 janv. 1834. S. 1834, p. 686. — L'art. 141 n'est pas applicable au double emploi du papier timbré. 11 juillet 1834, n.° 222.
			FAUSSE MONNAIE.
5	Contrefaçon ou altération des monnaies d'or ou d'argent ayant cours légal en France.	132, 164, 165.	F. P. *N... est-il coupable d'avoir, à telle époque, dans tel endroit, frauduleusement contrefait ou altéré telles pièces, monnaie ayant cours légal en France?* Notes. Il faut questionner le jury sur le point de savoir si la monnaie contrefaite ou altérée a cours légal en France; c'est une circonstance constitutive de la criminalité. 10 août 1839, n.° 256. — 30 août 1844, n.° 304. — Le cours légal, c'est le cours forcé prévu par l'art. 475, n.° 11. — Aux termes du décret du 24 janvier 1807, les monnaies d'or et d'argent du royaume d'Italie fabriquées avec le titre et le poids prescrit par un autre décret du 21 mars 1806, ont cours en France pour leur valeur nominale. 10 août 1826, n.° 154. — On peut se dispenser de soumettre au jury la question de savoir si les monnaies sont d'argent ou de billon, c'est là une question de droit. 22 septembre 1831. D. 1831, p. 333. — Le fait d'avoir blanchi des pièces de 5 centimes (monnaie des colonies), et de les avoir données comme pièces de 2 francs, constitue la contrefaçon et l'émission de monnaies d'argent ayant cours légal en France. 17 janvier 1833, n.° 23. — Blanchir des pièces de 5 centimes et les faire passer pour des pièces de 1 franc ou de 1 franc 50 centimes, c'est commettre le crime de contrefaçon de monnaie d'argent, quelque grossière que soit la contrefaçon. 6 mai 1841, n.° 126; — Jugé antérieurement que ce fait ne constituerait qu'une altération de monnaie de billon, si les apparences n'étaient pas assez fortes pour contrebalancer l'expression de valeur en relief, 13 août 1835, n.° 315. — Le président peut poser, comme résultant des débats, une question alternative sur la contrefaçon ou l'altération de monnaies, bien que l'arrêt de renvoi ne contienne que la qualification d'altération. 18 avril 1844, n.° 142. — Dans une accusation de fausse monnaie d'argent, pourrait-on poser, comme résultant des débats, l'accusation de fausse monnaie de cuivre ou de billon? le contraire paraît résulter d'un arrêt du 9 septembre 1830, n.° 212; c'est, dit un considérant, dénaturer le fait. — Dans une accusation de fabrication de pièces fausses, on peut poser, comme résultant des débats, une question d'émission, 19 avril 1832. J. P. Le faussaire doit être condamné à l'amende, malgré la déclaration de circonstances atténuantes (art. 164) 16 mars 1843, n.° 56; et à son égard l'art. 165 (qui prononce l'exposition), est d'une application forcée. 17 août 1839, n.° 263.
6	Participation à l'émission ou à l'exposition de monnaies d'or ou d'argent, ou à leur introduction sur le territoire français.	132, 164. 165.	F. P. *N... est-il coupable d'avoir, à telle époque, dans tel endroit, frauduleusement participé à l'émission, à l'exposition, ou à l'introduction sur le territoire français de telles pièces contrefaites ou altérées, monnaie ayant cours légal en France?* Voyez notes n.° 5. — La question doit faire mention que les pièces émises sont contrefaites ou altérées. 8 avril 1825, n.° 66. La loi ne distingue pas entre le cas d'une première émission et celui d'une émission subséquente. 5 octobre 1821, n.° 172.
7	Contrefaçon ou altération de monnaies de billon ou de cuivre ayant cours légal en France.	133, 164, 165.	F. P. Voyez plus haut formule n.° 5. Notes. Voyez les arrêts indiqués ci-dessus n.° 5. — La loi n'a entendu, par billon, que la monnaie de cuivre allié à un peu d'argent. Cette dénomination ne peut s'appliquer aux pièces de 1 fr. 50 cent. qui, d'après les lois de leur création, sont fabriquées à plus des deux tiers d'argent fin, et par conséquent sont classées parmi les monnaies d'argent ayant cours légal en France. 28 novembre 1812, n.° 254. — Même décision pour les pièces de 75 c. 22 sept. 1831. D. 1831, p. 333.
8	Participation à l'émission ou à l'exposition des monnaies de billon ou de cuivre, ou à leur introduction en France.	133, 164, 165.	F. P. Voyez plus haut formule n.° 6. Voyez ci-dessus notes n.os 5 et 6.
9	Contrefaçon ou altération, en France, des monnaies étrangères.	134, 164, 165.	F. P. *N... est-il coupable d'avoir, à telle époque, dans tel endroit, sur le territoire français, frauduleusement contrefait ou altéré telles monnaies étrangères?* — Voyez ci-dessus notes n.° 5 et n.° 10.
10	Participation à l'émission, exposition ou introduction en France de monnaies étrangères contrefaites ou altérées.	134, 164, 165.	F. P. *N... est-il coupable d'avoir, à telle époque, dans tel endroit, frauduleusement participé à l'émission, à l'exposition, ou à l'introduction, sur le territoire français, de telles monnaies étrangères contrefaites ou altérées?* Notes. Voyez arrêts ci-dessus n.os 5 et 6. — L'article 134 n'est pas applicable seulement à la monnaie métallique étrangère mais encore au papier monnaie étranger. 25 avril 1828, n.° 132. — La contrefaçon du papier monnaie de Prusse doit être punie des peines de l'art. 134, quoiqu'il n'en ait pas été fait usage en France. 29 juin 1829. D. 1829, p. 278.
11	Question d'excuse....................	135.	Question d'excuse. *N... a-t-il reçu pour bonnes lesdites pièces fausses, dont il a fait usage après en avoir reconnu le vices?* — (La position de cette question me paraît présenter de graves difficultés, et la formule n'est proposée qu'avec réserve). Notes. Le fait résultant de l'art. 135 constitue une excuse légale que la cour ne peut se refuser de poser au jury. 7 juin 1838 n.° 159. — 31 mars 1842, n.° 74. — 21 juin 1844, n.° 228. — La question doit comprendre le fait rentrant dans le 2.e alinéa de l'art 135, lequel équivaut à une excuse; le fait prévu par le 1.er alinéa de cet art. se trouvant virtuellement compris dans la questio principale. 15 avril 1841, n.° 96. — La tentative du délit prévu par l'art. 135 n'est pas punissable. 15 avril 1826, n.° 75.
12	*Idem.*	138.	F. P. Question d'excuse. *L'accusé, avant toutes poursuites, ou avant la consommation du crime, en a-t-il donné connaissance et en a-t-il révélé les auteurs aux autorités constituées? — L'accusé a-t-il, après les poursuites commencées procuré l'arrestation des autres coupables?* — Note. Le fait, par un individu accusé de fausse monnaie, d'avoir procuré même après la poursuite commencée, l'arrestation d'un autre coupable, constitue une excuse légale qui doit être l'obj d'une question aux jurés, dès que la position de cette question est réclamée dans l'intérêt de l'accusé. 28 juin 1839, n.° 21

INCENDIE.

	Tentative et complicité, voyez page 78.	Code pénal	
1	Incendie de bois ou récoltes appartenant à autrui.	434^{5}.	F. P. *N... est-il coupable d'avoir, à telle époque, dans tel endroit, volontairement mis le feu à des bois, ou à des récoltes appartenant à un tel, bois abattus et en tas ou récoltes abattues et en meules?* Voyez notes n.° 3. — Lorsqu'un mari est accusé d'avoir brûlé des récoltes appartenant à sa femme séparée de lui de corps et de biens, cette dernière circonstance est constitutive de la criminalité. 2 mars 1820, n.° 38.
2	Incendie de bois ou récoltes appartenant à l'accusé, s'il y a eu un préjudice pour autrui.	434^{6}.	F. P. *N..... est-il coupable d'avoir, à telle époque, dans tel endroit, volontairement mis le feu à des bois ou récoltes qui lui appartenaient, bois abattus et en tas ou récoltes abattues et en meules, et d'avoir, de cette manière, causé volontairement un préjudice à un tel?* — Voyez notes n.° 7.
3	Incendie d'un édifice, etc., appartenant à autrui.	434^{3}.	F. P. *N... est-il coupable d'avoir, à telle époque, dans tel endroit, volontairement mis le feu à tel édifice appartenant à un tel?* Notes. Il faut interroger le jury sur le point de savoir si les édifices, objets de l'incendie, appartiennent soit à l'accusé, soit à autrui, ce qui est nécessaire pour caractériser le degré de criminalité. 20 avril 1838, n.° 106. 23 février 1843, n.° 41. — La circonstance que la maison incendiée était la propriété d'autrui est constitutive, et doit être comprise dans le fait principal. 4 août 1843, n.° 196. — L'usufruit d'une maison au profit de l'accusé n'empêche pas qu'elle ne soit la propriété d'autrui. 4 février 1843, n.° 28. — Celui qui, en mettant le feu à une maison, attache les portes de manière à empêcher les habitants de sortir, se rend à la fois coupable d'incendie et d'une tentative d'assassinat. 17 décembre 1842, n.° 333.
4	Si l'édifice, etc., était habité.	434^{1}.	C. A. *Cet édifice était-il habité ou etc.?* Notes. Lorsqu'un individu est accusé d'avoir mis le feu à des bâtiments appartenant à autrui, la circonstance que les bâtiments étaient habités ou servaient à l'habitation est aggravante, et doit être posée séparément. 22 mai 1841, n.° 152. Il suffit que, sans être habités, les bâtiments soient destinés à l'habitation. 13 février 1840, n.° 54. — Les mots, lieux habités ou servant à l'habitation, contenus dans l'art. 434, doivent être interprétés dans le sens fixé par l'art. 390. 13 février 1840, n.° 54. — Jugé en conséquence que la peine était encourue par celui qui était reconnu coupable d'avoir mis le feu à une grange dépendant d'une maison habitée. 8 août 1844, n.° 284.
5	Si l'édifice servait à des réunions de citoyens.	434^{2}.	C. A. *Cet édifice servait-il à des réunions de citoyens?* Note. Dans une accusation d'incendie d'un édifice appartenant à autrui, la circonstance que cet édifice servait à une réunion de citoyens, est aggravante et doit être posée séparément. 27 avril 1838, n.° 114.
6	Si l'incendie a causé la mort de quelqu'un.	434^{8},	C. A. *Cet incendie a-t-il causé la mort de..., se trouvant dans les lieux incendiés au moment où il a éclaté?*
7	Incendie de sa propre maison avec dommage pour autrui.	434^{4}.	F. P. *N... est il coupable d'avoir, à telle époque, dans tel endroit, volontairement mis le feu à un édifice qui lui appartenait, et d'avoir, de cette manière, causé volontairement un préjudice à un tel?* Notes. Si l'édifice était assuré, on pourrait demander si l'accusé est coupable d'avoir volontairement mis le feu à un édifice qui lui appartenait, édifice qui était assuré contre l'incendie. Voyez 13 déc. 1839, n.° 380. 23 avril 1829, n.° 83. Lorsqu'un individu est accusé d'avoir incendié sa propre maison, la circonstance qu'elle était assurée est constitutive du crime d'incendie, puisque sans cela le fait principal serait dépourvu du caractère qui le constitue crime, à savoir le préjudice causé à autrui. 13 décembre 1839, n.° 380. — Resterait à poser séparément comme aggravante (puisqu'elle entraîne la peine de mort), la circonstance de maison habitée, si elle se rencontrait dans la cause (même arrêt), et la circonstance que la maison servait à des réunions de citoyens, ou que l'incendie a causé la mort de quelqu'un.
8	Si elle était habitée	434^{1}.	C. A. — Voyez la formule et les notes n.° 4, et la note dernière, n.° 7.
	Si elle servait à des réunions de citoyens.	434^{2}.	C. A. — Voyez la formule et les notes n.° 5, et *idem.*
	Si l'incendie a causé la mort de quelqu'un	438^{8}.	C. A. — Voyez la formule n.° 6, et *idem.*
9	Incendie de sa propre maison habitée. . .	434^{1}.	F. P. *N... est-il coupable d'avoir, à telle époque, dans tel endroit, volontairement mis le feu à un édifice qui lui appartenait, édifice qui était habité ou etc.?* — Voyez notes n.° 4 et n.° 11.
10	Incendie de sa propre maison servant à des réunions de citoyens.	434^{2}.	F. P. *N... est-il coupable d'avoir, à telle époque, dans tel endroit, volontairement mis le feu à un édifice qui lui appartenait, édifice servant à des réunions de citoyens?* — Voyez notes n.° 11.
11	Incendie de sa propre maison s'il a causé la mort de quelqu'un.	434^{8}.	F. P. *N... est-il coupable d'avoir, à telle époque, dans tel endroit, volontairement mis le feu à un édifice qui lui appartenait, incendie qui a occasionné la mort d'une ou plusieurs personnes se trouvant dans les lieux incendiés au moment où il a éclaté?* Notes. Dans les trois accusations ci-dessus, les circonstances que l'édifice était habité, qu'il servait à une réunion de citoyens, ou que l'incendie a causé la mort de quelqu'un, circonstances qui chacune entraînent la peine de mort, sont constitutives, le fait seul d'avoir incendié sa maison n'étant pas punissable (8 janvier 1835, n.° 4); elles deviendraient aggravantes et devraient être posées séparément, s'il se joignait à l'accusation la circonstance d'un préjudice causé volontairement à autrui. — Voyez ci-dessus, n.° 7.
12	Communication d'incendie en mettant le feu à des objets quelconques.	434^{7}.	F. P. *N... est-il coupable d'avoir, à telle époque, dans tel endroit, en mettant volontairement le feu à des objets placés de manière à le transmettre, communiqué l'incendie à...?* Note. Pour combiner cette formule avec les différentes accusations ci-dessus, il suffit, dans chaque question principale, de la substituer à ces mots: *N... est-il coupable d'avoir volontairement mis le feu à...?* Lorsqu'un individu est accusé d'avoir volontairement incendié des récoltes placées de manière à communiquer le feu à un édifice non habité, appartenant à autrui, le président ne peut pas décomposer la question en deux: l'une principale, relative à l'incendie de récoltes placées en tas et appartenant à autrui; l'autre aggravante, sur le point de savoir si ces récoltes étaient placées de manière à communiquer l'incendie à l'édifice d'autrui. C'est changer l'accusation. 9 janvier 1843, n.° 8.
13	Menaces d'incendie...	436.	Note. Voyez, pour les formules, menaces d'assassinat, page 82.

ÉVASION DE DÉTENUS.

14	ÉVASION DE DÉTENUS.	238^{2} 239^{2} 240^{2} 244, 246.	F. P. *N... est-il coupable d'avoir, à telle époque, dans tel endroit, par connivence, procuré ou facilité l'évasion du nommé A..., détenu, qui était accusé d'avoir, etc., ou condamné à la peine de...?* Notes. La circonstance que la personne légalement détenue était accusée de..., ou condamnée à..., est constitutive et doit être comprise dans le fait principal. 7 août 1843, n.° 253. — Ainsi la loi n'est pas applicable à celui qui facilite l'évasion d'un étranger détenu en France par suite d'une demande d'extradition. 30 juin 1827. D. 1827, p. 288.
		237, 238^{1} 239^{1} 240^{1}	C. A. *L'accusé était-il alors préposé à la garde ou à la conduite de A...?*
		241.	C. A. *Pour favoriser l'évasion qui a eu lieu ou qui a été tentée avec violence ou bris de prison, l'accusé a-t-il fourni des instruments propres à l'opérer?*
		243.	C. A. *A-t-il, par une transmission d'armes, favorisé l'évasion qui a eu lieu ou a été tentée avec violence ou bris de prison?*
		242.	C. A. *L'accusé est-il parvenu à procurer ou à faciliter l'évasion, en corrompant les gardiens ou geôliers; ou en agissant de connivence avec eux?*

FAUX TÉMOIGNAGE.

N°		Code pénal	
	Complicité, voyez page 78.		
1	**FAUX TÉMOIGNAGE** en matière criminelle.	361, 364^2	F. P. *N... est-il coupable d'avoir, à telle époque, dans tel endroit, fait un faux témoignage* [*en matière criminelle, contre X..., ou en faveur de X..., accusé?*

NOTES. On pourrait aussi poser la question de la manière suivante : N... est-il coupable d'avoir, à telle époque, à l'audience de la cour d'assises de....., déposé contrairement à la vérité, sous la foi du serment, contre X... ou en faveur de X..., accusé de tel fait, par exemple, d'incendie, de meurtre, de vol avec escalade, etc. ? — La circonstance que le faux témoignage a été émis contre l'accusé ou en sa faveur, est constitutive, et doit être exprimée dans la question. 4 janvier 1834, n.° 9. — Aux termes de l'art. 361, il ne peut exister de faux témoignage que devant une cour ou un tribunal chargé de prononcer sur le sort d'un accusé ou d'un prévenu ; les fausses déclarations faites devant le juge d'instruction ne forment qu'un parjure. 14 septembre 1826, n.° 184. — Un témoin n'est dispensé, par aucune considération personnelle, de remplir les devoirs sacrés que le serment lui impose ; et il se rend coupable de faux témoignage s'il ne dit pas la vérité, lors même qu'il ne pourrait la dire sans se nuire. 27 août 1824, n.° 106. — S'il est vrai qu'une déposition simplement négative ne constitue pas essentiellement et par elle-même le crime de faux témoignage, parce qu'il est possible qu'un témoin n'ait point vu ou n'ait point entendu ce qu'il avait été en situation de voir ou d'entendre, il est cependant évident qu'une déposition de ce genre constitue ce crime, lorsqu'elle est faite de mauvaise foi et dans une intention criminelle, c'est-à-dire dans le but d'infirmer la preuve du fait incriminé et de se mettre en contradiction avec la vérité. 17 mars 1827, n.° 61. — *Un témoin est toujours à temps de rétracter une déposition mensongère, tant que les débats ne sont pas clos.* 19 avril 1839, n.° 129 ; *voyez art. 330, page 67.* — L'individu qui, célant son incapacité de tester en justice, dépose sous la foi du serment et porte, contre un accusé ou en faveur de cet accusé, un témoignage contraire à la vérité, se rend coupable du crime de faux témoignage. 29 juin 1843, n.° 164.

N°		Code pénal	
2	En matière correctionnelle.	362, 364^2	F. P. *N... est-il coupable d'avoir, à telle époque, dans tel endroit, fait un faux témoignage* [*en matière correctionnelle, contre X..., ou en faveur de X..., prévenu?* — Voyez une autre formule et les notes, au n.° 1.
3	S'il y a eu don ou promesses.	364.	C. A. *L'accusé, pour commettre cette action, a-t-il reçu de l'argent, une récompense quelconque ou des promesses?* NOTE. La loi ne distingue pas entre les promesses verbales et celles écrites. 17 septembre 1829. J. P.
4	En matière de police.	362, 364^2	F. P. Copier la formule n.° 2, en remplaçant le mot *correctionnelle* par les mots *de police*. — V. autre formule et notes, n.° 1.
	S'il y a eu don ou promesses.	364.	C. A. Voyez formule n.° 3.
5	En matière civile.	363, 364^2	F. P. *N... est-il coupable d'avoir, à telle époque, dans tel endroit, fait un faux témoignage* [*en matière civile?*
	S'il y a eu don ou promesses.	364.	C. A. Voyez formule n.° 3.

NOTES. On pourrait aussi poser la question de la manière suivante : N... est-il coupable d'avoir, à telle époque, à l'audience de telle cour ou de tel tribunal, ou devant tel magistrat procédant à telle opération, déposé contrairement à la vérité, sous la foi du serment, contre X..., ou en faveur de X..., partie dans telle instance?

La question peut être posée dans les termes de l'art. 363 ; il n'est pas nécessaire d'interroger le jury sur le préjudice causé. 14 juillet 1827. S. 1828, p. 72. — On ne peut considérer comme témoins en matière civile que les individus appelés judiciairement *par la partie* pour déclarer et attester, sous la foi du serment, les faits qu'il lui importe d'établir pour obtenir les fins de sa demande. 7 déc. 1838, n.° 378. Jugé dans l'espèce que la fausse déclaration devant le juge de paix procédant, en vertu des art. 149 du code de c. et 914 du code de p. c., n'est pas un faux témoignage. — En matière civile, le faux témoignage résultant de la déposition mensongère faite dans une enquête, est consommé du moment où le procès-verbal est clos. 3 mars 1842, n.° 41.

Les hommes de l'équipage qui affirment devant le juge le faux rapport fait par le capitaine d'un bâtiment naufragé (art. 246 et 247 du code de commerce), commettent un faux témoignage en matière civile. 17 septembre 1836, n.° 305.

N°		Code pénal	
6	**SUBORNATION DE TÉMOINS**.	365.	F. P. *N... est-il coupable d'avoir, à telle époque, dans tel endroit, provoqué le nommé A..., à faire un faux témoignage* (copier, selon les cas, à partir des crochets, la fin des formules n.° 1, 2, 4 et 5) *faux témoignage qui a eu lieu ou qui a été tenté?*
	S'il y a eu don ou promesses	364.	Circonstance aggravante pour les n.° 2, 4 et 5. *Le nommé A..., pour commettre cette action, a-t-il reçu de l'accusé, soit de l'argent, soit une récompense quelconque ou des promesses?*

NOTES. La subornation de témoins ne peut rentrer dans l'application de l'art. 365, que lorsque les témoins ont déposé ou tenté de déposer contre la vérité, 4 décembre 1812, n.° 259 ; 16 novembre 1821, n.° 180. — Chaque fait de subornation de témoins doit, aux termes de la loi du 13 mai 1836, faire l'objet d'une question distincte et séparée. 4 août 1843, n.° 197. — La subornation de témoins n'est qu'un mode de complicité du crime de faux témoignage, mais il peut être perpétré sans qu'il y ait eu des dons ou promesses comme dans le cas de l'art. 60. 15 septembre 1836, n.° 298. — La subornation de témoins n'est qu'un fait de complicité du crime de faux témoignage et ne peut, par conséquent, exister que lorsque les témoins subornés ont déposé ou tenté de déposer contre la vérité ; si l'acquittement du témoin suborné, dont la cause peut être dans le défaut d'intention criminelle de la part de ce témoin, ne fait pas nécessairement obstacle à la condamnation du suborneur, il faut au moins, pour que la condamnation puisse être régulièrement prononcée, que le jury déclare constant le fait d'une déposition mensongère faite à l'audience contre l'accusé ou le prévenu ou en sa faveur. 16 janvier 1835, n.° 20 ; 11 octobre 1839, n.° 327. — Le suborneur ne peut être condamné qu'autant que le jury a été interrogé sur le fait d'une déposition mensongère à l'audience, et a répondu affirmativement à cette question. 29 août 1844, n.° 302. 16 janvier 1845, n.° 13. — L'individu déclaré coupable de subornation de témoins est passible de la même nature de peines qui auraient été appliquées à l'individu accusé de faux témoignage en cas de conviction. 12 juillet 1838, n.° 209.

N°		Code pénal	
7	**FAUX SERMENT** de la part de celui à qui il a été déféré ou referé en matière civile.	366.	F. P. *N... est-il coupable d'avoir, à telle époque, dans tel endroit, fait un faux serment, serment qui lui avait été déféré ou référé en matière civile?*

NOTES. Lorsqu'un individu est poursuivi pour faux serment à lui déféré en justice, relativement à une obligation excédant 150 fr., il ne peut être renvoyé devant les assises, s'il n'existe une preuve écrite de l'obligation, ou du moins un commencement de preuve par écrit autorisant la preuve testimoniale (art. 1341 et 1347 du code civil) ; la preuve du fait criminel ne peut être établie que par celle du fait civil, et la loi qui détermine le genre de preuve relativement au fait civil, étend son empire sur les procédures criminelles. 17 juin 1813, n.° 129 ; 5 septembre 1812, n.° 205 ; 16 août 1844, n.° 294 ; 25 mars 1845, n.° 118 ; 25 avril 1845, n.° 150. — L'aveu fait par un prévenu, dans son interrogatoire par le juge d'instruction, qu'un serment qu'il a prêté devant un juge de paix est contraire à la vérité, constitue un commencement de preuve par écrit autorisant la preuve testimoniale, bien qu'il s'agisse d'une valeur de plus de 150 fr.. 21 janvier 1843, n.° 9. — L'art. 366 est absolu et n'établit aucune distinction entre le serment décisoire et le serment supplétif. 20 janvier 1843, n.° 7. — Lorsque celui qui a prêté un serment décisoire est poursuivi pour faux témoignage, la partie qui avait déféré le serment est non recevable à intervenir dans l'instance comme partie civile. L'article 1363 du code civil établit une exception aux articles 2 et 3 du code d'instruction. 7 juillet 1843, n.° 171.

CHAPITRE 9.

Avertissement donné aux jurés par le président qui leur remet ensuite les questions et les pièces du procès, et fait sortir l'accusé de l'auditoire, 341 (p. 96). — Retraite des jurés dans leur chambre; mesures pour empêcher les communications au dehors; chef du jury, son remplacement; instruction dont il est donné lecture avant le vote, 342, 343 (p. 98). — Mode de la délibération du jury, 344, 345, 346, 347, et loi du 13 mai 1836 (p. 100). — Rentrée des jurés a l'audience; lecture de la déclaration par le chef du jury, 348 (p. 102). — Apposition, a la déclaration, de la signature du chef du jury, de celle du président et de celle du greffier, 349 (p. 102). — Irrévocabilité de la réponse du jury, 350 (p. 104). — Dans le cas d'une déclaration de culpabilité, faculté pour la cour de renvoyer l'affaire a une autre session, 352 (p. 102).

341. En toute matière criminelle, même en cas de récidive, le président, après avoir posé les questions résultant de l'acte d'accusation et des débats, avertira le jury, à peine de nullité, que, s'il pense, à la majorité, qu'il existe, en faveur d'un ou de plusieurs accusés reconnus coupables, des circonstances atténuantes, il devra en faire la déclaration en ces termes: « A la majorité, il y a des circonstances atténuantes en faveur de tel accusé. »

Ensuite le président remettra les questions écrites aux jurés dans la personne du chef du jury, et il leur remettra en même temps l'acte d'accusation, les procès-verbaux qui constatent les délits, et les pièces du procès autres que les déclarations écrites des témoins.

Le président avertira le jury que son vote doit avoir lieu au scrutin secret.

Il avertira également les jurés que si l'accusé est déclaré coupable du fait principal à la simple majorité, ils doivent en faire mention en tête de leur déclaration.

Il fera retirer l'accusé de l'auditoire.

FEUILLE DE QUESTIONS.

COUR D'ASSISES DE....

SÉANCE DU........

Accusation contre. .....

NOTE RELATIVE AUX DÉCISIONS DU JURY.

Les questions posées au jury ne peuvent être résolues *contre* l'accusé que par la majorité, c'est-à-dire par sept voix au moins (art. 347).

Lorsqu'une question a été résolue contre l'accusé, la réponse doit constater que la décision a eu lieu *à la majorité*, sans faire connaître le nombre de voix (art. 347). Cependant si l'accusé, *sur un fait principal*, n'est déclaré coupable que par sept voix, c'est-à-dire par la majorité simple, la réponse doit constater que la décision a eu lieu *à la majorité simple* (art. 347). Enfin, l'accusé étant déclaré coupable, la majorité, c'est-à-dire sept voix au moins peuvent admettre en sa faveur des circonstances atténuantes, et la déclaration s'en fait en ces termes: à la majorité, il y a des circonstances atténuantes en faveur de (désigner l'accusé). (Art. 341.)

Les ratures, surcharges, renvois et interlignes doivent être approuvés (art. 78).

La déclaration doit être signée par le chef du jury (art. 349).

DÉCLARATION DU JURY.

(Le chef du jury, debout et la main sur le cœur, dira:)

« Sur mon honneur et ma conscience, devant Dieu et devant les hommes, la déclaration du jury est, sur les questions « ainsi posées:

QUESTIONS.	RÉPONSES.
FAIT PRINCIPAL.	

341. Le jury n'est appelé à se prononcer sur l'existence des circonstances atténuantes qu'autant que le fait qui lui est soumis est de nature à entraîner des peines afflictives ou infamantes. En matière correctionnelle, la cour d'assises est seule investie du droit d'apprécier l'existence des circonstances atténuantes. 15 mars 1838, n.° 69.

En matière correctionnelle, les jurés n'ont pas à rechercher s'il existe des circonstances atténuantes; et le président, en les en avertissant, interprète justement les articles 341 et 463 du code pénal. 17 octobre 1832, n.° 421. — 15 mars 1838, n.° 69.

Le président ne limite pas le droit qui appartient aux jurés en les avertissant d'énoncer à quels chefs se rapporterait leur déclaration. 23 janvier 1834. J. P.

S'il y a plusieurs accusés, le président fera bien de prévenir le jury qu'il ne peut admettre de circonstances atténuantes en leur faveur par une déclaration collective, et qu'il faut une déclaration personnelle pour chaque accusé. Voyez arrêt, p. 101, art. 347.

Le président commet un excès de pouvoir, si, ne se bornant pas à donner au jury l'avertissement prescrit par l'article 341, il pose une question relative aux circonstances atténuantes, la loi ne voulant pas provoquer la déclaration du jury sur l'existence de ces circonstances. 9 août 1832, n.° 299. — Mais l'accusé n'a pas le droit de se plaindre de ce vice de procédure qui ne lui est pas préjudiciable. 17 août 1832, n.° 309.

Il est indispensable que le procès-verbal constate bien expressément que l'avertissement relatif aux circonstances atténuantes a été donné conformément à la loi. 22 janvier 1835, n.° 26. — Il semble résulter d'un arrêt du 12 décembre 1840, n.° 350, que la nullité résultant du défaut d'avertissement serait couverte si le jury déclarait des circonstances atténuantes.

Il suffit que le procès-verbal constate que le président a donné aux jurés les avertissements prescrits par l'article 341, sans ajouter: rectifié par l'article 1.er de la loi du 9 septembre 1835, la présomption légale étant que c'est du nouvel article 341 que le président a donné connaissance au jury. 23 octobre 1840, n.° 314.

L'avertissement que le vote doit avoir lieu au scrutin secret n'est pas prescrit à peine de nullité. 13 avril 1837, n.° 109. — 5 février 1836, n.° 42.

Indépendamment des trois avertissements prescrits par l'article 341, il est d'usage que le président rappelle au jury les dispositions de l'article 347. Voici une formule d'avertissement copiée sur les articles 341 et 347 : « MM. les jurés, votre vote doit avoir lieu au scrutin secret; vos décisions contre « l'accusé doivent se former à la majorité, et votre déclaration doit constater l'existence de la ma« jorité, sans que le nombre de voix puisse être exprimé; cependant si l'accusé n'est déclaré coupable « du fait principal qu'à la simple majorité, c'est-à-dire à la majorité de sept voix, vous devez en « faire mention dans votre réponse; enfin, si vous pensez, à la majorité, qu'il existe, en faveur d'un « ou de plusieurs accusés reconnus coupables, des circonstances atténuantes, vous devez le déclarer « en ces termes : à la majorité, il y a des circonstances atténuantes en faveur de tel accusé. »

Nota. Cet avertissement n'étant pas facile à comprendre, on pourrait le reporter sur la feuille de questions dont nous donnons une formule ci-contre.

Il n'est pas nécessaire que les questions posées au jury soient signées par le greffier; il suffit qu'elles soient signées par le président qui est seul chargé de la position des questions. 15 septembre 1843, n.° 245. — Cette signature n'est pas, d'ailleurs, prescrite à peine de nullité. 3 octobre 1833. D. 1834, p. 405. — La signature du président suffit pour certifier les changements qu'il juge convenable de faire aux questions. 10 mai 1843, n.° 101.

L'article 341 n'est pas prescrit à peine de nullité. C'est surtout d'après les débats que la conviction du jury doit se former, et l'article 342 ne la fait pas dépendre de l'examen des pièces que le président doit remettre au jury, d'après l'article 341. 26 août 1830, n.° 209.

Le président, en remettant aux jurés les pièces de la procédure antérieures à l'arrêt de renvoi, n'a pas à distinguer entre celles qui sont régulières et celles qui pourraient ne pas l'être. 16 janvier 1836, n.° 18. — Des lettres anonymes existant au dossier, sont des pièces du procès, et l'on ne peut les assimiler à des dépositions écrites de témoins. 7 janvier 1836, n.° 5. — Des registres de commerce produits aux débats en vertu du pouvoir discrétionnaire, sur la tenue desquels s'est élevée une discussion contradictoire, et dont communication a été faite aux jurés sans opposition, peuvent être considérés comme pièces du procès et remis à ce titre au jury. L'article 341 n'est pas d'ailleurs prescrit à peine de nullité. 14 mars 1839, n.° 87. — La remise aux jurés des dépositions écrites des témoins n'étant pas défendue sous peine de nullité, ne peut donner ouverture à cassation. 31 octobre 1817, n.° 107. — Il ne résulte pas de nullité de ce que des pièces en langue étrangère ont été remises aux jurés sans être accompagnées d'une traduction, lorsque l'accusé n'a pas requis cette mesure. 6 février 1840, D. 1840, p. 398.

Lorsqu'il n'a été fait aucune réclamation, il y a présomption que toutes les pièces nécessaires ont été remises aux jurés. 27 janvier 1838. J. P., t. 1.er, 1840, p. 209.

La sortie de l'accusé n'est pas prescrite à peine de nullité; cette formalité n'est pas substantielle au droit de défense. 24 mars 1831, n.° 59.

342. Les questions étant posées et remises aux jurés, ils se rendront dans leur chambre pour y délibérer.

Leur chef sera le premier juré sorti par le sort ou celui qui sera désigné par eux et du consentement de ce dernier.

Avant de commencer la délibération, le chef des jurés leur fera lecture de l'instruction suivante qui sera, en outre, affichée en gros caractères dans le lieu le plus apparent de leur chambre.

« La loi ne demande pas compte aux jurés des moyens par lesquels ils se sont « convaincus; elle ne leur prescrit pas de règles desquelles ils doivent faire « particulièrement dépendre la plénitude et la suffisance d'une preuve; elle leur « prescrit de s'interroger eux-mêmes dans le silence et le recueillement et de « chercher, dans la sincérité de leur conscience, quelle impression ont faite sur « leur raison les preuves rapportées contre l'accusé et les moyens de sa défense. « La loi ne leur dit pas: vous tiendrez pour vrai tout fait attesté par tel ou « tel nombre de témoins; elle ne leur dit pas non plus: vous ne regarderez « pas comme suffisamment établie toute preuve qui ne sera pas formée de « tel procès-verbal, de telles pièces, de tant de témoins ou de tant d'indices; « elle ne leur fait que cette question qui renferme toute la mesure de leurs « devoirs: avez vous une intime conviction?

« Ce qu'il est bien essentiel de ne pas perdre de vue, c'est que toute la déli- « bération du jury porte sur l'acte d'accusation; c'est aux faits qui le consti- « tuent et qui en dépendent qu'ils doivent uniquement s'attacher; et ils man- « quent à leur premier devoir lorsque, pensant aux dispositions des lois pé- « nales, ils considèrent les suites que pourra avoir, par rapport à l'accusé, la « déclaration qu'ils ont à faire. Leur mission n'a pas pour objet la poursuite ni « la punition des délits; ils ne sont appelés que pour décider si l'accusé est « ou non, coupable du crime qu'on lui impute.

343. Les jurés ne pourront sortir de leur chambre qu'après avoir formé leur déclaration.

L'entrée n'en pourra être permise pendant leur délibération, pour quelque cause que ce soit, que par le président et par écrit.

Le président est tenu de donner au chef de la gendarmerie de service l'ordre spécial et par écrit de faire garder les issues de leur chambre; ce chef sera dénommé et qualifié dans l'ordre.

La cour pourra punir le juré contrevenant d'une amende de cinq cents francs au plus. Tout autre qui aura enfreint l'ordre, ou celui qui ne l'aura pas fait exécuter, pourra être puni d'un emprisonnement de vingt-quatre heures.

42. S'il y a des jurés suppléants, le procès-verbal doit constater qu'ils n'ont pas pris part à la délibération du jury. 29 mars 1832, n.° 114.

Les jurés pourraient, en vertu de l'article 342, choisir un autre chef, immédiatement après le tirage du jury. Dans une espèce soumise à la cour de cassation, le procès-verbal du tirage du jury exprimait que, cette opération terminée, les jurés usant de la faculté qui leur est donnée par l'article 342 avaient élu pour chef au lieu du sieur A..., le sieur B..., qui y avait consenti. Cette façon de procéder a été jugée régulière. Voyez arrêt du 27 septembre 1832. D. 1833, p. 344.

Il résulte d'un arrêt du 8 juillet 1836, n.° 224, que, dans le 2.e paragraphe de l'article 342, il s'agit du consentement du premier juré sorti par le sort.

Relativement à la désignation du chef du jury, voyez les arrêts rapportés à l'art. 348, p. 103.

L'observation des dispositions de l'article 342 ne peut être constatée par le procès-verbal des débats, puisque les formalités qu'elles concernent ne s'accomplissent que dans la chambre des délibérations du jury, hors des débats et du lieu des séances de la cour d'assises; d'ailleurs la loi n'a pas attaché de nullité à l'inobservation dudit article. Ainsi jugé le 8 juillet 1836, n.° 224, en ce qui concerne la désignation du chef du jury. — Même décision, le 16 septembre 1831, n.° 229, en ce qui concerne l'affiche de l'instruction dans la chambre des délibérations, et la lecture de cette instruction par le chef du jury.

Un juré peut sortir de la chambre des délibérations pour aller dans la salle d'audience prendre des notes qu'il y a oubliées. 28 décembre 1832. D. 1833, p. 346.

Si l'article 343 porte que les jurés ne pourront sortir de leur chambre qu'après avoir formé leur déclaration, cette disposition n'a trait qu'à la défense qui leur est faite de communiquer avec personne pendant le cours de leur délibération, mais ne fait point obstacle à leur retour dans l'auditoire en exécution d'un arrêt de la cour d'assises qui les y rappelle. Si la cour d'assises s'aperçoit, peu de temps après la retraite des jurés dans leur chambre, qu'il s'est glissé dans les questions posées au jury une erreur matérielle dont la rectification lui paraît nécessaire pour qu'il puisse répondre d'une manière précise et conforme à la vérité, elle peut, sans attendre qu'il ait terminé sa délibération, rentrer en séance, et après s'être assurée, tant par la déclaration du chef du jury, que par l'inspection de la feuille des questions, qu'aucune décision n'était encore formée et consignée en marge ou à la suite des questions, opérer cette rectification. Les droits de la défense sont garantis par le soin que l'on a de procéder contradictoirement avec l'accusé et son défenseur. (Dans l'espèce il s'agissait de la rectification de la date du crime.) 4 janvier 1836, n.° 2.

La publicité du débat et le secret de la délibération des jurés sont substantiels, et leur violation opère une nullité radicale. En conséquence, il y a nullité si le président s'est introduit dans la chambre des jurés pour leur donner des éclaircissements, lorsque rien n'établit que le jury a provoqué ces éclaircissements. 3 mars 1826, n.° 38. — Si le président de la cour d'assises ne peut, à peine de nullité, entrer dans la chambre des jurés pour leur donner des explications qu'ils n'auraient pas demandées, il n'en est pas de même lorsque ce sont des jurés qui, par l'organe de leur chef et par écrit, ont invité le président à venir leur donner un éclaircissement nécessaire à leur délibération, puisqu'en ce cas le secret de la délibération des jurés n'est pas violé. 13 octobre 1826. D. 1827, p. 30. — Il suffit qu'il résulte du procès-verbal que c'est sur l'invitation des jurés que le président est entré dans leur chambre. 3 mai 1827. D. 1827, p. 231. — Lorsqu'un président de cour d'assises est entré dans la chambre des jurés pour leur donner des éclaircissements, il y a présomption de droit que les jurés avaient demandé ces éclaircissements. 14 septembre 1827. D. 1827, p. 495.

43. L'article 343 n'est pas prescrit à peine de nullité en ce qui touche l'ordre de garder les issues de la chambre des jurés. 26 avril 1838, n.° 111.

Il est satisfait aux prescriptions de l'article 343 lorsque le procès-verbal établit qu'un gendarme a été placé aux issues de la chambre des jurés pour empêcher les communications. 24 septembre 1840. D. 1840, p. 443.

L'inobservation de l'article 343 (1.er paragraphe) n'entraîne pas nullité, puisqu'au lieu de la peine de nullité, la loi ne prononce qu'une amende. 31 octobre 1817, n.° 107.

344.

Les jurés délibéreront sur le fait principal et ensuite sur chacune des circonstances.

345.

Le chef du jury lira successivement chacune des questions posées comme il est dit en l'article 336, et le vote aura lieu ensuite au scrutin secret tant sur le fait principal et les circonstances aggravantes que sur l'existence des circonstances atténuantes.

346.

Il sera procédé de même, et au scrutin secret, sur les questions qui seraient posées dans les cas prévus par les articles 339 et 340.

347.

La décision du jury, tant contre l'accusé que sur les circonstances atténuantes, se formera à la majorité, à peine de nullité.

La déclaration du jury constatera la majorité, à peine de nullité, sans que le nombre de voix puisse être exprimé, si ce n'est dans le cas prévu par le 4.e paragraphe de l'art. 341.

Loi du 13 mai 1836, sur le mode du vote du jury au scrutin secret.

ARTICLE 1.er

Le jury votera par bulletins écrits et par scrutins distincts et successifs sur le fait principal d'abord, et s'il y a lieu sur chacune des circonstances aggravantes, sur chacun des faits d'excuse légale, sur la question de discernement et enfin sur la question de circonstances atténuantes que le chef du jury sera tenu de poser toute les fois que la culpabilité de l'accusé aura été reconnue.

ARTICLE II.

A cet effet, chacun des jurés, appelé par le chef du jury, recevra de lui un bulletin ouvert, marqué du timbre de la cour d'assises et portant ces mots: sur mon honneur et ma conscience, ma déclaration est :... Il écrira à la suite, ou fera écrire secrètement par un juré de son choix le mot *oui* ou le mot *non*, sur une table disposée de manière à ce que personne ne puisse voir le vote inscrit au bulletin. Il remettra le bulletin écrit et fermé au chef du jury, qui le déposera dans une urne ou boîte destinée à cet usage.

ARTICLE III.

Le chef du jury dépouillera chaque scrutin en présence des jurés qui pourront vérifier les bulletins.

Il en consignera sur le champ le résultat en marge ou à la suite de la question résolue, sans exprimer néanmoins le nombre des suffrages, si ce n'est lors que la déclaration affirmative, sur le fait principal, aura été prise à la simple majorité.

La déclaration du jury, en ce qui concerne les circonstances atténuantes, n'exprimera le résultat du scrutin qu'autant qu'il sera affirmatif.

ARTICLE IV.

S'il arrivait que dans le nombre des bulletins, il s'en trouvât sur lesquels aucun vote ne fût exprimé, ils seraient comptés comme portant une réponse favorable à l'accusé. Il en serait de même des bulletins que six jurés au moins auraient déclarés illisibles.

ARTICLE V.

Immédiatement après le dépouillement de chaque scrutin, les bulletins seront brûlés en présence du jury.

ARTICLE VI.

La présente loi sera affichée en gros caractères dans la chambre des délibérations du jury.

78. .....Aucune interligne ne pourra être faite: les ratures et les renvois seront approuvés et signés..... Les interlignes, ratures et renvois non approuvés seront réputés non avenus.

344, 345 et 346. Il y a nullité si la loi du 9 septembre 1835 étant affichée dans la chambre des délibérations du jury au lieu de celle du 13 mai 1836, il a pu en résulter un préjudice pour l'accusé. 24 juillet 1845, n.° 237.

La loi n'ordonne pas qu'il soit justifié que les jurés ont voté au scrutin secret. 24 décembre 1835, n.° 470.

Les jurés doivent faire des réponses distinctes et séparées à chacune des questions qui leur sont soumises, ce mode pouvant seul garantir, à l'égard de chacun des éléments de l'accusation déclarée constante, l'existence de la majorité légale. 31 mai 1838, n.° 145. — 9 janvier 1840, n.°ˢ 9 et 10. En conséquence, il y a nullité si, au moyen du signe abbréviatif d'une accolade, le jury ne fait qu'une seule et unique réponse à plusieurs questions. 6 février 1840, n.° 45; — Si au lieu de réponses distinctes, il fait une réponse collective telle que celle-ci: Oui, l'accusé est coupable avec les circonstances relatées dans l'acte d'accusation. 31 mai 1838, n.° 146.

L'accusé n'est pas recevable à demander à faire preuve de la durée plus ou moins longue de la délibération du jury pour en conclure qu'il n'a pas été satisfait à l'article 345. 8 juillet 1836, n.° 224.

Les jurés doivent se renfermer dans la solution des questions qui leur sont soumises; les réponses à des questions qu'ils se feraient eux-mêmes doivent être considérées comme non avenues. 8 juillet 1836, n.° 223. — Voyez plusieurs arrêts rapportés page 105, n.° 7.

347. Toute réponse affirmative du jury contre l'accusé doit avoir lieu à la majorité des voix; et il doit en être fait expressément mention dans la déclaration, à peine de nullité. 19 juillet 1838, n.° 232.

La loi ne veut pas que, dans les décisions contre l'accusé, le nombre réel des voix soit exprimé, afin que toutes les déclarations soient environnées du même respect et de la même confiance. 19 août 1831, n.° 187. — Ainsi il y a nullité: si, dans la réponse à une question résolue contre l'accusé, les jurés déclarent que la décision a été prise à la majorité de dix voix (7 juillet 1831, n.° 157) ou à l'unanimité (30 juin 1831, n.° 150); si, dans une réponse affirmative sur une circonstance aggravante, ils déclarent que la décision a été prise à la simple majorité, l'exception à la prohibition d'exprimer le nombre de voix n'ayant lieu, en cas de majorité simple, que pour le fait principal (avant-dernier paragraphe de l'article 341). 4 janvier 1839, n.° 7.

Si l'article 347 interdit aux jurés, à peine de nullité, d'exprimer le nombre de voix qui forme leur décision, il ne s'agit que des décisions du jury contre l'accusé, et dans le silence de cet article sur les décisions favorables à l'accusé, la peine de nullité ne peut être étendue. 18 avril 1834, n.° 115.

La réponse négative du jury à une question de discernement équivaut à une déclaration affirmative de non-culpabilité, et il n'est pas nécessaire qu'elle soit déclarée avoir eu lieu à la majorité. 5 septembre 1835. D. 1835, p. 437.

La décision négative d'un fait d'excuse est une décision contre l'accusé; dès lors la déclaration, par laquelle le jury résout négativement une telle question, doit exprimer, à peine de nullité, que la décision a été prise à la majorité. 14 novembre 1839, n.° 342. — 2 mai 1845, n.° 156.

La déclaration de circonstances atténuantes doit être constatée avoir eu lieu à la majorité. 21 juin 1838, n.° 173. — Le jury en déclarant qu'il existe des circonstances atténuantes, ne doit pas faire connaître le nombre de voix qui ont formé la majorité; mais l'accusé ne peut s'en faire un moyen de cassation. 26 janvier 1838, n.°ˢ 25, 28 et 29. — Le jury peut admettre l'existence de circonstances atténuantes relativement à un seul des chefs d'accusation soumis à son jugement et par lui reconnu constant. Il importe peu que sa déclaration limitée à un seul chef, ne soit pas de nature à sortir effet, le jury n'ayant pas à se préoccuper des conséquences pénales de ses décisions. 20 décembre 1841. D. 1842, p. 153. La déclaration du jury qu'il existe des circonstances atténuantes en faveur des accusés est nulle comme ne constatant pas qu'il y a eu un scrutin séparé pour chaque accusé. Il faut une déclaration spéciale, personnelle pour chaque accusé. 1.ᵉʳ avril 1842, n.° 76.

Il n'y a pas nullité parce que le jury a déclaré qu'il n'y a pas de circonstances atténuantes. 11 juin 1840, n.° 168. — La déclaration de circonstances atténuantes à six voix contre six voix doit être réputée non écrite. 21 juin 1838, n.° 173. Lorsque le fait ne constitue plus qu'un délit, si le jury déclare des circonstances atténuantes, elles doivent être considérées comme non écrites. 15 février 1834, n.° 55. — Il n'y aurait pas lieu à renvoyer les jurés si, après les réquisitions du ministère public, ils déclaraient avoir omis de délibérer sur les circonstances atténuantes, leur réponse étant devenue irrévocable par sa lecture à l'accusé. 2 janvier 1834, n.° 2. — 26 décembre 1833, n.° 520.

Le chef du jury n'est pas tenu d'écrire lui-même la déclaration du jury, il suffit qu'il la signe. 24 décembre 1829. S. 1830, p. 115. — Voyez art. 349, notes p. 103.

78. Si, dans les réponses des jurés, il y a des surcharges, ratures, renvois et interlignes, il faut, aux termes de l'article 78 du code d'instruction criminelle, que le chef du jury les approuve à peine de nullité. 17 décembre 1835, n.° 458. — 15 mars 1834, n.° 92. — 8 février 1840, n.° 49. — D'après l'article 78, les interlignes, ratures, surcharges et renvois non approuvés, sont réputés non avenus. 17 décembre 1835, n.° 458. — 11 avril 1845. D. 1845, p. 252.

Le défaut d'approbation de la surcharge du mot *non* par le mot *oui* dans la déclaration n'est pas une cause de nullité si le procès-verbal de la cour d'assises constate authentiquement que c'est le mot *oui* qui a été lu par le chef du jury. 18 juillet 1839. D. 1839, p. 411. — Il ne résulte pas de nullité de ce que l'on n'a pas approuvé des mots surchargés, lorsque ces mots ne constatent aucune des formalités que la loi prescrit à peine de nullité, mais servent seulement à compléter le sens des phrases où ils sont placés sans être indispensables à leur intelligence. 11 avril 1840. D. 1840, p. 411.

348 Les jurés rentreront ensuite dans l'auditoire et reprendront leurs places.

Le président leur demandera quel est le résultat de leur délibération.

Le chef du jury se lèvera et, la main placée sur son cœur, il dira : sur mon honneur et ma conscience, devant Dieu et devant les hommes, la déclaration du jury est : Oui l'accusé etc. ; non, l'accusé etc.

349. La déclaration du jury sera signée par le chef et remise par lui au président, le tout en présence des jurés.

Le président la signera et la fera signer par le greffier.

252. Si les juges sont unanimement convaincus que les jurés, tout en observant les formes, se sont trompés au fond, la cour déclarera qu'il est sursis au jugement, et renverra l'affaire à la session suivante, pour être soumise à un nouveau jury, dont ne pourra faire partie aucun des premiers jurés.

Lorsque l'accusé n'aura été déclaré coupable qu'à la simple majorité, il suffira que la majorité des juges soit d'avis de surseoir au jugement et de renvoyer l'affaire à la session suivante pour que cette mesure soit ordonnée par la cour.

Nul n'aura le droit de provoquer cette mesure : la cour ne pourra l'ordonner que d'office, et immédiatement après que la déclaration du jury aura été prononcée publiquement, et dans le cas où l'accusé aura été convaincu, jamais lorsqu'il n'aura pas été déclaré coupable.

La cour sera tenue de prononcer immédiatement après la déclaration du second jury, même quand elle serait conforme à la première.

48. Lorsque le premier juré désigné par le sort a rempli les fonctions attribuées au chef du jury par les articles 342 et 345, il peut, en cas d'indisposition et du consentement des autres jurés, désigner un de ses collègues pour faire la lecture de la déclaration; et la déclaration n'en est pas moins signée régulièrement par le chef du jury, conformément à l'article 349. 12 avril 1839, n.° 123.

Lorsqu'un juré, autre que le premier sorti par le sort, a donné lecture de la déclaration, la constatation au procès-verbal que ce juré a rempli les fonctions de chef du jury sans aucune réclamation, prouve suffisamment que les choses se sont passées conformément au paragraphe 2 de l'article 342. 26 juin 1835. D. 1836, p. 403. — Voyez les notes de l'article 342, p. 99.

L'article 348 ne prescrit pas, à peine de nullité, au chef du jury de placer la main sur le cœur au moment de sa déclaration. 24 novembre 1832. D. 1833, p. 226.

Il n'est pas nécessaire que la formule, sur mon honneur et ma conscience, soit transcrite en tête de la déclaration du jury. Il suffit qu'il résulte du procès-verbal que les formalités prescrites par l'article 348 ont été observées. 28 avril 1831, n.° 97.

Il n'y a pas nullité parce que le chef du jury, en lisant la déclaration, n'a pas prononcé la formule tracée par l'article 348. 26 août 1842, n.° 221.

La formule sur mon honneur et ma conscience, etc., peut être imprimée sur la feuille des questions pour rappeler au chef du jury qu'il doit la prononcer. 17 octobre 1832, n.° 421.

La lecture et la signature de la déclaration doivent être faites avec le concours et en la présence des douze jurés. L'absence de l'un d'eux anéantit le jury et lui ôte tout caractère. 2 novembre 1811. J. P. — Lorsque le procès-verbal établit que les jurés sont entrés dans la chambre de leurs délibérations, et qu'après leur retour dans l'audience, le président leur a demandé le résultat de leur délibération, il en ressort la preuve que tous les jurés étaient présents. 10 juin 1830. J. P.

49. Un juré autre que le chef peut, sans irrégularité, signer la déclaration du jury lorsqu'il annonce agir du consentement du chef du jury, et qu'il n'y a de réclamation de la part d'aucun juré. 16 septembre 1831. D. 1831, p. 334.

La déclaration du jury peut être signée dans la chambre des délibérations. La disposition de la loi qui veut que la signature soit opposée à l'audience, n'est pas prescrite à peine de nullité, et n'est pas substantielle. 25 août 1831. D. 1831, p. 305.

La déclaration du jury peut être signée à l'audience par le chef du jury, après avoir été lue. 10 février 1843, n.° 32.

Si le législateur a ordonné que la déclaration du jury fût revêtue des signatures du chef du jury, du président des assises et du greffier, c'est qu'il a considéré que cet acte est un des plus importants du procès, puisqu'il a le caractère de jugement définitif sur les faits de l'accusation. Il s'ensuit que ces formalités sont substantielles; elles forment le complément du jugement du jury, elles lui donnent l'authenticité qui lui est nécessaire; elles seules lui impriment le caractère de vérité, d'irrévocabilité et de foi dont la loi a voulu qu'il fût investi (Dans l'espèce, cassation à cause de l'absence de signature du greffier.) 23 avril 1835, n.° 151.

Lorsque les réponses sont sur plusieurs feuilles, il n'est pas nécessaire que le président et le greffier signent à chaque page; une seule signature suffit à la suite de la dernière réponse. 22 avril 1839. D. 1839, p. 383.

52. La condition essentielle du droit exceptionnel attribué aux cours d'assises par l'article 352 du code d'instruction criminelle, est que leur décision soit prise d'office et sans provocation; le mot *immédiatement* employé par cet article n'a d'autre objet que de garantir l'accomplissement de cette condition; une décision prononçant renvoi n'en est pas moins le résultat de la libre inspiration de la conscience des juges, pour n'être intervenue qu'après la lecture de la déclaration du jury à l'accusé, les réquisitions du ministère public tendantes à l'application de la peine et les observations présentées à ce sujet par l'accusé ou son défenseur. Le droit de la cour d'assises ne devant porter que sur une déclaration entraînant condamnation, il peut être utile qu'elle ne l'exerce que lorsque ce caractère ressort des conclusions respectives sur l'application de la loi pénale, et qu'elle n'apprécie le mérite, au fond, de la réponse du jury, que lorsqu'elle est appelée à lui faire sortir effet. 16 août 1839, n.° 261.

Lorsque le jury a émis sa réponse à la simple majorité, la loi n'impose pas à la cour d'assises l'obligation de délibérer spécialement sur le point de savoir si elle fera usage de la faculté qui lui est accordée par le 2.° paragraphe de l'article 352. 25 mai 1838, n.° 138.

Le renvoi à la session suivante ne peut avoir lieu qu'en faveur de l'accusé, et l'on ne peut soumettre à un nouvel examen que les questions sur lesquelles il y a eu déclaration de culpabilité. 16 juin 1814, n.° 25. — 19 septembre 1828. D. 1828, p. 422.

Lorsque plusieurs accusés ont été déclarés coupables, la Cour peut user seulement à l'égard de quelques-uns de la faculté que lui donne l'article 352. 15 septembre 1843, n.° 245.

350. La déclaration du jury ne pourra jamais être soumise à aucun recours.

NOTES.

La disposition de l'article 350 d'après laquelle la déclaration du jury ne peut être soumise à aucun recours, ne doit s'entendre que d'une déclaration complète, claire et non contradictoire; lorsque la déclaration manque de l'un de ces caractères, la cour d'assises n'ayant pas de base pour sa décision, doit prescrire au jury de délibérer de nouveau et de compléter et d'expliquer sa réponse. 5 mars 1835, n.° 77.

Le renvoi des jurés dans leur chambre est une mesure extraordinaire, contentieuse, qui ne rentre pas dans les attributions du président, 28 janvier 1830, n.° 26; c'est à la Cour de l'ordonner, puisque la Cour étant appelée à délibérer sur la déclaration du jury, c'est à elle qu'il appartient d'examiner si cette déclaration est complète, si elle est régulière, si elle ne présente ni contradiction, ni ambiguité, si enfin elle peut servir de base légale à une décision. 9 septembre 1837, n.° 268. — 15 février 1844, n.° 47.

Si le vice de la déclaration du jury n'est reconnu qu'après qu'elle a été signée par le président et par le greffier et lue à l'accusé, cette circonstance ne saurait faire obstacle à ce que la Cour renvoie les jurés dans leur chambre; l'accomplissement de ces formalités, ne faisant pas disparaître les lacunes et les contradictions que la déclaration peut présenter, laisse la Cour dans l'impossibilité de faire une juste application de la loi à des faits sur lesquels le jury n'a point manifesté clairement son opinion. 5 mars 1835, n.° 77. — 27 janvier 1842, n.° 17. — 4 janvier 1844, n.° 1.

Si, au moment de la lecture de la déclaration du jury, le chef déclare qu'il a constaté d'une manière inexacte le résultat du scrutin et que cela soit confirmé par les autres jurés, il y a lieu de renvoyer les jurés dans leur chambre. Si l'on admettait qu'une erreur ne pût être réparée, il pourrait dépendre du chef du jury de changer la décision en l'inscrivant ou la prononçant autrement qu'elle aurait été rendue, ce qui serait aussi contraire à l'expression de la vérité, qu'à la volonté de la loi qui exige que le chef du jury, organe sincère de ses collègues, ne puisse proclamer que le résultat véritable du scrutin. 14 juin 1838, n.° 168.

Le défenseur a la faculté de porter la parole dans un incident qui s'élève à l'occasion de la première lecture de la déclaration du jury; c'est une question qui intéresse l'accusé. Ce serait violer les règles de la justice d'entendre le ministère public en l'absence de l'accusé et de refuser d'entendre son défenseur sous prétexte de cette absence. 28 janvier 1830, n.° 25.

La cour peut renvoyer le jury dans la chambre de ses délibérations, sans que le ministère public et le défenseur de l'accusé soient interpellés sur l'opportunité de cette mesure, alors que ce renvoi a été ordonné en présence du ministère public et du défenseur et sans aucune réclamation de leur part. 26 mars 1840. D. 1840, p. 407. Le renvoi des jurés dans la chambre de leurs délibérations pour compléter ou régulariser leurs réponses, peut être ordonné en l'absence des accusés, qui conservent le droit de dénoncer à la cour de cassation les décisions dont ils seraient fondés à se plaindre. 11 mai 1841, n.° 59.

Si, pendant la délibération du jury, le président se rappelle qu'il a commis une erreur matérielle dans la position des questions, la cour d'assises, le jury étant rentré dans la salle d'audience, sa délibération terminée et sa déclaration prête à être lue, peut le renvoyer dans sa chambre pour, sur une nouvelle position de questions, rendre une nouvelle déclaration; mais il faut annexer aux pièces la première déclaration, afin que la cour de cassation puisse examiner s'il y avait lieu de faire délibérer de nouveau les jurés. 19 novembre 1835, n.° 432.

Lorsque la déclaration du jury donne lieu à la rectification d'une question posée, cette rectification ne peut être faite qu'en présence de l'accusé; il ne suffit pas qu'elle soit faite en présence du défenseur. Les questions ne peuvent être posées ou modifiées qu'en présence de l'accusé, qui a toujours le droit de faire ses observations. 11 janvier 1840, n.° 14.

Il faut toujours que les jurés retournent dans leur chambre pour rectifier leurs réponses. Il est de principe immuable qu'une déclaration du jury ne peut être rectifiée qu'en observant les formes dans lesquelles elle a été délibérée. 27 juin 1839, n.° 205.

Lorsque les jurés ont été renvoyés dans leur chambre parce que leur réponse n'indiquait pas si elle avait eu lieu à la majorité, cette réponse illégale devant être considérée comme nulle, les jurés ont le droit de procéder à une nouvelle déclaration, quoique la cour ne les ait renvoyés que pour ajouter les mots *à la majorité*. 6 janvier 1837, n.° 4.

Lorsque les questions posées aux jurés sont relatives à des faits différents et à un grand nombre d'accusés, et que les réponses faites à une question ont été une première fois lues en totalité, il suffit, lorsque les jurés ont été renvoyés dans leur chambre pour compléter quelques-unes de leurs réponses et qu'ils en sont revenus, de donner lecture des questions et des réponses concernant les accusés à l'égard desquels il avait été ordonné que la déclaration serait complétée. 12 avril 1839, n.° 123.

Lorsque la nouvelle déclaration ne renferme plus que des réponses précises et concordantes, elle devient, aux termes de l'art. 350, la base nécessaire de l'arrêt définitif à rendre ; et la cour d'assises ne peut annuler cette deuxième déclaration à laquelle elle n'adresse aucun reproche, et rendre l'existence à la première rejetée par elle en raison de la contradiction qu'elle renfermait. 6 août 1840, n.° 221. — 4 avril 1822, n.° 51. — 9 octobre 1823, n.° 141.

La déclaration du jury, qui a été annulée à tort, conserve toute sa force et doit sortir son plein et entier effet. 15 février 1834, n.° 55.

L'arrêt, par lequel une cour d'assises renvoie le jury dans la chambre de ses délibérations, est un arrêt incident qui est suffisamment constaté par son insertion au procès-verbal de la séance. 20 avril 1838, n.° 107.

Il faut, si la déclaration annulée n'est pas jointe au dossier, que le procès-verbal rapporte les termes dans lesquels elle était conçue, afin que la cour de cassation soit mise en situation de juger s'il y avait lieu de renvoyer les jurés. A défaut de justification contraire, la présomption de droit est que la première réponse était régulière. — Voyez 18 novembre 1819, n.° 119.

QUELQUES CAUSES DE RENVOI DES JURÉS.

N.° 1. Réponse collective. — Voyez notes de l'art. 345, p. 101.

N.° 2. Défaut de mention ou mention irrégulière de la majorité. — V. notes de l'art. 347, p. 101.

N.° 3. Circonstances atténuantes. — Voyez notes de l'art. 347, p. 101.

N.° 4. Ratures, renvois et interlignes non approuvés. — Voyez notes de l'art. 78, p. 101.

N.° 5. Réponses incomplètes. — Il y a lieu de renvoyer les jurés si, interrogés sur une question de complicité, ils se bornent à répondre que l'accusé est complice, la complicité ne se trouvant pas caractérisée. 3 décembre 1835, n.° 443 ; — si, sur une question de recélé fait sciemment, ils se bornent à déclarer l'accusé coupable de recélé. 14 septembre 1832, n.° 346 ; — s'ils répondent que l'accusé a commis le crime, au lieu de dire qu'il est *coupable d'avoir commis le crime*. 28 février 1833, n.° 79. — Mais la réponse, *oui, l'accusé est coupable*, satisfait complétement à la loi. 29 mars 1832, n.° 114.

N.° 6. Réponses contradictoires. — Il y a lieu de renvoyer les jurés pour cause de contradiction dans la réponse, s'ils déclarent qu'il y a eu guet-à-pens et pas de préméditation, 16 août 1844, n.° 292 ; si, reconnaissant l'accusé coupable d'avoir donné des instructions pour commettre un crime, ils répondent négativement sur la préméditation, 19 janvier 1838, n.° 18 ; s'ils déclarent un individu à la fois auteur et complice du même crime, 27 août 1831, n.° 197 ; si, reconnaissant l'accusé coupable de meurtre (ou homicide volontaire), ils ajoutent qu'il a agi sans intention (et par conséquent sans volonté). 18 juin 1830, n.° 177. — Mais il n'y a pas contradiction s'ils déclarent l'accusé coupable d'avoir donné la mort, mais involontairement, 4 janvier 1832. J. P. ; ou coupable d'une soustraction, mais sans intention frauduleuse, 20 mars 1812, n.° 68 ; ou coupable d'un crime, en ajoutant que l'accusé était en démence, 4 janvier 1817. — Il n'y a pas contradiction si les jurés, déclarant deux accusés auteurs d'un même crime, écartent une circonstance aggravante à l'égard de l'un d'eux, 27 août 1831, n.° 197 ; même décision si les jurés, après avoir répondu négativement sur le fait principal, répondent affirmativement sur les circonstances aggravantes, leur déclaration devant s'entendre en ce sens que le crime a été commis, mais que l'accusé n'en est pas l'auteur. 26 février 1841, n.° 51. — Il n'y a pas nécessairement contradiction dans la réponse du jury qui reconnait la mère coupable d'infanticide, et le père coupable seulement d'homicide par imprudence. 19 août 1841, n.° 251.

N.° 7. Réponses d'office a des questions non posées. — Il y a lieu de renvoyer les jurés, s'ils déclarent d'office qu'il y a eu provocation, 9 mai 1834, n.° 136 ; 11 juillet 1833, n.° 266 ; mais ils peuvent d'office déclarer qu'il y a eu légitime défense, 29 avril 1819, n.° 54 ; — 13 janvier 1827. J. P — Il n'y a pas lieu de renvoyer les jurés, lorsqu'après avoir résolu *négativement* les questions qui leur sont soumises, ils répondent d'office à d'autres questions qu'ils se sont faites à eux-mêmes, ces réponses devant être considérées comme non avenues ; voyez arrêt du 15 janvier 1824, n.° 7, relatif à une déclaration de complicité ; arrêt du 8 juillet 1836, n.° 223, relatif à une déclaration d'homicide par imprudence ; arrêt du 15 janvier 1835, n.° 18, relatif à une déclaration de coups ayant causé la mort sans intention de la donner ; arrêt du 2 décembre 1825. S. 1826, p. 295, relatif à une déclaration des circonstances constitutives de la criminalité, lesquelles avaient été omises dans la question ; arrêt du 26 décembre 1820, n.° 139, relatif à une déclaration d'attentat à la pudeur avec violence. — Doit aussi être réputée non écrite la déclaration que l'accusé n'a pas connu les circonstances aggravantes du vol (hors le cas de l'art. 63), 27 mars 1834, n.° 101 ; ou qu'il a agi par ignorance (ce qui n'exclut pas l'intention criminelle), 14 juillet 1831, n.° 161 ; ou qu'il a agi sans discernement, si l'accusé a plus de 16 ans. 1.er septembre 1826. S. 1827, p. 263.

N.° 8. Cas divers de renvoi. — Il y a lieu de renvoyer les jurés, si, prenant pour aggravantes des circonstances constitutives, ils répondent que l'accusé est coupable sans les circonstances aggravantes, 9 février 1832, n.° 48 ; si, dans une accusation d'attentat à la pudeur, ils répondent qu'il n'y a pas eu violence physique (9 mars 1821, n.° 34), ou qu'il y a eu seulement violence morale, substituant à la question indéfinie de la violence une distinction que la question n'énonce pas. 28 octobre 1830, n.° 239.

CHAPITRE 10.

357. Le président fera comparaître l'accusé, et le greffier lira en sa présence la déclaration du jury.

358. Lorsque l'accusé aura été déclaré non-coupable, le président prononcera qu'il est acquitté de l'accusation, et ordonnera qu'il soit mis en liberté, s'il n'est retenu pour autre cause.

La cour statuera ensuite sur les dommages-intérêts respectivement prétendus, après que les parties auront proposé leurs fins de non recevoir ou leurs défenses, et que le procureur général aura été entendu. La cour pourra néanmoins, si elle le juge convenable, commettre l'un des juges pour entendre les parties, prendre connaissances des pièces, et faire son rapport à l'audience où les parties pourront encore présenter leurs observations, et où le ministère public sera entendu de nouveau.

L'accusé acquitté pourra aussi obtenir des dommages-intérêts contre ses dénonciateurs, pour fait de calomnie; sans néanmoins que les membres des autorités constituées puissent être ainsi poursuivis à raison des avis qu'ils sont tenus de donner, concernant les délits dont ils ont cru acquérir la connaissance dans l'exercice de leurs fonctions, et sauf contre eux la demande en prise à partie, s'il y a lieu.

Le procureur général sera tenu, sur la réquisition de l'accusé, de lui faire connaître ses dénonciateurs.

359. Les demandes en dommages-intérêts formées soit par l'accusé contre ses dénonciateurs ou la partie civile, soit par la partie civile contre l'accusé ou le condamné, seront portées à la cour d'assises.

La partie civile est tenue de former sa demande en dommages-intérêts, avant le jugement; plus tard, elle sera non-recevable.

Il en est de même de l'accusé, s'il a connu son dénonciateur.

Dans le cas où l'accusé n'aurait connu son dénonciateur que depuis le jugement, mais avant la fin de la session, il sera tenu, sous peine de déchéance, de porter sa demande à la cour d'assises: s'il ne l'a connu qu'après la clôture de la session, sa demande sera portée au tribunal civil.

A l'égard des tiers qui n'auraient pas été partie au procès, ils s'adresseront au tribunal civil.

357. La présence de l'accusé dans l'auditoire avant l'instant fixé par la loi, est favorable au droit de la défense; l'accusé ne peut donc s'en plaindre. 24 mars 1831, n.° 59.

Le président peut, si l'accusé est un homme violent, autoriser sa traduction à l'audience avec des menottes pour entendre la déclaration du jury. 7 octobre 1830, n.° 231.

La lecture prescrite par l'art. 357 est une formalité substantielle dont l'omission restreint le droit qui appartient à la défense de réclamer contre la déclaration du jury. 29 novembre 1834, n.° 386.— 15 septembre 1836, n.° 299. Cette lecture doit avoir lieu en présence des jurés. 26 avril 1839, n.° 140.

Voyez à la page 109 la formule d'ordonnance d'acquittement.

358 et C'est seulement lorsque l'accusé est déclaré non coupable qu'il appartient au président de prononcer l'acquittement. 2 juin 1831. J. P. Le président n'a pas à consulter les autres juges. *Idem.*

359. Lorsque la cour d'assises est saisie, par les réquisitions du ministère public, d'une question relative à l'application d'une peine, elle est seule compétente tant pour y statuer que pour ordonner, s'il y a lieu, que l'accusé sera mis en liberté s'il n'est retenu pour autre cause. 26 mai 1826, n.° 105.

Lorsque l'accusé a été déclaré non coupable, le président doit, d'après l'article 368, prononcer immédiatement l'ordonnance d'acquittement, avant que la partie civile puisse être admise à prendre des conclusions; le premier devoir du juge doit être d'ordonner la mise en liberté. 21 octobre 1835, n.° 402.

Le chiffre des dommages-intérêts réclamés par la partie civile peut n'être fixé par des conclusions expresses, qu'après l'ordonnance d'acquittement. 3 mars 1842, n.° 46.

Voyez à la page 55, art. 67, plusieurs arrêts relatifs à l'intervention de la partie civile.

L'article 315 qui accorde la parole à l'accusé après le ministère public n'est relatif qu'aux débats criminels. A l'égard des intérêts civils, l'art. 358 s'en réfère au droit commun, et appelle le ministère public à prendre la parole après les parties. 1.er juin 1839, n.° 173.

L'accusé acquitté peut être condamné à des dommages-intérêts envers la partie civile, 5 mai 1832, n.° 161; 25 juillet 1841, n.° 218; même en matière de presse, 23 février 1837, n.° 60.

Quoique le jury ait déclaré que l'accusé n'était pas l'auteur du fait reproché, la cour d'assises n'en a pas moins le droit de considérer le fait comme prouvé, et de condamner l'accusé acquitté à des dommages-intérêts envers la partie civile. 24 juin 1825, n.° 120.

Il faut, à peine de nullité, que la décision de la cour d'assises, qui accorde des dommages-intérêts, ne soit pas contradictoire avec la décision des jurés, et ne présente pas une violation de la chose jugée par le jury dans le cercle de ses attributions. 25 juillet 1841, n.° 218. — (Dans l'espèce, la cour, en accordant des dommages, avait déclaré le prévenu acquitté *coupable* d'un homicide volontaire, au lieu de le déclarer simplement auteur d'un homicide.)

La cour peut renvoyer à la session suivante pour être statué sur les dommages-intérêts. 24 juin 1825, n.° 120. — Il est laissé aux tribunaux de juger dans leur conscience, et d'après les circonstances, s'il est dû ou non des dommages-intérêts, comme aussi d'en apprécier la quotité. 13 octobre 1815. J. P.

Le juge est seulement tenu de statuer sur les dommages-intérêts, et c'est statuer que réserver ses droits à la partie civile dans le cas où les circonstances du procès s'opposent à une détermination immédiate et définitive des dommages-intérêts. 2 décembre 1842, n.° 316.

Le droit conféré aux cours d'assises de statuer sur les dommages-intérêts est restreint, relativement à la partie civile, aux dommages-intérêts qui peuvent lui être dûs à raison du fait de l'acte d'accusation, et par celui qui a été accusé de ce fait. 11 octobre 1817. S. 1819, p. 269. 17 décembre 1831, n.° 319.

D'après les articles 2 et 3 du code d'instruction criminelle, l'action civile s'éteint par la prescription comme l'action publique. 1.er juin 1839, n.° 173.—Les tribunaux de répression ne peuvent, d'après les articles 2 et 3, statuer sur l'action civile que lorsqu'ils sont saisis de l'action publique; ils doivent donc, quand celle-ci se trouve éteinte par la mort du prévenu, se déclarer incompétents pour prononcer, contre ses représentants, la réparation civile du dommage qu'il a occasionné. 23 mars 1839, n.° 102.

L'arrêt d'une cour d'assises, qui a condamné la partie civile à des dommages-intérêts envers l'accusé, peut être attaqué par la voie de l'opposition; et cette opposition, si elle n'a été formée qu'après la clôture de la session, peut être portée devant les juges de la session suivante. 19 avril 1817. S. 1818, p. 20.

Pour prononcer une condamnation de dommages-intérêts contre les dénonciateurs, il faut qu'on ne puisse imputer les inculpations qu'à la méchanceté ou au dessein coupable de nuire, et qu'elles offrent ainsi le caractère du délit de calomnie, ou qu'au moins elles aient été l'effet de l'indiscrétion, de la légèreté, de l'inconsidération, et soient conséquemment des motifs suffisants d'une demande en réparation civile. 23 mars 1831, n.° 42. — Si le dénonciateur est aux débats en qualité de témoin, l'accusé peut conclure contre lui à des dommages-intérêts par une simple réquisition à l'audience. 31 mai 1816. S. 1816, p. 271.

Aucune loi n'exige que la femme mariée soit autorisée par son mari à ester en jugement pour défendre sur la demande en dommages-intérêts formée contre elle comme dénonciatrice et pour fait de calomnie. 31 mai 1816. S. 1816, p. 271.

La cour d'assises n'est pas obligée d'allouer des dommages à l'accusé acquitté contre son dénonciateur. 23 mars 1821, n.° 21.

Une demande en dommages-intérêts peut être formée par l'accusé contre son dénonciateur, immédiatement après la déclaration du jury; la loi ne donne pas la qualification de jugement à la déclaration du jury, mais seulement à l'acte émané du magistrat qui fait l'application de la loi au fait constaté par le jury. 31 mai 1816. S. 1816, p. 271.

361. Lorsque, dans le cours des débats, l'accusé aura été inculpé sur un autre fait, soit par des pièces, soit par les dépositions des témoins, le président, après avoir prononcé qu'il est acquitté de l'accusation, ordonnera qu'il soit poursuivi à raison du nouveau fait: en conséquence, il le renverra en état de mandat de comparution ou d'amener, suivant les distinctions établies par l'article 91, et même en état de mandat d'arrêt, s'il y échet, devant le juge d'instruction de l'arrondissement où siège la cour, pour être procédé à une nouvelle instruction.

Cette disposition ne sera toutefois exécutée que dans le cas où, avant la clôture des débats, le ministère public aura fait des réserves à fin de poursuite.

366, Voyez, à la page 110, le paragraphe de cet article relatif à la restitution.

368.—478. Voyez, à la page 110, le texte de ces articles relatifs aux frais.

360. Toute personne acquittée légalement ne pourra plus être reprise ni accusée à raison du même fait.

409. Dans le cas d'acquittement de l'accusé, l'annulation de l'ordonnance qui l'aura prononcé et de ce qui l'aura précédé, ne pourra être poursuivie par le ministère public que dans l'intérêt de la loi et sans préjudicier à la partie acquittée.

412. Dans aucun cas, la partie civile ne pourra poursuivre l'annulation d'une ordonnance d'acquittement ou d'un arrêt d'absolution: mais, si l'arrêt a prononcé contre elle des condamnations civiles supérieures aux demandes de la partie acquittée ou absoute, cette disposition de l'arrêt pourra être annulée sur la demande de la partie civile.

374. Dans les cas prévus par les art. 409 et 412 du présent code, le procureur général ou la partie civile n'auront que vingt-quatre heures pour se pourvoir.

---

362. Lorsque l'accusé aura été déclaré coupable, le procureur général fera sa réquisition à la cour pour l'application de la loi.

La partie civile fera la sienne pour restitution et dommages-intérêts.

363. Le président demandera à l'accusé s'il n'a rien à dire pour sa défense.

L'accusé ni son conseil ne pourront plus plaider que le fait est faux, mais seulement qu'il n'est pas défendu ou qualifié délit par la loi, ou qu'il ne mérite pas la peine dont le procureur-général a requis l'application, ou qu'il n'emporte pas de dommages-intérêts au profit de la partie civile, ou enfin que celle-ci élève trop haut les dommages-intérêts qui lui sont dûs.

369. Les juges délibéreront et opineront à voix basse; ils pourront, pour cet effet, se retirer dans la chambre du conseil; mais l'arrêt sera prononcé à haute voix par le president, en présence du public et de l'accusé. Avant de le prononcer, le président est tenu de lire le texte de la loi sur laquelle il est fondé. Le greffier écrira l'arrêt; il y insérera le texte de la loi appliquée, sous peine de cent francs d'amende.

370. La minute de l'arrêt sera signée par les juges qui l'auront rendu, à peine de cent francs d'amende contre le greffier et, s'il y a lieu, de prise à partie tant contre le greffier que contre les juges.

Elle sera signée dans les vingt-quatre heures de la prononciation de l'arrêt.

1. On ne peut pas considérer comme nouveau un fait qui peut être posé comme circonstance aggravante, en vertu de l'article 368 (le vol dans une accusation de meurtre). 14 novembre 1822, n.° 165.

ORDONNANCE D'ACQUITTEMENT.

« Vu la déclaration du jury portant que l'accusé N..... n'est pas coupable du fait qui lui est imputé; « — Vu l'art 358 du code d'instruction criminelle; — Nous déclarons que N..... est acquitté de l'accu- « sation portée contre lui; — Ordonnons en conséquence qu'il soit mis en liberté, s'il n'est retenu pour « autre cause.

Dans le cas de l'art. 361, à la place des mots *ordonnons en conséquence*, etc., le président prononce ceux-ci: « Mais attendu que dans le cours des débats, l'accusé a été inculpé d'avoir etc., et que des « réserves ont eu lieu de la part du ministère public, nous ordonnons que N... sera poursuivi à raison « du nouveau fait, et en conséquence nous le renvoyons en état de mandat de... devant le juge d'in- « struction de l'arrondissement où siége la cour, pour être procédé à une nouvelle information.

S'il y a lieu à délibérer de la part de la cour, le président donne la parole à qui de droit, et la cour statue.

ARRÊT. (*On prendra, dans cette formule, ce qui est applicable à l'affaire.*)

« La cour, ouï le ministère public dans ses réquisitions, la partie civile dans ses conclusions, et « l'accusé dans ses moyens de défense; — Après en avoir délibéré; — Vu les art. 358, 366, 368 et « 478 du code d'instruction criminelle, et les art. 11 et 55 du code pénal.

« (Art. 358). Relativement aux dommages-intérêts demandés par la partie civile, attendu que, etc.

« (Art. 366). Ordonne que les effets pris seront restitués à leur propriétaire.

« (Art. 11 c. p.) Prononce la confiscation des choses ayant servi au crime, etc.

« (Art. 368). Condamne l'accusé aux frais envers l'état et envers la partie civile.

« (Art. 478.). Condamne l'accusé aux frais occasionnés par sa contumace.

« (Art. 55 c. p.) Dit que les accusés seront tenus solidairement des dommages-intérêts et des frais.

« Et attendu que les condamnations pécuniaires s'élèvent à plus de 300 fr, la cour, vu les articles « 7 et 40 de la loi du 17 avril 1832, fixe la durée de la contrainte par corps à (d'un an à dix, et si le « débiteur a commencé sa 70.e année, de six mois à cinq ans). » Voyez note dernière, p. 113.

(Art. 368). Si c'est la partie civile qui succombe, la cour la condamne à tous les frais (excepté toutefois ceux de l'art. 478).

---

2. L'accusé pourrait demander qu'on lui traduisit les réquisitions du ministère public. 19 juillet 1832. D. 1833, p. 74. — Il semble résulter d'un arrêt du 29 février 1844, n.° 69, que les réquisitions doivent être traduites.

Relativement à ce qui concerne la partie civile, voyez notes, art. 67, p. 55, et 358, p. 107.

3. La formalité prescrite par l'art. 363 est substantielle au droit sacré de la défense, et son omission emporte nullité. 17 mai 1832, n.° 176. — 3 mars 1836, n.° 63. — Pas de nullité cependant si le défenseur a conclu après les réquisitions du ministère public (26 mai 1838. D. 1839, p. 50), ou si l'accusé n'a été condamné qu'au minimum de la peine, l'inexécution de l'art. 363 ne lui ayant pas porté préjudice. 17 juin 1830. S. 1830, p. 370.—Si, au moment où il prononce l'arrêt de condamnation, le président s'aperçoit qu'il a omis de donner l'avertissement, il faut, après que le président a réparé cette omission, que la cour délibère de nouveau. 17 octobre 1837, n.° 315.

Lorsque le procès-verbal ne contient pas la réponse de l'accusé à l'interpellation du président, la présomption légale est alors que l'accusé n'a fait aucune réponse. 15 mars 1832. D. 1832, p. 209.

59. L'art. 369 n'exige pas la présence des jurés à la prononciation de l'arrêt. 30 juillet 1829, n.° 168.

Dans le concours de plusieurs délits, on peut se borner à lire la peine la plus forte. 16 septembre 1831. J. P. — Il est inutile de lire le texte de la loi relative à la contrainte par corps. 3 décembre 1836. J. P. Tome 1.er 1838, p. 37. — Le président n'est pas tenu, à peine de nullité, de lire le texte de la loi. 16 juin 1832. D. 1832, p. 86. — 18 février 1841. J. P. Tome 1.er 1842, p. 481.

D'après l'art. 411, la citation inexacte de la loi pénale ne peut servir d'ouverture à cassation, lorsque la peine prononcée est celle portée par la loi. 14 janvier 1841. D. 1841, p. 413.

Le président qui, après avoir prononcé l'arrêt et déclaré l'audience levée, s'aperçoit qu'on a commis une erreur, peut reprendre l'audience, si, de fait, elle n'est pas encore levée, et, d'accord avec ses collègues, prononcer de nouveau l'arrêt en le rectifiant. 20 mai 1837. D. 1838, p. 430.

Le procès-verbal est valable, bien qu'il n'énonce pas la peine appliquée, s'il énonce formellement la prononciation de l'arrêt, lequel est annexé au procès-verbal en due forme. 11 avril 1840, n.° 111.

La mention au procès-verbal que le président a pris à voix basse l'avis des juges, constate suffisamment le délibéré. 6 décembre 1838. J. P. Tome 2. 1839, p. 645.

70. L'art. 370 n'est pas prescrit à peine de nullité; en conséquence, pas de nullité parce que tous les magistrats n'ont pas signé l'arrêt, 2 avril 1840, n.° 101, ou parce qu'ils ne l'ont pas signé dans les vingt-quatre heures. 25 juin 1840, n.° 187.

Il y a nullité si les magistrats énoncés dans l'arrêt ne sont pas les mêmes que ceux portés dans le procès-verbal des débats, alors même qu'il serait attesté par les magistrats que le procès-verbal contient une erreur du greffier à cet égard. (art. 7 de la loi du 20 avril 1810). 7 octobre 1831, n.° 246.

Les arrêts incidents sont régis d'après l'art. 277. 31 mars 1831, n.° 67.

364. La cour prononcera l'absolution de l'accusé, si le fait dont il est déclaré coupable n'est pas défendu par une loi pénale.

361. Voyez à la page 108 le texte de cet article relatif à la poursuite d'un autre fait révélé dans le cours des débats.

366. Dans le cas d'absolution comme dans celui d'acquittement ou de condamnation, la cour statuera sur les dommages-intérêts prétendus par la partie civile ou par l'accusé; elle les liquidera par le même arrêt, ou commettra l'un des juges pour entendre les parties, prendre connaissance des pièces, et faire du tout son rapport; ainsi qu'il est dit article 358.

La cour ordonnera aussi que les effets pris seront restitués au propriétaire.

Néanmoins, s'il y a eu condamnation, cette restitution ne sera faite qu'en justifiant, par le propriétaire, que le condamné a laissé passer les délais sans se pourvoir en cassation, ou, s'il s'est pourvu, que l'affaire est définitivement terminée.

368. L'accusé ou la partie civile qui succombera, sera condamné aux frais envers l'État et envers l'autre partie.

Dans les affaires soumises au jury, la partie civile qui n'aura pas succombé, ne sera jamais tenue des frais.

Dans le cas où elle en aura consigné, en exécution du décret du 18 juin 1811, ils lui seront restitués.

478. Le contumax qui, après s'être représenté, obtiendrait son renvoi de l'accusation, sera toujours condamné aux frais occasionnés par sa contumace.

410. L'action en annulation appartiendra au ministère public contre les arrêts d'absolution mentionnés en l'article 364, si l'absolution a été prononcée sur le fondement de la non-existence d'une loi pénale qui pourtant aurait existé.

412. Voyez, à la page 108, le texte de cet article relatif au pourvoi de la partie civile.

364. La cour doit prononcer l'absolution de l'accusé, si le fait dont il est déclaré coupable n'est pas défendu par une loi pénale, ce qui doit s'entendre nécessairement de tous les cas où la loi pénale ne doit pas être appliquée. 2 juin 1831, n.° 121. — Ainsi, il y a lieu à absolution, si l'accusé reconnu coupable de complicité est déclaré n'avoir pas agi avec connaissance, — 4 mai 1827, n.° 111; — si l'accusé reconnu coupable de faux est déclaré n'avoir pas agi frauduleusement, 25 février 1830, n.° 53; — si l'accusé âgé de moins de 16 ans est déclaré avoir agi sans discernement (art. 66 du code p.). 2 juin 1831, n.° 221; — si l'accusé reconnu coupable est en même temps déclaré avoir été en état de démence au temps de l'action (art. 64 du c. p.), 2 juin 1831, n.° 121; — ou avoir été contrait à l'action par une force à laquelle il n'a pu résister (art. 64 du c. p.), 2 juin 1831, n.° 121; — si l'accusé est déclaré coupable d'un fait éteint par la prescription (art. 637 et 638 du code d'instruction criminelle). 22 avril 1830, n.° 104.—Le contumace repris doit être absous, si, reconnu coupable d'un vol simple, puni par l'art. 401, il a été arrêté plus de 5 ans après l'arrêt de contumace. Il a prescrit la peine conformément à l'art. 476. 21 août 1845, n.° 261. Ne pas oublier que le condamné par contumace ne peut invoquer la prescription de l'action publique. 17 janvier 1829, n.° 13. — Jugé le 22 mai 1841, n.° 153, que le crime commis par un individu âgé de moins de 16 ans n'étant, d'après l'article 68, passible que de peines correctionnelles, rentre dans la classe des délits, et que l'action qui en résulte se prescrit par trois ans.

366. Pour les dommages-intérêts, voyez notes, art. 358 et 359, page 107.

La cour peut ordonner la restitution des objets volés à leur propriétaire, malgré l'acquittement de l'accusé, 30 mars 1843, n.° 73; encore que propriétaire ne soit pas présent et ne réclame pas cette restitution. 30 mars 1843, n.° 73. — La cour commet un excès de pouvoir si elle attribue au plaignant qui ne s'est pas constitué partie civile, des objets ou valeurs saisis, autres que ceux provenant du vol et retrouvés en nature. 6 juin 1845, n.° 191.

368. L'accusé, qui succombe à l'égard de la partie civile, doit être condamné aux frais même envers l'état. 27 novembre 1840, n.° 340. — L'accusé acquitté sur un fait et condamné sur un autre, est passible de tous les frais. 27 janvier 1838. J. P. Tome 1.er 1840, p. 209.

Le mineur déclaré coupable, bien qu'il soit reconnu avoir agi sans discernement, n'en a pas moins succombé sous l'accusation portée contre lui, et doit être condamné aux frais, 13 avril 1832, n.° 134, 18 février 1841, n.° 43; — mais il ne peut être condamné par corps. 25 mars 1843, n.° 68. — 12 août 1843, n.° 205. — Celui qui est reconnu n'avoir cédé qu'à la contrainte, ne succombe pas sur la poursuite et doit être renvoyé sans dépens. 27 janvier 1838, n.° 33. — L'accusé absous par suite de la prescription, 21 août 1845, et pour avoir procuré l'arrestation d'autres coupables, 24 juillet 1840, n.° 212, doit être condamné aux frais. — Quand l'accusé est absous, il appartient à la cour d'assises d'examiner si, d'après l'instruction et les débats, l'accusé n'a pas donné lieu aux frais exposés, et si, d'après l'article 366 du code d'instruction criminelle et l'article 1382 du code civil, les frais ne doivent pas être à sa charge à titre de restitution ou dommages-intérêts envers l'état qui, suivant l'avis du conseil d'état du 26 fructidor an 13, a sur ce point les mêmes droits que les plaignants ou accusateurs privés. 22 décembre 1831, n.° 324.

L'article 368 a modifié l'article 157 du décret du 18 juin 1811.

478. L'article 478 est applicable, quoique l'accusé se soit représenté avant le jugement de sa contumace. 2 décembre 1830, n.° 242.

ARRÊT D'ABSOLUTION. (*Dans cette formule on prendra ce qui est applicable à l'affaire.*

« La cour, vu la déclaration du jury portant que N..., etc. Ouï le ministère public dans ses réquisitions, « la partie civile dans ses conclusions, et l'accusé dans ses moyens de défense; après en avoir délibéré;

« Attendu que etc. (établir que le fait déclaré constant par le jury n'est pas punissable d'après la loi);

« Vu l'article 364 du code d'instruction criminelle, lequel est ainsi conçu : (lire l'art. 364).

« La cour déclare N... absous de l'accusation portée contre lui, et ordonne qu'il soit mis en liberté « s'il n'est retenu pour autre cause.... .. .. — Dans le cas de l'art. 361, à la place des « mots *et ordonne qu'il soit mis en liberté,* la cour prononce ceux-ci : mais attendu que dans le cours « des débats l'accusé a été inculpé d'avoir, etc., et que des réserves ont eu lieu de la part du ministère « public, la cour ordonne qu'il soit poursuivi à raison du nouveau fait et le renvoie en état de mandat « de....., devant le juge d'instruction de l'arrondissement où siége la cour pour être procédé à une « nouvelle information.

« Et la cour, vu les art. 366, 368, 478 du code d'instruction crim., et les art. 11 et 55 du code pénal.

« (Art. 366). Relativement aux dommages-intérêts demandés par la partie civile, attendu que, etc.

« (Art. 366). Ordonne que les effets pris seront restitués à leur propriétaire.

« (Art. 11. c. p.) Prononce la confiscation des choses ayant servi au crime, etc.

« (Art. 368). Condamne l'accusé aux frais envers l'état et envers la partie civile.

« (Art. 478). Condamne l'accusé aux frais occasionnés par sa contumace.

« (Art. 55 c. p.) Dit que les accusés seront tenus solidairement des dommages-intérêts et des frais.

« Et attendu que les condamnations pécuniaires s'élèvent à plus de 300 fr., vus les articles 7 et 40 « de la loi du 17 avril 1832, fixe la durée de la contrainte par corps à (d'un an à dix, et si le dé- « biteur a commencé sa 70.e année, de six mois à cinq ans). » Voyez note dernière, p. 113.

Si la partie civile succombe, la cour la condamne à tous les frais, sauf toutefois ceux de l'art. 478.

410. Le procur. gén. a trois jours pour se pourvoir contre un arrêt d'absolution. 21 nov. 1812. S. 1816, p. 18.

365. Si le fait est défendu, la cour prononcera la peine établie par la loi, même dans le cas où, d'après les débats, il se trouverait n'être plus de la compétence de la cour d'assises. — En cas de conviction de plusieurs crimes ou délits, la peine la plus forte sera seule prononcée.

367. Lorsque l'accusé aura été déclaré excusable, la cour prononcera conformément au code pénal (art. 65 du code pénal).

NOTES SUR L'ARTICLE 365.

Voyez, page 115, la formule de l'arrêt de condamnation.

La loi pénale doit être appliquée aux faits énoncés dans la déclaration du jury sans que la cour d'assises puisse rien ajouter aux faits que le jury a déclarés. 31 janvier 1828, n.° 27.

La cour d'assises n'est pas liée, pour l'application de la peine, par la qualification donnée aux faits par la chambre d'accusation, et elle doit les caractériser d'après la déclaration du jury. 5 février 1819, n.° 17.

Lorsqu'un crime a été commis sous l'empire d'une autre loi, il faut appliquer à l'accusé la peine la moins forte, soit de la nouvelle loi, soit de la loi précédente. 27 février 1812, n.° 41. — 7 janvier 1813, n.° 2.

PROHIBITION DE LA CUMULATION DES PEINES.

La disposition de l'article 365 qui prohibe la cumulation des peines s'applique toutes les fois que le fait reproché a été commis antérieurement à une condamnation intervenue contre l'accusé. 24 juin 1837, n.° 188. — Mais si le crime, objet des poursuites actuelles, a été commis postérieurement à la condamnation, le cumul n'est plus défendu, le bénéfice de l'article 365 ne pouvant profiter à celui qui, après avoir été l'objet des rigueurs de la justice, les a de nouveau encourues. 1.er juin 1837, n.° 167. — Peu importe que la première condamnation ait eu lieu par défaut, si elle avait acquis l'autorité de la chose jugée antérieurement au crime, objet des poursuites actuelles. 1.er juin 1837, n.° 167. — Si la première condamnation n'est pas définitive, on en prononce une seconde, en ordonnant la confusion.

La disposition de l'art. 365 comprend les peines pécuniaires aussi bien que les peines corporelles. 3 octobre 1835, n.° 384.

En cas de conviction de deux délits punissables d'emprisonnement et d'amende, si l'on se borne à prononcer une amende, il faut appliquer l'article de loi contenant l'amende la plus forte, sans s'inquiéter de la durée de l'emprisonnement. 10 avril 1841, n.° 91.

Pour l'application de l'article 365, il n'est pas nécessaire que la même cour soit appelée à statuer par un seul arrêt sur plusieurs crimes imputés au même accusé. 24 juin 1837, n.° 188.

Jugé par suite du principe posé plus haut que l'individu condamné à la réclusion ne peut pas, pour un crime commis antérieurement à cette condamnation, être puni de la peine moins grave de l'emprisonnement, 24 juin 1837, n.° 188; — 16 janvier 1835, n.° 19; que celui qui a été condamné à l'exposition ne peut pas, pour un crime antérieur à sa condamnation, être condamné une seconde fois à l'exposition, 26 janvier 1837, n.° 30; — que l'individu condamné comme bigame aux travaux forcés ne peut pas, comme faussaire, être condamné à l'amende de l'article 164, peine accessoire du faux qui n'entraîne que la réclusion. 4 août 1843, n.° 194.

La prohibition du cumul ne s'applique pas à certaines peines accessoires, telles que la surveillance, la confiscation spéciale, la réparation d'honneur, l'affiche et la destitution. 23 septembre 1837, n.° 288.

Malgré les termes de l'article 365, si la peine prononcée antérieurement et celle encourue par le fait actuellement poursuivi sont de même nature, la cour peut prononcer une seconde peine, pourvu que les deux peines réunies n'excèdent pas le maximum fixé par l'article de loi applicable. 27 avril 1832, n.° 148. — Jugé en conséquence que la cour peut prononcer une seconde amende, pourvu qu'elle reste dans les limites du maximum, 26 janvier 1837, n.° 30; — que la cour a pu porter à six ans la peine de cinq ans de travaux forcés prononcés par le premier arrêt (rien ne défendant de n'augmenter la peine que d'une durée moindre que son minimum légal). 15 mars 1828, n.° 83. — L'exercice du droit d'ajouter à la durée de la condamnation précédente un nombre d'années, qui n'a de limites que le maximum même de la peine, est purement facultatif. 28 mars 1829, n.° 68. — La cour d'assises peut déclarer la première peine suffisante pour l'expiation des deux délits, et se borner à condamner l'accusé aux dépens. 27 avril 1832, n.° 148. — Lorsque, de deux faits punissables de la même nature de peines, le moins grave est déféré le second à la justice, le tribunal appelé à statuer peut ajouter à la première peine, pourvu que la seconde peine qu'il prononce n'excède pas le maximum réservé par la loi au délit moins grave. Voyez 23 juin 1832, n.° 228.

Il résulte de la combinaison des articles 365 et 379 du code d'instruction criminelle que, lorsque les peines prononcées successivement contre le même individu, dans le cas de conviction de plusieurs crimes ou délits, sont de nature différente, la peine la plus faible se confond nécessairement avec la plus grave; mais si les peines prononcées sont de même nature et ne diffèrent que relativement à leur durée, elles doivent être toutes subies successivement, tant que par leur réunion elles n'excèdent pas en durée le maximum de la peine la plus forte de celles que la loi a prononcées pour les divers crimes ou délits qui ont été l'objet des diverses condamnations. 2 août 1833, n.° 298.

AGGRAVATION DE LA RÉCIDIVE.

L'état de récidive d'un accusé ne doit être apprécié et décidé que par la cour. 5 janvier 1828. J. P. — La cour d'assises peut se refuser à appliquer la peine de la récidive, malgré l'aveu de l'accusé et le certificat du directeur de la maison de détention, si le ministère public ne produit pas l'extrait en forme de l'arrêt de condamnation. 11 sept. 1828, n.° 259. — Lorsque la preuve de la récidive est acquise au procès, la cour ne peut la méconnaître et refuser d'appliquer la loi. 9 juin 1826, n.° 110. — La cour peut examiner, avant de prononcer l'aggravation de la récidive, si, lors de la première condamnation, il a été fait à l'accusé une juste application de la loi. 30 décembre 1825, n.° 243. — 16 septembre 1830, n.° 216.

On ne peut argumenter contre le coupable d'une première condamnation par défaut, qu'autant qu'elle lui a été notifiée conformément à l'article 187, et qu'elle est devenue définitive. 6 mai 1826, n.° 92.

La prescription de la peine et les lettres de grâce ou de commutation n'éteignent pas le premier crime et ne peuvent conséquemment dispenser de l'aggravation de la récidive. 4 juillet 1828, n.° 199. — 19 juillet 1839, n.° 235. — Même décision relativement à la réhabilitation. 6 février 1823, n.° 21. — Il en est autrement de l'amnistie pleine et entière qui a pour effet d'anéantir les délits et les condamnations. 11 juin 1825, n.° 114. — 19 juillet 1839, n.° 235.

Les travaux publics ne sont point au nombre des peines afflictives et infamantes. 30 septembre 1825, n.° 194. 22 décembre 1826, n.° 263. — Est infamante la peine des fers établie par le code pénal de 1791, laquelle, sous une autre dénomination, est la peine des travaux forcés dont parle le code pénal de 1810. 12 février 1813, n.° 24.

SUITE DES NOTES SUR L'ARTICLE 365. — RÉCIDIVE.

L'infraction au ban de surveillance (art. 45 du code pénal) ne peut constituer une récidive. 15 juin 1837, n.° 181. Il en est de même de l'évasion effectuée après une condamnation (art. 245 du code pénal). 22 février 1828, n.° 50.

L'art. 56 n'est pas applicable à celui qui, ayant commis un crime, n'a été condamné qu'à des peines correctionnelles, par l'effet des circonstances atténuantes; il faut une première condamnation à une peine afflictive et infamante. 3 décembre 1840, n.° 344. — L'art. 56 n'est pas applicable à celui qui, précédemment, a été condamné par un tribunal militaire à une peine afflictive et infamante, si le premier fait n'était pas qualifié de crime, mais seulement de simple délit par le code pénal ordinaire. 6 janvier 1837, n.° 3. — 2 février 1832, n.° 36.

Art. 56. — L'accusé coupable d'un crime passible du maximum des travaux forcés ne peut, même en récidive, dans le cas de circonstances atténuantes, être condamné qu'au minimum de cette peine ou à la peine inférieure. 1.er mars 1838, n.° 49. — 21 mars 1840, n.° 87.

Dans le cas de récidive prévu par l'art. 56, la cour ne doit faire état des circonstances atténuantes qu'après avoir déterminé, à raison de l'aggravation de la récidive, la nature de la peine que l'accusé aurait encourue. 31 janvier 1845. D. 1845, p. 112.

La peine de l'exposition est inséparable de la peine de la réclusion, lorsque le condamné est en état de récidive, malgré la déclaration de circonstances atténuantes. 9 janvier 1834, n.° 11.

Dans l'art. 57, les expressions crime et délit sont employées avec la signification qui leur est propre. 11 avril 1839, n.° 118.

Le fait reste crime quoique le coupable n'ait été condamné qu'à une peine correctionnelle, soit à cause de la déclaration de circonstances atténuantes, 27 juin 1833, n.° 244, 11 avril 1839, n.° 118; soit à cause de son âge. 10 avril 1828, n.° 103.

L'art. 57 est applicable à celui qui, déjà condamné pour crime et seulement à une peine correctionnelle à cause des circonstances atténuantes, est de nouveau déclaré coupable d'un crime n'entraînant encore qu'une peine correctionnelle à cause des circonstances atténuantes. 28 août 1845, n.° 273.

Lorsqu'il y a lieu à l'application des art. 57 et 401, les juges sont tenus seulement de prononcer le maximum de la peine d'emprisonnement, les autres peines de l'art. 401 étant facultatives. 10 février 1827, n.° 37. — 19 avril 1832. J. P.

L'art. 58 est exclusivement relatif à la récidive, par la perpétration de délits commis après une condamnation à plus d'une année d'emprisonnement pour un premier délit. 6 avril 1838, n.° 94. — 2 juin 1842, n.° 132.

Le ministère public, pour faire appliquer à un accusé les peines de la récidive, a pu prouver par témoins qu'il avait déjà été condamné sous un autre nom. 10 juillet 1828. J. P.

BÉNÉFICE DES CIRCONSTANCES ATTÉNUANTES, ET DE L'AGE.

Quand le fait déclaré par le jury ne constitue plus qu'un délit, la cour seule peut apprécier s'il existe des circonstances atténuantes, 19 janvier 1833, n.° 19. — Voyez arrêts, art. 347, p. 101.

L'art. 463 contient des dispositions générales qui s'appliquent non-seulement aux crimes prévus par le code pénal, mais encore à tous ceux que punit toute autre loi non abrogée, 27 septembre 1832, n.° 373. — Toutefois, il résulte de l'art. 5 que l'art. 463 ne s'applique pas aux contraventions, délits et crimes *militaires*. 2 mars 1833, n.° 83. — Lorsque plusieurs crimes sont reprochés au même individu, le bénéfice des circonstances atténuantes reconnues pour un des chefs d'accusation, ne peut être étendu aux autres. 30 août 1833, n.° 346. — Le bénéfice des circonstances atténuantes, admises en faveur de l'auteur principal, ne peut être étendu au complice. 20 décembre 1832, n.° 503.

On peut, en vertu de l'art. 463, réduire la durée de la surveillance au-dessous du minimum, et même en dispenser complètement le condamné. 26 avril 1839, n.° 141. — L'art. 463 comprend l'art. 198. 27 juin 1834, n.° 199.

Voyez ci-dessus l'effet des circonstances atténuantes, dans le cas où il y a récidive.

Art. 67, 69. — Dans le 3.e paragraphe de l'art. 67, la base de la réduction n'est pas uniquement le minimum, mais facultativement la totalité de la durée possible de la peine encourue; et s'il n'est pas exact de dire qu'on doit s'arrêter nécessairement au maximum, il ne l'est pas davantage de dire qu'on doit descendre nécessairement au minimum de la durée. Jugé dans l'espèce que si l'accusé a encouru les travaux forcés à temps dont la durée (art. 19 c. p.) est de 5 ans à 20, le juge peut suivre cette échelle de 5 ans à 20 pour fixer la durée de l'emprisonnement, et qu'il peut dès-lors fixer cette durée, aussi bien au tiers ou à la moitié de 10 ou de 20 ans par exemple, qu'au tiers ou à la moitié de 5 ans, par la raison que, si l'accusé avait plus de 16 ans, il pourrait être condamné à 5, à 10, ou à 20 ans de travaux forcés. 6 juin 1840, n.° 164.

Si le jury a reconnu des circonstances atténuantes en faveur du mineur déclaré avoir agi avec discernement, celui-ci doit jouir de la double atténuation introduite par les art. 67 et 463. 6 juin 1840, n.° 164.

Jugé que si le mineur, reconnu coupable avec discernement d'un vol domestique, a obtenu des circonstances atténuantes, il résulte de la combinaison des art. 67, 463 et 401, que la cour a pu le condamner à la peine de 2 ans et demi d'emprisonnement, précisément moitié de celle de 5 ans portée par l'art. 401, 19 septembre 1839, n.° 300. — Le mineur pourrait n'être condamné qu'au tiers du minimum de la peine encourue. 15 janvier 1825, n.° 4.

Art. 70. — Aux termes de cet article, aucun individu âgé de 70 ans accomplis, au moment du jugement, ne peut être condamné aux travaux forcés à perpétuité. 5 septembre 1833, n.° 356.

CONTRAINTE PAR CORPS.

Aux termes de l'art. 40 de la loi du 17 avril 1832, il faut déterminer la durée de la contrainte par corps dans les limites fixées par l'art. 7, lorsque la condamnation au profit de l'état s'élève à 300 fr. 9 nov. 1843, n.° 275. — Pour composer le montant de cette condamnation, on doit réunir, aux frais liquidés par l'arrêt, le montant de l'amende s'il en a été prononcé une, 24 août 1843, n.° 215; — et le montant des dommages-intérêts qui ont été accordés à la partie civile. 9 sept. 1842, n.° 238.

Il n'y a pas lieu à fixer la contrainte contre un individu condamné à une peine perpétuelle. 3 février 1843, n.° 24.

L'arrêt qui fixe la contrainte par corps, doit déterminer le montant des condamnations pécuniaires. 15 juin 1843, n.° 150; mais cette détermination n'est pas nécessaire si l'amende s'élève à 300 fr. 11 janvier 1839, n.° 16.

Quelque soit le nombre des accusés, il suffit que les condamnations pécuniaires s'élèvent à 300 fr. pour qu'il y ait nécessité de prononcer la contrainte par corps. 3 février 1843, n.° 21.

Il résulte des art. 2063 et 2065 du code civil, de l'art. 52 du code pénal et des art. 33, 38 et 41 de la loi du 17 avril 1832, que la contrainte par corps ne peut être prononcée que contre l'individu frappé d'une condamnation pénale. La partie civile qui, succombant dans son action, est condamnée aux frais, n'est pas passible de la contrainte. 31 août 1843, n.° 228. — Même décision pour la partie civile condamnée à des dommages-intérêts. 2 avril 1842, n.° 77. — Même décision à l'égard des personnes sur lesquelles pèse la responsabilité civile. 3 juin 1843, n.° 130.

Quoique les condamnations pécuniaires ne s'élèvent pas à 300 fr., il faut, selon l'art. 39 de la loi du 17 avril 1832, prononcer la contrainte par corps, de 6 mois à 5 ans, s'il y a en cause une partie civile qui a obtenu des condamnations contre l'accusé.

366. Voyez à la page 110 le texte de cet article relatif aux dommages-intérêts et à la restitution des objets saisis.

368. Voyez à la page 110 le texte de cet article relatif aux frais.

379. Lorsque pendant les débats qui auront précédé l'arrêt de condamnation, l'accusé aura été inculpé, soit par des pièces, soit par des dépositions de témoins, sur d'autres crimes que ceux dont il était accusé, si ces crimes, nouvellement manifestés, méritent une peine plus grave que les premiers, ou si l'accusé a des complices en état d'arrestation, la cour ordonnera qu'il soit poursuivi à raison de ces nombreux faits, suivant les formes prescrites par le présent code.

Dans ces deux cas le procureur général surseoira à l'exécution de l'arrêt qui a prononcé la première condamnation, jusqu'à ce qu'il ait été statué sur le second procès.

371. Après avoir prononcé l'arrêt, le président pourra, selon les circonstances, exhorter l'accusé à la fermeté, à la résignation ou à réformer sa conduite.

Il l'avertira de la faculté qui lui est accordée de se pourvoir en cassation et du délai dans lequel l'exercice de cette faculté est circonscrit.

373. Le condamné aura trois jours francs après celui où son arrêt lui aura été prononcé, pour déclarer au greffe qu'il se pourvoit en cassation.

Le procureur général pourra dans le même délai, déclarer au greffe qu'il demande la cassation de l'arrêt.

La partie civile aura aussi le même délai, mais elle ne pourra se pourvoir que quant aux dispositions relatives à ses intérêts civils.

Pendant ces trois jours, et s'il y a eu recours en cassation jusqu'à la réception de l'arrêt de la cour de cassation, il sera sursis à l'arrêt de la cour d'assises.

375. La condamnation sera exécutée dans les vingt-quatre heures qui suivront les délais mentionnés en l'article 373, s'il n'y a point de recours en cassation : ou en cas de recours, dans les vingt-quatre heures de la réception de l'arrêt de la cour de cassation qui aura rejeté la demande.

376. La condamnation sera exécutée par les ordres du procureur général. Il aura le droit de requérir directement, pour cet effet, l'assistance de la force publique.

377. Si le condamné veut faire une déclaration, elle sera reçue par un des juges du lieu de l'exécution, assisté du greffier.

378. Le procès-verbal d'exécution sera, sous peine de cent francs d'amende, dressé par le greffier et transcrit par lui dans les vingt-quatre heures au pied de la minute de l'arrêt. La transcription sera signée par lui; et il fera mention du tout sous la même peine, en marge du procès-verbal. Cette mention sera également signée, et la transcription fera preuve comme le procès-verbal même.

366. Pour les dommages-intérêts, voyez art. 358 et 359, p. 106, et pour la restitution, art. 366, p. 110.
371. Le fait d'avoir omis de prévenir le condamné qu'il a trois jours pour se pourvoir en cassation, ne constitue pas une nullité, si l'accusé s'est pourvu dans le délai de la loi. 24 juillet 1834. D. 1834, p. 426.

ARRÊT DE CONDAMNATION. (*Dans cette formule, on prendra ce qui est applicable à l'affaire.*)

La cour, vu la déclaration du jury portant que l'accusé s'est rendu coupable de....; — Ouï le ministère public dans ses réquisitions, la partie civile dans ses conclusions, et l'accusé dans ses moyens de défense, — après en avoir délibéré; — attendu que le fait déclaré constant par le jury est prévu et réprimé par les articles.... du code pénal, lesquels sont ainsi conçus.

Vu aussi (*si c'est la peine de mort*) les art. 11, 12, 13, 26, 36 et 55 du code pénal et les art. 366 et 368 du code d'instruction criminelle,

— *Si ce sont les travaux forcés à perpétuité,* les articles 11, 15, 18, 22, 26, 36 et 55 du code pénal, et les art. 366 et 368 du code d'instruction criminelle;

— *Si ce sont les travaux forcés à temps,* les articles 11, 15, 19, 22, 26, 36, 44, 47 et 55 du code pénal, et les art. 366 et 368 du code d'instruction criminelle;

— *Si c'est la réclusion,* les art. 11, 21, 22, 26, 36, 44, 47 et 55 du code pénal, et les art. 366 et 368 du code d'instruction criminelle;

— *Si c'est une peine correctionnelle,* les art. 11 et 55 du code pénal, et les art. 366 et 368 du code d'instruction criminelle;

CONDAMNE N.... A LA PEINE DE

	ARTICLES,	
Peine de mort.........	12, 26 c. p.	Ordonne que l'exécution se fera sur une des places publiques de
Parricide..............	13 c. p.	Que le condamné sera conduit sur le lieu de l'exécution, en chemise, nu-pieds, et la tête couverte d'un voile noir; qu'il sera exposé sur l'échafaud pendant qu'un huissier fera au peuple lecture de l'arrêt de condamnation, et qu'il sera immédiatement exécuté à mort.
T. F. à perpétuité	18 c. p.	Déclare le condamné mort civilement.
T. F. à perpétuité et à temps, et réclusion.	22, 26 c. p.	Ordonne qu'avant de subir sa peine, le condamné demeurera pendant une heure exposé aux regards du peuple sur la place publique de.......; qu'au-dessus de sa tête sera placé un écriteau portant, en caractères gros et lisibles, ses noms, sa profession, son domicile, sa peine et la cause de sa condamnation.
T. F. à temps et réclusion	22 c. p.	Ordonne que le condamné ne subira pas l'exposition.
Idem,	44, 47 c. p.	Ordonne qu'après avoir subi sa peine, le condamné sera pendant toute sa vie sous la surveillance de la haute police.
Dispositions communes aux différentes condamnations.	11 c. p.	Prononce la confiscation des choses ayant servi au délit, etc.
	366	Relativement aux dommages-intérêts réclamés par la partie civile, attendu que, etc.
	366	Ordonne que les effets pris seront restitués au propriétaire, après que la condamnation sera devenue définitive.
	368	Condamne N. aux frais envers l'état et envers la partie civile.
	55 c. p.	Dit que les condamnés seront tenus solidairement des amendes, dommages-intérêts et frais.
Contrainte par corps (en cas de peines temporaires).	....	Et attendu que les condamnations pécuniaires s'élèvent à plus de 300 fr., la cour, vu les art. 7 et 40 de la loi du 17 avril 1832, fixe la durée de la contrainte par corps à (1 an à 10, et, si le débiteur a commencé sa 70.e année, 6 mois à 5 ans). Voyez note dernière, page 113.
Disposition relative aux condamnations afflictives et infamantes.	36 c. p.	Ordonne que le présent arrêt sera affiché dans les lieux déterminés par la loi.
	37 de la loi du 26 mars 1816.	Si le condamné est chevalier de la Légion-d'Honneur, et que la peine soit infamante, le président, sur le réquisitoire du procureur général, prononce la formule suivante: Vous avez manqué à l'honneur; je déclare au nom de la Légion que vous avez cessé d'en être membre.

Après avoir prononcé l'arrêt, le président dit au condamné: « Vous avez trois jours francs pour vous pourvoir en cassation, contre le présent arrêt, si vous vous y croyez fondé.» (art. 371.)

---

375. Ce n'est pas aux tribunaux qu'il appartient de pourvoir à l'exécution de la condamnation qu'ils prononcent: la loi s'est reposée, quant à ce soin, sur le ministère public. 6 avril 1827, n.° 73.— L'exécution d'un arrêt de mise en liberté appartient au procureur général. 20 juillet 1827, n.° 189.

372. Le greffier dressera un procès-verbal de la séance, à l'effet de constater que les formalités prescrites ont été observées.

Il ne sera fait mention au procès-verbal, ni des réponses des accusés, ni du contenu aux dépositions, sans préjudice toutefois de l'exécution de l'article 318 concernant les changements, variations et contradictions dans les déclarations des témoins.

Le procès-verbal sera signé par le président et le greffier, et ne pourra être imprimé à l'avance.

Les dispositions du présent article seront exécutées à peine de nullité.

Le défaut de procès-verbal et l'exécution des dispositions du troisième paragraphe qui précède, seront punis de 500 francs d'amende contre le greffier.

NOTES.

On trouvera, dans le cours de l'ouvrage, en regard des articles auxquels ils se rapportent, les arrêts relatifs à la constatation des diverses formalités.

Le président des assises n'est pas exempt de reproches sur les irrégularités d'un procès-verbal, puisque la loi lui prescrit d'en certifier la vérité par sa signature; mais la faute doit être principalement imputée au greffier, qui est chargé de la rédaction. (Dans l'espèce, le greffier a été condamné aux frais, en vertu de l'art. 415.) 4 janvier 1821, n.° 1.

En cas de dissidence entre le greffier et le président sur la manière dont certains faits se sont passés, c'est le président, investi seul du caractère de juge, dont le témoignage doit prévaloir sur celui du greffier, qui n'est qu'un officier public. 30 septembre 1824, n.° 122.

Lorsque, par suite d'un événement extraordinaire (tel que la mort subite du greffier), celui-ci n'a pas pu faire le procès-verbal, le président peut le rédiger lui-même; et dans ce cas, le procès-verbal est valable, bien que non revêtu de la signature du greffier. 28 janvier 1843, n.° 18.

La disposition de l'art. 372, qui prohibe, sous peine de nullité, les procès-verbaux imprimés, s'applique aux procès-verbaux rédigés et écrits à l'avance. 22 avril 1841, n.° 105. — Jugé que le procès-verbal de tirage du jury peut être imprimé. 16 janvier 1840, n.° 16.—Même décision pour le procès-verbal d'interrogatoire. 19 septembre 1839. D. 1840, p. 372.

L'erreur dans la date du procès-verbal n'est pas une cause de nullité, lorsque d'autres indications y suppléent. 6 juillet 1832, n.° 249.

L'art. 372 ne fixe pas le délai dans lequel il doit être procédé à la rédaction du procès-verbal, accordant à cet égard les facilités compatibles avec le service de la cour d'assises. 31 juillet 1841, n.° 224.

Quoiqu'il soit plus conforme à l'esprit de la loi de détailler les formalités, il n'y a cependant pas de nullité si le procès-verbal se borne à énoncer que les formalités prescrites par tel article ont été accomplies. 23 avril 1839. D. 1839, p. 383.

Il n'est pas nécessaire que la déclaration du jury soit transcrite dans le procès-verbal des débats. 5 janvier 1832, n.° 2.

Les formalités qui ne sont pas déclarées dans le procès-verbal des débats, sont présumées de droit avoir été omises; et lorsque ces formalités se réfèrent à l'exercice du droit de légitime défense, leur omission constitue une nullité donnant ouverture à cassation. 20 septembre 1828, n.° 275. — 22 septembre 1837, n.° 286.

Jusqu'à inscription de faux, tout ce que constate un procès-verbal régulier est admis comme vrai; et les faits et circonstances non portés au procès-verbal sont légalement présumés n'avoir pas existé. 3 avril 1828, n.° 97.

On ne peut être admis à s'inscrire en faux contre un procès-verbal, que quand les faits allégués sont pertinents et admissibles, c'est-à-dire quand d'une part ces faits sont de nature, si la preuve en est faite, à entraîner l'annulation de l'acte attaqué, et quand de l'autre ils se produisent avec un caractère de vraisemblance suffisant pour ébranler la foi due à un acte authentique. 30 juin 1838, n.° 187.

Il n'y a pas lieu à admettre la demande en inscription de faux tendant à prouver, contrairement au procès-verbal, qu'un témoin n'a pas prêté serment, si l'accusé n'a pas demandé acte de cette irrégularité dans la séance même où elle a été commise. L'admission de la preuve de ce fait serait aussi incertaine que périlleuse pour la justice. 22 janvier 1841, n.° 19.

L'accusé qui veut se plaindre que telle chose a eu lieu ou n'a pas eu lieu, doit faire consigner sa réclamation au procès-verbal. 30 juin 1838, n.° 187. 3 novembre 1836, n.° 362. — Il n'entre pas dans les attributions de la cour de cassation d'ouvrir des enquêtes sur des faits allégués par l'accusé, et dont le procès-verbal ne contient aucune trace. 12 décembre 1840, n.° 350. — 30 juillet 1840, n.° 219.

Il y a nullité si le procès-verbal contient la substance des dépositions de témoins qui n'ont pas été entendus dans l'instruction écrite, ce fait ne rentrant pas dans la disposition de l'art. 318. 6 janvier 1838, n.° 8; ou s'il fait mention des réponses des accusés. 2 janvier 1840, n.° 2.

La prohibition de l'art. 372 ne met pas obstacle à l'exercice du droit qu'a le ministère public de faire constater au procès-verbal, sans être tenu d'en articuler les motifs, tout fait ou toute déposition qui lui paraissent devoir être retenus comme pouvant servir de base à une action ultérieure. 12 décembre 1840. n.° 350. (Dans l'espèce, la transcription au procès-verbal a été ordonnée par le président.)

Le procès-verbal peut être écrit par une autre personne que par le greffier qui a tenu la plume à l'audience; la signature du greffier suffit pour lui donner foi pleine et entière. 31 juillet 1841, n.° 224.

Il n'y a pas nullité, parce que le procès-verbal a été rédigé et signé dans une autre ville et à une autre époque que celles qu'il indique. 12 décembre 1840, n.° 350.

Le procès-verbal des débats doit, à peine de nullité, être signé par le greffier; c'est une formalité substantielle. 19 novembre 1829, n.° 260.

La signature du greffier au procès-verbal de la formation du jury de jugement est une formalité substantielle. 11 juin 1835, n.° 231.

Le greffier en chef, qui a assisté à tous les débats, a qualité pour signer le procès-verbal, quoiqu'il y soit exprimé qu'un commis-greffier tenait la plume. 7 octobre 1831, n.° 246.

Le défaut de signature du président est imputable au greffier qui, par suite, peut être condamné aux frais de la procédure à recommencer. (art. 415). 27 mars 1845, n.° 111.

Les renvois en marge sont suffisamment approuvés par les paraphes du président et du greffier. 30 mars 1839. D. 1839, p. 379. — Le procès-verbal est valable bien qu'il contienne des surcharges non approuvées, si les mots surchargés ne constatent aucune des formalités substantielles, mais servent seulement à compléter le sens des phrases où ils sont placés, sans toutefois qu'ils soient indispensables pour les rendre intelligibles. 11 avril 1840, n.° 111.

FORMULES DE PROCÈS-VERBAUX.

Nota. On pourra se reporter aux articles du code d'instruction, que l'on a indiqués entre parenthèses, pour vérifier si les formalités sont constatées selon le vœu de la loi.

PROCÈS-VERBAL D'OUVERTURE DE LA SESSION.

Jurés condamnés à l'amende (art. 396, p. 44), *n.°* 1. — *Jurés excusés* (art. 397 et 398, p. 44), *n.°* 2. — *Jurés tirés de la liste de service* (art. 381, 383, 391 et 392, p. 42), *n.°* 3. — *Tirage au sort de jurés complémentaires* (art. 393. p. 44), *n.°* 4.

Cejourd'hui (mettre la date et l'heure en toutes lettres), s'est assemblée publiquement au palais de justice, à (dire la ville), la cour d'assises, composée de M. N..., président, MM. N... et N..., assesseurs, M. N..., procureur général, et M. N..., greffier.

Le président a déclaré la session ouverte.

Le greffier a fait l'appel des jurés.

Après cette opération, le procureur général a pris les réquisitions suivantes:

N.° 1. — Le sieur..., n'ayant pas répondu à l'appel, le procureur général a conclu à ce que ce juré fût condamné à une amende de 500 fr., conformément à l'art. 396.

La cour, après avoir délibéré, a prononcé en ces termes: « Vu l'art. 396, lequel est ainsi conçu « (copier cet article); attendu que le sieur... ne comparaît pas, la cour le condamne à 500 fr. d'a- « mende et aux frais. »

N.° 2. — Le sieur, ayant demandé à être exoiné, le procureur général a conclu à ce que, etc.

La cour, après avoir délibéré, a prononcé en ces termes: « Vu l'art. 397 ou 398; vu la demande « d'excuse présentée par le sieur...; attendu que les motifs donnés à l'appui sont de nature à être « accueillis, la cour ordonne que le nom du sieur.... sera tiré de la liste de service pour tant de jours « ou pour toute la session. »

N.° 3. — Le sieur..., étant, par tel motif, incapable d'être juré, ou se trouvant dans telle position qui lui donne le droit d'être dispensé du service, le procureur général a conclu à ce que son nom fût tiré de la liste.

La cour, après avoir délibéré, a prononcé en ces termes: « Vu l'art. 381, 383 ou 392; attendu que « le sieur... est, par tel motif, incapable d'être juré; — ou, vu l'art. 383[3] ou 391; attendu que le sieur... « est dans telle position qui l'autorise à demander, ainsi qu'il le fait, d'être dispensé, la cour ordonne « que le nom du sieur... sera tiré de la liste de service. » (Dans le cas de l'art. 392, ajouter: pour l'affaire qui va être jugée.)

N.° 4. — A la suite de ces décisions, le nombre des jurés présents, y compris les supplémentaires, étant réduit à tant (moins de trente), nous, président des assises, avons, en audience publique, et en nous conformant à l'art 393, désigné par la voie du sort les jurés qui devront compléter le nombre de trente. Ces jurés sont 1.° M. N..., âgé de..., profession de..., demeurant à...; 2.° M. N..., etc.

Et a été le présent procès-verbal signé par le président et par le greffier. (*Signatures.*)

T. S. V. P.

ASSISES DU DÉPARTEMENT DE.....

Accusation contre les nommés X... et XX..., accusés de.....

Nota. On a mis entre crochets les indications nécessitées par l'adjonction de magistrat et de juré, la nomination d'interprète et la prononciation de huis-clos.

PROCÈS-VERBAL D'ADJONCTION DE JURÉ ET DE MAGISTRAT. (394, p. 46. — 252, p. 13.)

Cejourd'hui (mettre la date et l'heure en toutes lettres), jour fixé pour l'affaire des nommés X... et XX... accusés de......., s'est assemblée publiquement au palais de justice, à (dire la ville), la cour d'assises, composée de M. N... président, MM. N... et N... assesseurs, M. N... procureur général et M. N... greffier.

Les accusés étant présents, ainsi que leurs défenseurs, M. le procureur général a requis que, vu la longueur présumée des débats, il fût adjoint un magistrat et un juré. — Les accusés n'ont fait aucune observation, ou ont conclu à ce que, etc

La cour, après avoir délibéré, a prononcé en ces termes : « Attendu que le procès criminel instruit « contre les nommés... paraît de nature à entraîner de longs débats, ordonne qu'il sera adjoint un « 3.e assesseur, et qu'indépendamment des douze jurés, il en sera tiré au sort un treizième qui assistera « aux débats, jusqu'à la déclaration définitive du jury. »

Et a été le présent procès-verbal signé par le président et par le greffier. (*Signatures.*)

PROCÈS-VERBAL DU TIRAGE DU JURY. (399 à 404, p. 48.)

Cejourd'hui (mettre la date et l'heure en toutes lettres), jour fixé pour l'affaire des nommés X... et XX..., accusés de..., nous..., conseiller à la cour royale de... président des assises, assisté de M. N..., greffier, en présence de M. N..., procureur général, avons, avant l'ouverture de l'audience, procédé au tirage du jury en présence des jurés et en présence des accusés et de leurs défenseurs.

[Les accusés ne parlant pas français, nous avons nommé d'office, pour servir d'interprète, le sieur N... qui a prêté le serment prescrit par l'art. 332 du code d'instruction criminelle, 332, 333, p. 46.]

Le greffier a fait l'appel des jurés non excusés et non dispensés. — Le nombre des jurés présents étant réduit à tant (moins de trente), nous avons, en suivant l'ordre de la liste, appelé à faire partie des titulaires le sieur..., juré supplémentaire (392, p. 44.)

Nous avons déposé dans une urne le nom de chaque juré répondant à l'appel (399, p. 48).

Le nombre des jurés étant de..., nous avons annoncé que les accusés ou leurs conseils pouvaient récuser *tant* de jurés, et que M. le procureur général pouvait en récuser *tant* (401, p. 48).

Nous avons procédé au tirage, et à mesure que les noms sortaient de l'urne, M..., pour les accusés a récusé MM..., M. le procureur général a récusé MM..... (399, p. 48).

Nous avons déclaré le jury formé à l'instant où il est sorti de l'urne douze [dans l'espèce, treize, à cause de l'adjonction d'un juré] noms de jurés non récusés. Ces jurés sont MM..... (399, p. 48).

Et a été le présent procès-verbal signé par le président et par le greffier (372, p. 116). *Signatures.*

PROCÈS-VERBAL DES DÉBATS.

Cejourd'hui (mettre la date et l'heure en toutes lettres), après le tirage du jury de jugement pour l'affaire des nommés X..... et XX....., s'est assemblée publiquement, au palais de justice, à (dire la ville), la cour d'assises de. ., composée de M. N..., président, MM. N .. et N..., assesseurs [M. N..., assesseur adjoint], M. N..., procureur général, et M. N..., greffier (309, p. 50); [le sieur N.. , désigné au procès-verbal de tirage, remplissant les fonctions d'interprète] (332, p. 46).

Les douze jurés [et le juré adjoint] désignés dans le procès-verbal de ce jour, se sont placés dans l'ordre réglé par le sort sur des siéges séparés du public et des témoins, en face de ceux destinés aux accusés (309, p. 50).

Les accusés ont comparu libres et seulement accompagnés de gardes (310, p. 50).
— Sur l'interpellation du président, ils ont déclaré, le premier se nommer X..., âgé de. . ans, profession de..., demeurant à..., né à . , et le second se nommer XX..., etc. (310, p. 50).

Le président a déterminé que les accusés seraient soumis aux débats dans l'ordre ci-dessus (334, p. 50).
Il a rappelé aux conseils des accusés les dispositions de l'art. 311 du code d'instruction (311, p. 50).

Il a adressé aux jurés debout et découverts le discours contenu en l'art. 312; chacun des jurés appelés individuellement par le président a répondu en levant la main, *je le jure* (312, p. 52).

[La publicité pouvant être dangereuse pour l'ordre et pour les mœurs, le procureur général a requis que, conformément à l'art. 55 de la charte constitutionnelle, les débats eussent lieu à huis-clos; les accusés n'ont fait aucune observation, ou ont conclu à ce que, etc. La cour a rendu l'arrêt suivant : « Vu l'art. 55 de la charte constitutionnelle, lequel est ainsi conçu (copier cet article);

« Attendu que la publicité serait dangereuse pour l'ordre et pour les mœurs, la cour ordonne que « les débats auront lieu à huis-clos. » (Art. 55 de la charte, p. 54.)

[Le président a ordonné aux huissiers de faire retirer le public.]

Le président a averti les accusés d'être attentifs à ce qu'ils allaient entendre (313, p. 56).

Le greffier a donné lecture de l'arrêt de la cour royale portant renvoi à la cour d'assises, et de l'acte d'accusation (313, p. 56).

Le président s'est ensuite conformé à l'art. 314 (314, p. 58).

Le procureur général a exposé l'affaire et a présenté la liste des témoins devant être entendus à sa requête et à celle des accusés. — Cette liste a été lue à haute voix par le greffier (315, p. 56).

Le sieur N... n'ayant pas répondu à l'appel, le procureur général a requis que ce témoin fût condamné à l'amende, conformément aux art. 355 et 80 du code d'instruction criminelle, et il a d'ailleurs déclaré ne pas s'opposer à ce qu'il fût passé outre aux débats; les accusés n'ont fait aucune observation ou ont conclu à ce que... [le président a fait ouvrir les portes, et l'audience étant devenue publique]; la cour, après avoir délibéré, a prononcé en ces termes : « Attendu que le sieur N..., quoique « cité régulièrement, ne comparait pas à cette audience, vu les art. 355 et 80, lesquels sont ainsi « conçus (copier ces articles); la cour condamne N... à... francs d'amende, et attendu que la présence « de ce témoin n'est pas indispensable pour la manifestation de la vérité, ordonne qu'il sera passé outre « aux débats (354, 355, p. 56). »

[Après cet arrêt, l'affaire a été reprise à huis-clos.]

Le président a ordonné aux témoins de se retirer dans la chambre qui leur est destinée (316, p. 56).

Chacun ayant besoin de repos, le président a continué l'affaire à tel jour, à telle heure (353, p. 36).

[Dans le cours de cette séance, l'interprète a prêté son ministère quand il a été utile, 332, p. 46.]

[Le magistrat adjoint n'a pas pris part aux délibérations de la cour, 252, p. 13.]

Et a été le présent procès-verbal signé par le président et par le greffier (372, p. 116). (*Signatures.*)

Et cejourd'hui (mettre la date et l'heure en toutes lettres), la cour étant composée comme il est dit au commencement du procès-verbal [et l'interprète toujours présent], l'audience a été reprise (dire si c'est à huis-clos ou publiquement). (309, p. 51).

Le président a procédé à l'interrogatoire des accusés; il les a fait retirer l'un après l'autre pour les examiner séparément, et il a eu soin, avant de reprendre la suite des débats généraux, de les instruire de ce qui s'était fait en leur absence et de ce qui en était résulté (327, p. 58).

Les témoins ont ensuite été introduits successivement dans l'auditoire, et ils ont été entendus séparément l'un de l'autre dans l'ordre établi par le procureur général; ils ont déposé oralement. — Avant de déposer, ils ont prêté le serment prescrit par l'art. 317 et ont satisfait aux autres indications de cet article (317, p. 62).

Après chaque déposition, le président a rempli à l'égard des témoins et des accusés, les formalités de l'art. 319 (319, p. 64).

Les pièces servant à conviction ont été représentées aux accusés et aux témoins (329, p. 66).

La déposition du sieur.... ayant paru mensongère, le président a ordonné l'arrestation de ce témoin et a fait inscrire au procès-verbal sa déposition dont voici les termes : .... Cette déposition a été lue au sieur..., qui a déclaré qu'elle contenait la vérité. — Le président a commis M. N... pour remplir les fonctions de juge d'instruction (330, p. 66).

Dans le cours des débats, le président a ordonné que le sieur..., profession de..., demeurant à..., serait entendu en vertu du pouvoir discrétionnaire. — Le sieur..., ayant comparu, le président a annoncé que ce témoin ne prêterait pas serment, et que sa déclaration ne serait considérée que comme renseignement (269, p. 68); le président s'est ensuite conformé aux prescriptions du deuxième paragraphe de l'art. 317 et à celles de l'art. 319, p. 62 et 64.

Les accusés ayant été condamnés par contumace, le président, conformément à l'art. 477 du code d'instruction, a ordonné de lire les interrogatoires des autres accusés du même délit et la déposition écrite du sieur N..., témoin qui n'a pu être produit aux débats. — Les accusés se sont expliqués à cet égard (477, p. 68).

Le président, pour se conformer à l'art. 512, a ordonné aussi de lire la déposition écrite du sieur..., témoin dispensé de comparaître aux termes de la loi; les accusés se sont encore expliqués sur cette déposition (512, p. 68).

Le sieur....., l'un des témoins, ayant demandé à se retirer, le président l'y a autorisé, sans opposition de la part des accusés ni du procureur général (320, p. 66).

A la suite des dépositions des témoins et des dires respectifs auxquels elles ont donné lieu, le procureur général a développé les moyens qui appuient l'accusation. — Les défenseurs des accusés lui ont répondu (335, p. 72).

Le président a ensuite déclaré les débats terminés (335, p. 72).

[Il a fait ouvrir les portes, et, l'audience ayant été rendue publique], il a résumé l'affaire, a fait remarquer aux jurés les principales preuves pour et contre les accusés, et il a posé les questions (336, page 72).

Le président a ensuite donné au jury les avertissements prescrits par les art. 341 et 347 du code d'instruction criminelle; il a remis au chef du jury les questions et les pièces du procès autres que les déclarations écrites des témoins (341, p. 96).

[Le président a averti le juré adjoint qu'il devait rester dans la salle sans communiquer de l'affaire avec personne, jusqu'après la déclaration définitive du jury] (394, p. 46).

Il a ensuite fait retirer l'accusé de l'auditoire (341, p. 98).

Les douze jurés se sont rendus dans leur chambre pour y délibérer (342, p. 98).

Le président a donné au chef de la gendarmerie l'ordre prescrit par l'art. 343 (343, p. 98).

Les jurés sont ensuite rentrés dans l'auditoire et ont repris leurs places. — Le président leur a demandé quel était le résultat de leur délibération.—Le chef du jury (ou le sieur... désigné par ses collègues et du consentement du premier juré sorti par le sort, 342, p. 98) s'est levé, et, la main placée sur son cœur, il a lu la déclaration du jury après avoir prononcé la formule de l'art. 348 (348, p. 102).

La déclaration du jury, signée par le chef, a été remise par lui au président, le tout en présence des jurés (349, p. 102).

Après cette lecture, le procureur général a conclu à ce qu'il plût à la cour ordonner que les jurés délibéreront de nouveau, attendu que, dans leur réponse, ils ont commis telle irrégularité; les défenseurs n'ont fait aucune observation, ou ont conclu à ce que... — La cour, après avoir délibéré, a prononcé en ces termes: « Vu tel article du code d'instruction criminelle, considérant que les jurés, en « répondant de telle manière à telle question, ont contrevenu au vœu de la loi, ordonne qu'ils se « retireront dans leur chambre pour y délibérer de nouveau. » — A la suite de cet arrêt, les jurés se sont retirés dans leur chambre; ils sont ensuite revenus à l'audience, et leur chef a lu de nouveau la déclaration en se conformant à l'art. 348 (350, p. 104).

Le président et le greffier ont signé la déclaration qui est annexée au présent procès-verbal (349, p. 102).

Le président a fait comparaître les accusés; et le greffier a lu la déclaration du jury en leur présence et en présence des jurés (357, p. 106).

La déclaration du jury portant que le nommé X... n'est pas coupable, le président a prononcé en ces termes: « Vu la déclaration du jury portant que N... n'est pas coupable; vu l'art. 358, nous dé« clarons que X... est acquitté de l'accusation portée contre lui, et ordonnons qu'il soit mis en liberté, « s'il n'est retenu pour autre cause. » (358, p. 106).

Le nommé XX..., ayant été déclaré coupable par le jury, le procureur général a fait telle réquisition (362, p. 108).

Le président a demandé à l'accusé s'il avait quelque chose à dire pour sa défense; l'accusé a pris telles conclusions (363, p. 108).

La cour, après avoir délibéré, a rendu l'arrêt de condamnation qui a été prononcé à haute voix par le président en présence du public et de l'accusé. — Avant de le prononcer, le président a lu le texte de la loi sur laquelle il est fondé (369, p. 108).

Le président a ensuite prévenu le condamné qu'il avait trois jours francs pour se pourvoir en cassation (371, p. 114).

[Dans le cours de cette affaire, l'interprète a prêté son ministère quand il a été utile, 332, p. 46.]

[Le magistrat adjoint n'a pas pris part aux délibérations de la cour, 252, p. 13.]

Et a été le présent procès-verbal signé par le président et par le greffier (372, p. 116).

(*Signatures.*)

DE LA RECONNAISSANCE D'IDENTITÉ.

518. La reconnaissance de l'identité d'un individu condamné, évadé et repris, sera faite par la cour qui aura prononcé sa condamnation.

Il en sera de même de l'identité d'un individu condamné à la déportation ou au bannissement, qui aura enfreint son ban et sera repris; et la cour, en prononçant l'identité, lui appliquera, de plus, la peine attachée à son infraction.

519. Tous ces jugements seront rendus sans assistance de jurés, après que la cour aura entendu les témoins appelés tant à la requête du procureur général qu'à celle de l'individu repris, si ce dernier en a fait citer.

L'audience sera publique et l'individu repris sera présent, à peine de nullité.

520. Le procureur général et l'individu repris pourront se pourvoir en cassation, dans la forme et dans le délai déterminé par le présent code contre l'arrêt rendu sur la poursuite en reconnaissance d'identité.

La cour d'assises est légalement saisie par la poursuite du ministère public; il n'est pas nécessaire de dresser et de notifier un acte d'accusation. 21 août 1818. J. P. — La reconnaissance de l'identité est attribuée au tribunal ou à la cour qui a prononcé la condamnation. 11 juillet 1834, n.° 221. — Il n'y a lieu à procéder d'après l'art. 518, que si le prévenu nie son identité 23 juillet 1835, n.° 302.

L'identité d'un individu arrêté comme contumax doit être constatée par la cour d'assises, sans assistance de jurés, en la forme prescrite par l'art. 519, aussi bien que l'identité d'un individu condamné, évadé et repris, 6 février 1824. S. 1825. p. 38, sauf, dans le cas d'une décision affirmative sur l'identité, à procéder sur le fond de l'accusation avec assistance de jurés et dans la forme ordinaire, tous moyens de défense demeurant réservés à l'accusé, nommément celui de soutenir que, lors même que les faits incriminés seraient constants, il n'en est pas l'auteur. 24 janvier 1834, n.° 31.

Une cour d'assises, après avoir déclaré que l'identité n'était pas constante, viole l'autorité de la chose jugée, si plus tard, par un autre arrêt, elle décide le contraire. 12 août 1825, n.° 154.

La prétention élevée par un accusé que les désignations de l'acte d'accusation ne s'appliquent pas à lui, constitue un moyen de défense qui ne peut être apprécié que par le jury. 29 nov. 1833, n.° 481.

ARRÊT DE RECONNAISSANCE D'IDENTITÉ.

La cour, ouï le ministère public dans ses réquisitions, l'accusé dans ses moyens de défense, après en avoir délibéré; attendu que des dépositions des témoins et des autres documents de la cause, il résulte la preuve que l'accusé X..., ici présent, est le même que le nommé..., condamné à la peine de..., par arrêt de la cour d'assises, en date du...; déclare qu'il y a identité entre X... et le nommé...; condamne X... aux frais.

PROCÈS-VERBAL DE RECONNAISSANCE D'IDENTITÉ.

Cejourd'hui (mettre la date et l'heure en toutes lettres), s'est assemblée publiquement au palais de justice, à (dire la ville), la cour d'assises de..., composée de M. N..., président, MM. N... et N..., assesseurs, M. N..., procureur-général, et M. N..., greffier.

L'accusé a comparu libre. — Il a déclaré se nommer X..., âgé de... ans, profession de, demeurant à..., né à... — Le président a rappelé au défenseur les dispositions de l'art. 311.

Le procureur général a exposé que X... comparaissait à l'audience de ce jour pour voir statuer sur la poursuite en reconnaissance de son identité avec le nommé X..., condamné par contumace par arrêt de la cour d'assises de..., en date du...

Le greffier a fait l'appel des témoins devant être entendus à la requête du ministère public et à celle de l'accusé.

Le président a ordonné aux témoins de se retirer dans la chambre qui leur est destinée. — Après l'interrogatoire de l'accusé, les témoins ont été introduits successivement dans l'auditoire, et ils ont été entendus séparément l'un de l'autre dans l'ordre établi par le procureur général; ils ont déposé oralement. — Avant de déposer, ils ont prêté le serment prescrit par l'art. 317 et ont satisfait aux autres indications de cet article. — Après chaque déposition, le président a rempli, à l'égard des témoins et de l'accusé, les formalités de l'art. 319.

Après les dépositions des témoins, le procureur général a présenté les moyens de l'accusation, et a conclu à ce qu'il plût à la cour décider qu'il y a identité entre X..., ici présent, et le nommé X..., condamné à telle époque par la cour d'assises de..., à la peine de... — Le défenseur a fait valoir les moyens à l'appui de la défense. — Le président a ensuite demandé à l'accusé s'il avait quelque chose à ajouter; l'accusé a fait telle observation.

La cour, après avoir délibéré, a rendu l'arrêt de reconnaissance d'identité qui a été prononcé à haute voix par le président, en présence du public et de l'accusé. — Avant de le prononcer, le président a lu le texte de la loi sur laquelle il est fondé.

Le président a averti le condamné qu'il avait trois jours francs pour se pourvoir en cassation.

Et a été le présent procès-verbal signé par le président et par le greffier. (*Signatures.*)

DES CONTUMACES.

465. Lorsqu'après un arrêt de mise en accusation, l'accusé n'aura pu être saisi ou ne se représentera pas dans les dix jours de la notification qui en aura été faite à son domicile; ou, lorsqu'après s'être présenté ou avoir été saisi, il se sera évadé;

Le président de la cour d'assises, ou, en son absence, le président du tribunal de première instance, et à défaut de l'un et de l'autre, le plus ancien juge de ce tribunal, rendra une ordonnance portant qu'il sera tenu de se représenter dans un nouveau délai de dix jours; sinon qu'il sera déclaré rebelle à la loi, qu'il sera suspendu de l'exercice des droits de citoyen, que ses biens seront séquestrés pendant l'instruction de la contumace, que toute action en justice lui sera interdite pendant le même temps, qu'il sera procédé contre lui et que toute personne est tenue d'indiquer le lieu où il se trouve.

Cette ordonnance fera de plus mention du crime et de l'ordonnance de prise de corps.

466. Cette ordonnance sera publiée à son de trompe ou de caisse, le dimanche suivant, et affichée à la porte du domicile de l'accusé, à celle du maire et à celle de l'auditoire de la cour d'assises.

Le procureur général ou son substitut adressera aussi cette ordonnance au directeur des domaines et droits d'enregistrement du domicile du contumax.

467. Après un délai de dix jours, il sera procédé au jugement de la contumace.

468. Aucun conseil, aucun avoué ne pourra se présenter pour défendre l'accusé contumax.

Si l'accusé est absent du territoire européen de la France, ou s'il est dans l'impossibilité absolue de se rendre, ses parents ou ses amis pourront présenter son excuse et en plaider la légitimité.

469. Si la cour trouve l'excuse légitime, elle ordonnera qu'il sera sursis au jugement de l'accusé et au séquestre de ses biens pendant un temps qui sera fixé, eu égard à la nature de l'excuse et à la distance des lieux.

470. Hors ce cas, il sera procédé de suite à la lecture de l'arrêt de renvoi à la cour d'assises, de l'acte de notification de l'ordonnance ayant pour objet la représentation du contumax et des procès-verbaux dressés pour en constater la publication et l'affiche.

Après cette lecture, la cour, sur les conclusions du procureur général ou de son substitut, prononcera sur la contumace.

Si l'instruction n'est pas conforme à la loi, la cour la déclarera nulle et ordonnera qu'elle sera recommencée, à partir du plus ancien acte illégal.

Si l'instruction est régulière, la cour prononcera sur l'accusation et statuera sur les intérêts civils, le tout sans assistance ni intervention de jurés.

471. Si le contumax est condamné, ses biens seront, à partir de l'exécution de l'arrêt, régis comme biens d'absent; et le compte du séquestre sera rendu à qui il appartiendra, après que la condamnation sera devenue irrévocable par l'expiration du délai donné pour purger la contumace.

472. Extrait du jugement de condamnation sera, dans les trois jours de la prononciation, à la diligence du procureur général ou de son substitut, affiché par l'exécuteur des jugement criminels à un poteau qui sera planté au milieu de l'une des places publiques de la ville chef-lieu de l'arrondissement où le crime aura été commis.

Pareil extrait sera, dans le même délai, adressé au directeur des domaines et droits d'enregistrement du domicile du contumax.

473. Le recours en cassation ne sera ouvert, contre les jugements de contumace, qu'au procureur général et à la partie civile en ce qui la regarde.

474. En aucun cas la contumace d'un accusé ne suspendra ni ne retardera de plein droit l'instruction à l'égard de ses co-accusés présents.

La cour pourra ordonner, après le jugement de ceux-ci, la remise des effets déposés au greffe comme pièces de conviction, lorsqu'ils seront réclamés par les propriétaires ou ayants droit.

Elle pourra aussi ne l'ordonner qu'à charge de les représenter s'il y a lieu.

Cette remise sera précédée d'un procès-verbal de description dressé par le greffier, à peine de cent francs.

475. Durant le séquestre, il peut être accordé des secours à la femme, aux enfants, au père ou à la mère de l'accusé, s'ils sont dans le besoin.

Ces secours seront réglés par l'autorité administrative.

476. Si l'accusé se constitue prisonnier, ou s'il est arrêté avant que la peine soit éteinte par la prescription, le jugement rendu par contumace et les procédures faites contre lui depuis l'ordonnance de prise de corps ou de se représenter, seront anéantis de plein droit, et il sera procédé à son égard dans la forme ordinaire.

Si cependant la condamnation par contumace était de nature à emporter la mort civile, et si l'accusé n'a été arrêté ou ne s'est représenté qu'après les cinq ans qui ont suivi l'exécution du jugement de contumace, ce jugement, conformément à l'art. 30 du code civil, conservera, pour le passé, les effets que la mort civile aurait produits dans l'intervalle écoulé depuis l'expiration des cinq ans jusqu'au jour de la comparution de l'accusé en justice.

477. Voyez p. 68, et 478, voyez p. 110.

55 L'accusé ne peut pas se plaindre du défaut de notification de l'arrêt de renvoi et de l'acte d'accusa-
t tion, lorsque la notification de ces actes a été faite à son domicile. 7 février 1839, n.° 36. — Lorsque
6. le domicile du contumax est inconnu, il suffit que la notification de l'arrêt de renvoi soit faite dans la forme prescrite par l'art. 69, n.° 8, du code de procédure civile. 8 avril 1826, n.° 64.

Pour que l'ordonnance de se représenter soit *légalement exécutée*, d'après la combinaison des articles 466, 470 du code d'instruction criminelle, et 68, 69 n.° 8, et 70 du code de procédure civile, il faut

1.° que cette ordonnance soit notifiée au contumax conformément aux susdits articles 68 ou 69 n.° 8, du code de procédure civile;

2.° Qu'elle soit publiée à son de trompe ou de caisse, et affichée à la porte du domicile de l'accusé, à celle du *domicile* du maire et à celle de l'auditoire de la cour d'assises;

3.° Que ces publications d'affiches aient lieu chacune le dimanche;

4.° Que les procès-verbaux dressés pour justifier qu'il a été satisfait à ces deux dernières conditions, soient visés comme l'exigent, selon les circonstances, lesdits articles 68 et 69 n.° 8; ces formalités sont substantielles. 29 janvier 1833, n.° 248. — Ni les articles 466 et 470, ni aucune autre disposition de loi, n'exigent que la notification de l'ordonnance du président à l'accusé contumax, soit faite par un acte distinct et séparé de celui qui constate la publication et l'affiche de ladite ordonnance aux lieux déterminés par la loi. 2 avril 1836, n.° 107.

'0. Lorsqu'il y a une irrégularité dans une procédure par contumace, la cour doit déclarer l'instruction nulle, et ordonner qu'elle sera recommencée à partir du plus ancien acte illégal. 29 juin 1833, n.° 248.

La cour, procédant conformément à l'art. 470, ne peut pas déclarer des circonstances atténuantes en faveur d'un contumax. 14 septembre 1843, n.° 238,

'6. L'art. 476, ne déclarant anéanti que ce qui est postérieur à l'ordonnance de se représenter, laisse par conséquent subsister l'arrêt de mise en accusation et l'acte d'accusation, puisque ces actes sont antérieurs, etc. 19 février 1819, n.° 27.

Le contumax qui se représente ou qui est arrêté, doit être de nouveau mis en jugement, aux termes de l'art. 476. Il ne pourrait pas, par son acquiescement, donner à l'arrêt de contumace une existence que la loi ne lui accorde que dans le seul cas où la peine serait éteinte par la prescription. 27 août 1819, n.° 95.

Le condamné par contumace ne peut être de nouveau mis en jugement sur les faits à l'égard desquels il a été acquitté par l'arrêt de condamnation. 15 novembre 1821, n.° 177.

Lorqu'une condamnation par contumace a été prononcée contre un accusé, la loi ne reconnaît point d'autre prescription que celle de la peine qui lui a été infligée. 23 janvier 1840, n.° 29; — 1.er février 1839, n.° 33. — Lorsque, par le résultat de la déclaration du jury, le fait dont le contumax était accusé ne constitue plus qu'un délit, la prescription établie pour les délits par l'art. 636 peut être invoquée, si plus de cinq ans se sont écoulés depuis la condamnation par contumace. Mêmes arrêts. — Même décision si, d'après la loi nouvelle, le fait imputé au contumax ne constitue plus qu'un délit. 25 novembre 1830, n.° 253. — La déclaration de circonstances atténuantes ne fait que réduire la peine, mais ne change pas la nature du crime déclaré constant. La prescription de cinq ans ne peut donc pas être admise. 18 avril 1834, n.° 113. — Si le contumax reste vingt ans sans se représenter, il ne peut purger sa contumace, art. 635.

Les héritiers d'un contumax ont qualité pour demander l'annulation de l'arrêt, par le motif que le condamné était mort avant l'arrêt. La demande doit être portée devant la cour d'assises qui a prononcé la condamnation. 25 octobre 1821. S. 1822, p. 94.

FORMULES D'ARRÊTS DE CONTUMACE.

Nota. On pourrait ne prononcer qu'un seul arrêt, le deuxième.

1.er arrêt. — Vu l'arrêt de la cour royale, chambre des mises en accusation, qui renvoie devant les assises le nommé... (art. 465); — Vu l'ordonnance de se représenter rendue par le président des assises (art. 465); — Vu l'acte de notification de cette ordonnance (art. 465), et les procès-verbaux dressés pour en constater la publication et l'affiche (art. 466);

Attendu que, depuis l'accomplissement de ces formalités, plus de dix jours se sont écoulés (art. 467);

La cour, ouï le ministère public, après avoir délibéré, déclare la procédure régulière (art. 470), et ordonne la lecture des pièces.

2.° arrêt. — La cour, ouï le ministère public dans ses réquisitions, après en avoir délibéré;

Attendu que, des pièces de la procédure, il résulte la preuve que l'accusé s'est rendu coupable d'avoir, etc.;

Attendu que ce fait est prévu et réprimé par les art..... du code pénal, lesquels sont ainsi conçus :

Vu aussi les art. 368, 472 du code d'instruction criminelle, et 36 du code pénal;

Condamne..... à la peine de..... et aux frais;

Ordonne qu'un extrait du présent arrêt sera, dans les trois jours, affiché par l'exécuteur des arrêts criminels, à un poteau qui sera planté sur une des places publiques de.....; et que pareil extrait sera, dans le même délai, transmis au directeur des domaines du domicile du condamné (art. 472).

Ordonne que le présent arrêt sera affiché dans les lieux déterminés par la loi (art. 36, c. p.).

COMPTE-RENDU DES ASSISES.

(Extraits de lettres ministérielles.)

Les présidents doivent rendre compte directement au ministre des résultats de chaque session (lettre du 31 mai 1813).

Le compte que le ministre désire avoir, c'est surtout un compte moral.

Pour être complet, le compte doit présenter :

Les noms, profession et domicile des accusés,

La nature des accusations,

Les circonstances remarquables qui ont accompagné les crimes,

Les retards que la procédure a éprouvés, ou le peu de soin avec lequel l'instruction a été faite,

Les incidents auxquels les affaires ont donné lieu, et les questions qui se sont élevées,

La manière dont les jurés ont rempli leurs fonctions,

Les motifs présumés qui ont déterminé les jurés à déclarer les accusés non coupables, lorsque le contraire paraissait peu douteux, ou à écarter des circonstances aggravantes lorsqu'elles étaient établies par les débats,

Le nombre de jurés qui ont comparu, ainsi que les motifs de dispense ou d'excuse qui ont été invoqués,

Ce que l'état et le régime des prisons offre de défectueux, et les plaintes des détenus,

Enfin tout ce qui peut intéresser l'administration de la justice criminelle (lettres des 14 septembre 1824, 6 janvier et 12 juillet 1825).

Lorsqu'il a été prononcé une condamnation à mort, les présidents doivent, par une lettre séparée, en rendre compte immédiatement au ministre, et lui faire connaître leur opinion sur la commutation dont cette condamnation pourrait être susceptible (lettre du 14 août 1838).

Lorsque les présidents d'assises, soit en leur nom, soit au nom de la cour et des jurés, recommandent au ministre les recours en grâce formés par des condamnés, les rapports doivent être adressés aussitôt que la session est terminée, et par un envoi séparé du compte général des assises. Il ne faut pas que la même lettre s'applique à plusieurs individus, à moins qu'ils n'aient été condamnés par le même arrêt (lettre du 25 mai 1821).

Si le président et la cour jugent à propos d'appuyer le recours en grâce formé par un juré condamné pour absence, ce doit être par une lettre particulière et non par une apostille sur la supplique du condamné ; l'opinion des magistrats ne devant être connue que du ministre (lettre du 24 juillet 1827).

FIN

www.ingramcontent.com/pod-product-compliance
Lightning Source LLC
LaVergne TN
LVHW060102240826
846091LV00018B/4074
9781249473800